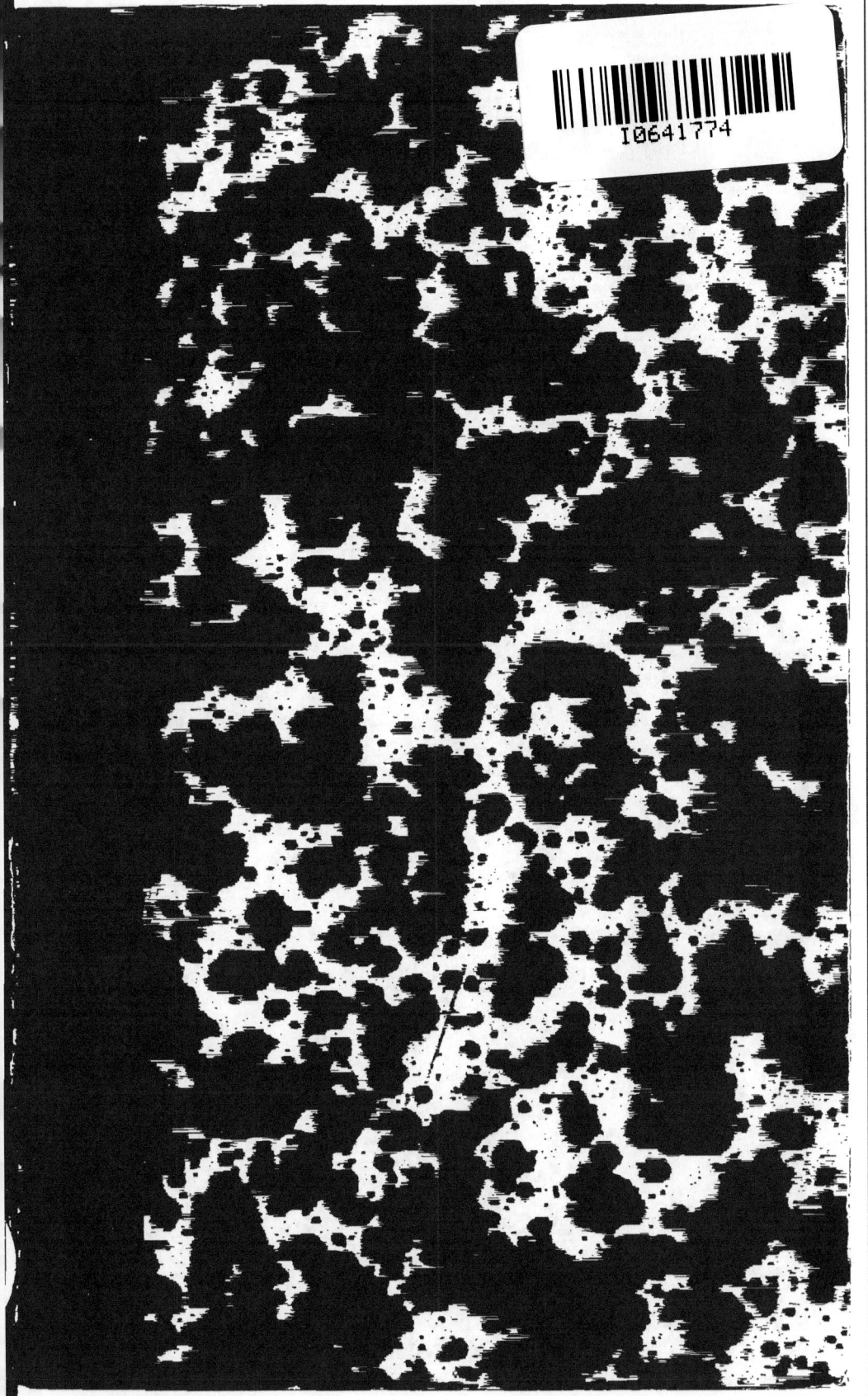

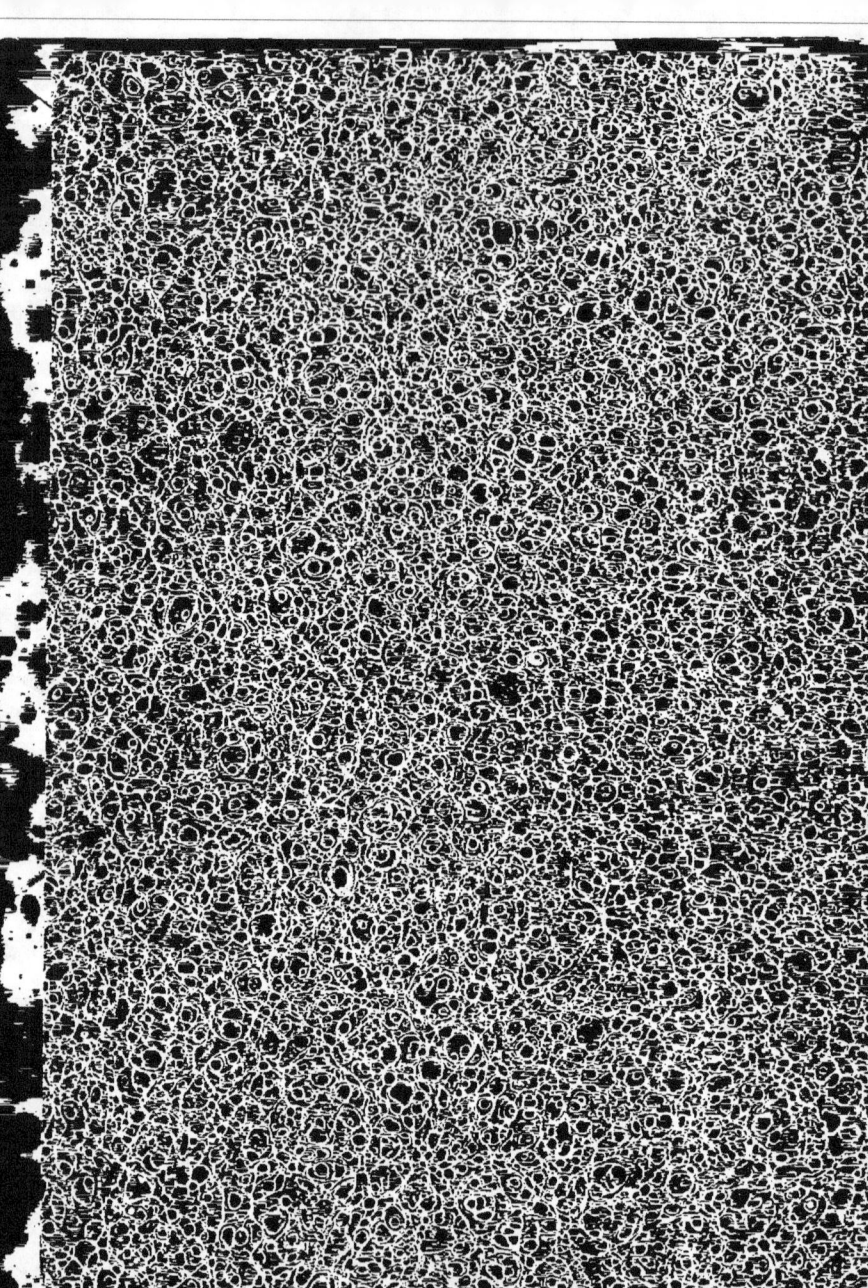

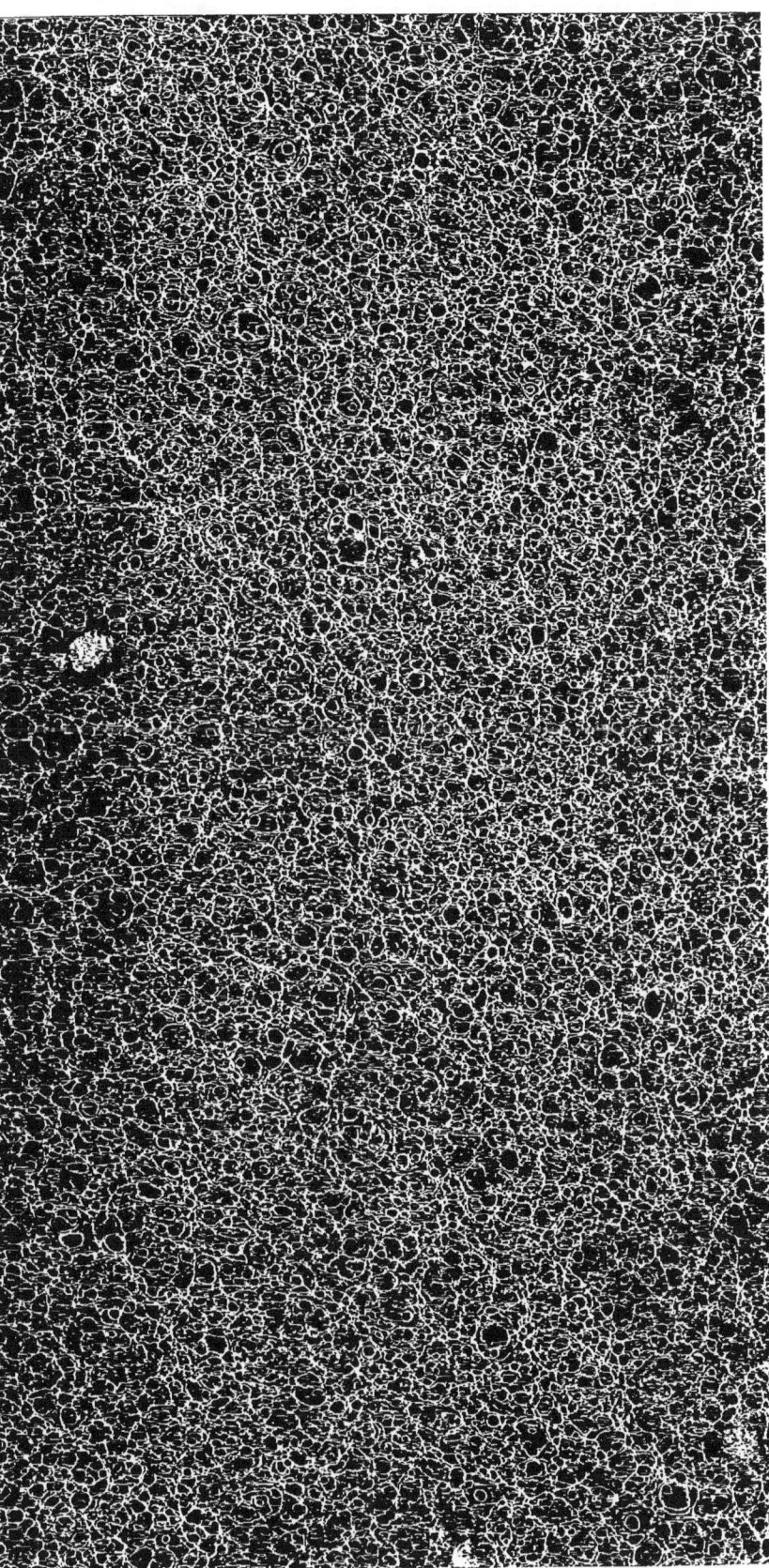

D. Larrey

# HISTOIRE

## DES

# TRAITÉS DE 1815.

PARIS, IMPRIMERIE DE POUSSIELGUE, RUE DU CROISSANT, N. 12.

# HISTOIRE

### DES

# TRAITÉS DE 1815

#### ET DE LEUR EXÉCUTION,

#### PUBLIÉE SUR LES DOCUMENTS OFFICIELS ET INÉDITS

## Par J. Crétineau-Joly.

## A PARIS,

### CHEZ COLOMB DE BATINES, ÉDITEUR,

quai Malaquais, 15, et rue d'Anjou-Dauphine, 7.

—

### 1842

# AVANT-PROPOS.

L'histoire des traités de 1815 n'a jamais été entreprise. Les publicistes qui se sont occupés des événements par lesquels les Bourbons furent inopinément ramenés sur le trône de leurs ancêtres n'en ont pas su ou n'ont pas voulu en faire connaître les détails diplomatiques et financiers : ces détails sont cependant d'un puissant intérêt pour l'Europe et pour la France.

Après avoir, en quelques pages d'indignation générale, énuméré à leur point de vue politique, mais sans études premières, souvent même sans bonne foi, les charges militaires et les hontes dont nous accablait l'Europe coalisée contre l'empereur Napoléon, les écrivains de toutes les opinions se sont arrêtés à la porte des conférences où se discutaient la fortune et l'avenir de la patrie.

Ils n'ont pénétré dans les conseils des monarques ou dans les assemblées des ministres et des commissaires que pour y copier servilement les actes que le *Bulletin des Lois*, que l'*Histoire des Traités* de Schœll et le *Recueil des Traités* de Martens ont enregistrés; puis tout a été dit pour eux.

Seulement d'autres, encore moins habiles ou se condamnant à une ignorance volontaire, ont,

dans de volumineux pamphlets, cherché à dénaturer ce qui, à cette funeste époque, s'était fait
de bon, de juste, d'honorable et de national.

Par des accusations sans fondement ou par
des déclamations sans portée ils ont essayé de
calomnier les actes et les caractères. Attribuant
à ces grandes transactions l'esprit d'intrigue
ou de lucre que, dans leur corruption d'écrivains aux gages de tous les pouvoirs, ils osaient
leur supposer, ils les ont enveloppées de ténèbres dont il nous a semblé utile de percer à
jour le mystère.

Homme de parti, de passions politiques
peut-être, mais habitué par l'expérience des
autres hommes et des choses à ne porter de
jugement que d'après les documents ou les té-
moignages officiels, j'ai voulu être vrai, lorsque
jusqu'à ce jour tous les publicistes étaient res-

tés dans l'erreur sur une des phases les plus importantes et cependant les moins connues de notre histoire.

Les traités de 1815 forment à eux seuls un code complet de diplomatie et de finance : c'est sans doute pour cela qu'ils sont si peu étudiés et si mal appréciés. Les discussions qu'ils ont soulevées, les questions qui s'agitèrent dans le secret des conférences, les ardentes colères qu'ils ont laissées si vivaces au fond des cœurs, tout faisait un devoir de les méditer avec soin, de les raconter sur pièces authentiques.

Ce devoir nous l'avons accompli, ne nous laissant écarter de notre route ni par des considérations de parti ou de personnes, ni par quelques-unes de ces injustices calculées auxquelles on cède souvent avec tant de légèreté. Nous avons sous les yeux les documents originaux qui ont servi à ce grand débat de l'Europe entière contre la France isolée, contre la France vaincue après vingt-trois ans de victoires !

Ces documents sont déposés soit dans les archives du royaume, soit dans celles des chancelleries étrangères. Il sera donc aussi impossible d'en nier la teneur que d'en suspecter l'authenticité. Ils ont pour contrôleurs naturels les hommes d'état qui les rédigèrent, les cabinets qui les conseillèrent et les ministres qui les ont signés ou appliqués.

C'est de l'histoire prise dans le vif; histoire pénible à raconter à des Français, mais qui cependant aura pour nous de graves, d'utiles enseignements.

Il nous eût été très facile, avec des réticences que l'esprit de parti aurait acceptées comme un tour de force ou d'adresse, de ne pas nous appesantir sur la masse de vérités évoquées par le récit de ces négociations. Nous n'avons pas tenté d'entrer en composition avec notre conscience. Il vient des jours où être vrai envers et contre tous est une obligation que personne ne doit trahir : nous regardons ces jours comme arrivés pour l'opinion royaliste. Il est donc aussi instructif pour les princes que pour les peuples de montrer les erreurs des uns et les aveugles passions des autres.

Les traités de 1815 sont un désastre pour la France, mais il faut révéler enfin à qui elle est redevable de tant de calamités; il faut apprendre à tous quel fut le rôle que chacun s'assigna dans ce drame de toutes les misères d'un pays occupé jusqu'à deux fois en quinze mois par l'Europe liguée contre lui.

La part de chacun était aisée à faire, car tous ont écrit, ont refusé d'adhérer ou ont consenti.

La France alors fut la victime de l'impéritie de ceux qui s'imposaient à la direction de ses affaires; elle fut surtout victime d'une pensée qui avait son côté national, quoiqu'elle ait coûté bien cher à notre honneur et à notre trésor. Cette pensée c'était l'évacuation la plus prompte du territoire, pensée qui, comme on le verra, était dans les intentions des puissances alliées avant même de germer dans la tête de Louis XVIII et dans celle du duc de Richelieu.

Le temps des adorations chevaleresques est passé. Aujourd'hui les peuples n'aiment que les princes qui savent se faire estimer par de grandes vertus royales, par un dévouement de toutes les heures et par un sentiment profond de la dignité nationale. C'est cette disposition des esprits, plus saillante que jamais, qui nous a fait naître l'idée de coordonner dans un ouvrage spécial ces tristes débats et ce bilan de la France, que d'impardonnables faiblesses ont rendu si onéreux.

Nous avions dans les mains la vérité tout entière : nos mains se sont ouvertes. Nous l'avons dite à nos amis comme à nos ennemis, nous dégageant de toute préoccupation et nous montrant peut-être plus sévère pour notre parti que pour ceux qui le combattent : c'était le seul moyen de convaincre les uns et d'éclairer les autres.

Puisse ce douloureux tableau de nos misères nous réunir tous dans une pensée commune ! puisse-t-il enfin nous apprendre les sacrifices

de gloire, de dignité et de fortune qu'il faut
faire pour débarrasser un royaume de l'intervention étrangère que les divisions et les haines politiques ont appelée sur le sol!

———

# HISTOIRE

### DES

# TRAITÉS DE 1815

#### ET DE LEUR EXÉCUTION.

---

## CHAPITRE PREMIER.

Retour de Louis XVIII. — Intrigues de Gand et de Paris. — MM. de Talleyrand, Fouché, Pasquier et l'abbé Louis, ministres. — Situation de la France après la bataille de Waterloo. — Caractère de la seconde invasion. — Animosité des étrangers contre la France. — Causes du licenciement de l'armée de la Loire. — Portrait de Fouché. — Les proscriptions. — Ce que les alliés veulent faire de la France. — Le duc d'Angoulême et le général Castanos dans le Midi. — Premières mesures des puissances à Paris.

Le désastre de Waterloo, cette grande calamité nationale, que la révolution et l'empire agonisant sous le canon des puissances coalisées léguèrent à la monarchie légitime comme un souvenir d'héroïsme pour eux et de honte pour elle ; le désastre de Waterloo n'a plus besoin d'être expliqué. Les trahisons de la fortune,

1

celles des hommes, les indécisions des généraux, la fatalité qui du front de Bonaparte passa si vite dans l'âme de ses lieutenants; les passions révolutionnaires, venant à chaque secousse, par l'organe de la chambre des représentants de 1815, apporter une entrave ou une difficulté de plus aux ordres de Napoléon; le cercle d'autorité se rétrécissant sans cesse sous la main impérieuse des partis; les misérables calculs des uns, l'enthousiasme sans avenir des autres, tout cela ne rentre pas dans le cadre que nous traçons à cet ouvrage.

Sans vouloir revenir sur tant de faits encore mal éclaircis, mal appréciés et livrés depuis vingt-sept ans aux ardeurs d'une polémique provocatrice, nous n'avons pas à dire dans cette histoire les fautes commises en 1814, fautes que Louis XVIII ne devait pas recommencer après les avoir condamnées avec tant de royale franchise, après les avoir expiées par un exil que l'abandon des uns, que la trahison des autres, que la mésintelligence ou l'incurie de ses amis ne surent même pas rendre utile ou glorieux à la patrie.

Pour forcer le roi à se jeter dans les bras de la révolution d'habiles intrigants avaient mis en jeu tous les ressorts. Ici, dans le château même des Tuileries, ils faisaient vibrer le sentiment de la vieille nationalité française ; ils démontraient au roi qu'il serait beau à lui, le sceptre et l'épée de justice à la main, d'attendre dans son palais l'usurpateur impérial qu'un complot de quelques séides ramenait à Paris.

Le roi, accablé par toutes les souffrances morales et physiques, se sentait ou voulait se laisser croire digne petit-fils d'Henri IV et de Louis XIV. Il s'endormait au milieu des rêve d'un dévouement monarchique ; mais là, tout à côté de ces mêmes Tuileries, on tenait un autre langage, on faisait d'autres vœux, on s'arrêtait à d'autres projets.

La peur régnait dans les conseils de la couronne ; elle s'était assise au chevet des courtisans qui, rassurés par les promesses de Fouché et par les prédictions de Barras, l'ancien directeur, se révoltaient à l'idée seule de compromettre la vie du prince. On le plaçait dans une situation dangereuse peut-être, mais cette situation faisait éclater aux yeux de tous ce courage qui sied si bien à la royauté et qui plaît tant aux Français. Dans cette hypothèse il fallait s'associer à sa destinée ; il fallait se condamner à mourir au pied d'un trône que, dans onze mois d'erreurs ambitieuses, de faux calculs, de rêves impossibles ou d'absurdités constitutionnelles, ils avaient sapé et perdu.

On intrigua pour donner du courage parlementaire à Louis XVIII ; il en eut en face des grands corps de l'état réunis autour de lui dans le péril commun. On intrigua ensuite pour le forcer à déserter le poste d'honneur où, la veille encore, il jurait de mourir en roi. A Gand on intrigua de toutes façons, tantôt contre M. de Blacas, tantôt pour M. Fouché; et tandis que l'armée de Napoléon expirait dans une dernière étreinte avec l'Europe, on intriguait pour savoir sur quel lambeau de papier on assurerait l'avenir de la monarchie et du pays.

Le roi était enfin sur le territoire français, et à Cambrai comme au château d'Arnouville, l'une de ses dernières étapes pour arriver à Paris, on intriguait encore. Fouché voulait se rendre nécessaire. Ministre de l'empereur pendant les Cent-Jours, il aspirait à conserver le pouvoir; sans transition, sans amende honorable, il se présentait, lui le régicide, lui le révolutionnaire, lui le traître à la république, au directoire et à l'empire, comme le lien qui pouvait réunir dans le même faisceau la monarchie tempérée et la révolution convertie aux idées d'ordre et de conservation.

Cette intrigue était si habilement ourdie que le duc de Wellington et le prince de Talleyrand d'un côté, que les exaltés de l'autre, y donnaient

tous la main. L'esprit astucieux de Fouché avait
séduit les candeurs royalistes, et Louis XVIII,
qui avait plus d'amour-propre que de jugement,
se complaisait dans la pensée qu'il allait lutter
de finesse et de roueries politiques avec cet
homme dont les mains étaient teintes du sang
de Louis XVI.

En 1814 le roi commençait ainsi son préambule d'ordonnance constitutive de la charte :
« La divine Providence, en nous rappelant dans
nos états après une longue absence, nous a imposé de grandes obligations. » Pour donner à
ses sujets une traduction moins mystique de ces
grandes obligations que la divine Providence lui
imposait, il chargeait les abbés de Talleyrand, de
Pradt, de Montesquiou et Louis de les commen-
ter. Par une de ces dérisions que les historiens
acquièrent le droit de flétrir, ces quatre hommes, engagés dans les saints ordres, étaient
à un degré plus ou moins prononcé des apos-
tats.

Talleyrand, évêque d'Autun, avait renoncé à
l'Église pour contracter un mariage ridicule,
même aux yeux du monde.

L'abbé de Pradt avait abandonné son diocèse
de Poitiers, et, *aumônier du dieu Mars*, ainsi que
se qualifiait ce prélat mythologique en faisant al-
lusion à son maître Napoléon qui l'avait créé

archevêque de Malines, il vivait dans une atmosphère fort peu canonique.

L'abbé de Montesquiou était un vieux constituant, un vieux membre des comités royalistes, et que nous avons vu ministre de l'intérieur en 1814, sous la férule du protestant Guizot, son secrétaire général. Il n'avait pas, comme l'abbé Louis, servi de diacre à M. de Talleyrand au milieu de la cérémonie révolutionnaire du Champ-de-Mars le 14 juillet 1790; mais comme lui il possédait le moins possible les vertus qui font les bons prêtres.

Cependant c'était à ces quatre ecclésiastiques que le soin des affaires de la première Restauration avait été confié; celles de la seconde rentraient de plein droit dans les attributions de l'oratorien Fouché. Le régicide de 1793 s'en était emparé par droit d'intrigue. Avec M. Pasquier pour collègue et M. Decazes pour préfet de police, le prince de Talleyrand, Fouché et l'abbé Louis allaient opposer aux besoins moraux de la société un refus de concours dont le cynisme spirituel de Louis XVIII et la béate confiance de Charles X ne surent pas préserver la France.

Le roi venait de faire sa rentrée dans la capitale; triste rentrée que la joie du peuple accueillit encore, car elle arrachait le pays aux dernières misères que chacun prévoyait, mais elle ne pouvait cicatriser la plaie faite à l'honneur national. Ce n'était plus cet élan de 1814 courant au devant du comte d'Artois et de Louis XVIII, et saluant leur retour comme un gage de bonheur public. Il y avait eu tant d'espérances déçues, tant de fautes politiques accumulées presqu'à plaisir autour des Bourbons, tant de manifestations insolites, tant de favoris et de courtisans élevés sans motifs légitimes aux grandeurs ou à la fortune, tant d'hésitation chez les uns, tant de perfidie chez les autres, et parmi les royalistes vraiment dignes de diriger les affaires, un si profond découragement en face de toutes les concessions faites dans les choses et de toutes les réactions annoncées dans les mots, qu'à l'aspect de cette seconde Restauration, plus miraculeuse que la première, on se prenait à douter de l'avenir.

On doutait surtout de Louis XVIII. On ne pouvait se persuader que ce prince, dont les espérances, peut-être mal traduites par les faits, n'avaient pas vu sans un certain plaisir l'aurore de la révolution, arriverait dans sa vieillesse avec assez de royale énergie pour fermer des plaies que ses mains avaient contribué à ouvrir. Les royalistes repoussaient d'instinct la charte octroyée; les impériaux, formés par Napoléon au

despotisme militaire et administratif, ne son-
geaient à la respecter que lorsque, dédaignés par
la cour, ils pourraient s'en faire un levier d'opposition en se liguant avec la bourgeoisie, qui,
dans ce nouveau mode de gouvernement, pressentait sa puissance future. L'enthousiasme de
1815 venait donc plutôt de la haine portée
à Bonaparte que de la confiance dans les
Bourbons.

La position de la France était bien difficile
et bien cruelle. L'armée, qui avait si follement
trahi ses serments afin de courir avec son ancien
empereur les chances d'une bataille désespérée
contre l'Europe, se retirait humiliée et anéantie
derrière la Loire. Une alliance avec la Vendée
en armes pouvait seule lui donner assez de consistance et d'appui moral pour mourir dans un
dernier combat. A la vue des maux qui fondaient sur la patrie, l'armée eut l'intelligence de
ce qui lui restait à tenter.

Un vieux prestige, d'immortels souvenirs
avaient été évoqués par les conspirateurs du
20 mars. Elle y avait cédé avec une déplorable
facilité, et, sans avoir le repentir de son parjure,
elle sentait profondément le besoin de conserver la nationalité française. Elle était encore
sous les armes, ne songeant plus qu'à défendre
le territoire ; mais abandonnée à la fois et par

Napoléon déjà captif des coalisés, et par cette misérable chambre des représentants de 1815 dans le sein de laquelle ne s'agitaient que des avocats, que des ambitieux de bas étage, que des dupes ou des instruments de Fouché, elle n'osait pas croire à la loyauté de son épée, la dernière foi du soldat.

Il n'y avait plus de gouvernement central, plus d'administration, plus rien de ce qui constitue un état. La France, dont toutes les frontières étaient violées, se voyait envahie par onze cent mille étrangers qui, dans l'espace de moins de seize mois, accouraient par droit de conquête fouler à deux reprises ce sol sur lequel la division seule des esprits les empêchait de trouver un tombeau.

A la première invasion, c'était la guerre aux ambitieux caprices de Napoléon qu'ils faisaient, la guerre à un homme. En le chassant de victoire en victoire des bords de la Bérésina jusqu'aux portes de Paris, ils avaient profité tantôt de ses succès, tantôt de leurs revers, tantôt des négociations diplomatiques ouvertes entre deux batailles, tantôt de ses concessions forcées et de l'agonie de la France pour se débarrasser d'un soldat dont l'existence, comme souverain, était un fardeau pour eux tous. Cette guerre à un homme achevée, l'Europe n'avait voulu, sous les inspirations d'Alexandre de Russie, que se montrer bienveillante envers la France ; elle l'avait traitée en généreuse ennemie, lui laissant le droit de se choisir un monarque. Elle se contentait de demander une paix qui alors était dans les vœux des peuples comme des rois, des généraux comme des armées.

Mais lorsque la nouvelle du débarquement de l'île d'Elbe tomba comme la foudre sur les souverains et les ministres qui, au milieu des carrousels et des fêtes du congrès de Vienne, se partageaient les peuples et faisaient une nouvelle carte politique de l'Europe, il y eut un moment de stupéfaction indéfinissable ; de toutes les bouches il s'échappa presque aussitôt un cri de colère contre les Bourbons. Les rois accusaient Louis XVIII de n'avoir pas su régner : les uns parlaient de poser la couronne de France sur une autre tête, et ils regrettaient tout haut que le duc d'Orléans ne fût pas légitime ; les autres demandaient le partage immédiat du royaume, et voulaient que l'Europe lui réservât après la bataille le sort de la Pologne.

A la suite de leur célèbre déclaration du 13 mars 1815, les hautes puissances déclarèrent « unir tous leurs efforts contre Bonaparte et contre tous ceux qui se seraient déjà ralliés à sa faction ou s'y réuniraient dans la suite, afin de les mettre hors d'état de troubler la tranquillité de l'Europe, la liberté et l'indépendance des nations. »

Chacune des hautes puissances s'engageait à tenir constamment en campagne cent cinquante mille hommes « jusqu'à ce que, est-il dit dans leur déclaration, Bonaparte soit mis hors de la possibilité d'exciter des troubles et de renouveler des tentatives pour s'emparer du pouvoir suprême. »

Toutes ces mesures étaient prises contre Napoléon. Rien n'était fait en faveur de Louis XVIII et de sa dynastie, qui, par une étrange confusion d'idées et de projets, apparaissait pourtant comme une des signataires de l'acte du 25 mars. Bonaparte était l'ennemi de l'Europe, l'Europe le mettait au ban des nations ; mais la cause des Bourbons n'en était pas pour cela moins ébranlée.

A la suite même de ce traité, l'Angleterre proposa et fit admettre une restriction qui, sous l'enveloppe des formes diplomatiques, révèle parfaitement les intentions des monarques. Il y était dit :

« Quel que soit le vœu qu'ils doivent former pour voir sa majesté très chrétienne rétablie sur le trône et quel que soit le désir des alliés de concourir simultanément à un événement si heureux, ils se croient obligés de déclarer, même par la considération de ce qui est dû aux intérêts de S. M. T. C., qu'il est bien entendu que l'intention des alliés n'est pas de poursuivre la guerre dans la vue d'imposer à la France un gouvernement particulier. »

Avant leur victoire de Waterloo telle était la pensée des monarques. Quand Louis XVIII, comme il le disait avec tant de spirituelle vérité, eut volé son trône pour la seconde fois, les hautes puissances consacrèrent ce vol légitime par leur adhésion ; mais elles se tenaient en défiance du roi, de ses adversaires et surtout de ses amis. Les actes diplomatiques constatent cette espèce de répugnance que des causes de toute nature, que de tristes réalités ou d'absurdes calomnies rendent aujourd'hui plus palpable que jamais. Les Bourbons se sont imposés aux étrangers par l'autorité seule de leur droit ; mais ils n'ont jamais été imposés à la France par les puissances coalisées. Au congrès de Vienne, le 25 mars 1815, elles déclaraient clairement leurs intentions. Le 26 septembre de la même année, lorsque tous les événements sont accomplis, lorsque Louis XVIII est rétabli sur son trône et le jour même où M. de Richelieu prend le pouvoir, le duc de Wellington, écrivant au général Dumouriez, pensionnaire du cabinet de Saint-James, lui

explique en ces termes la position du souverain, celle de la France et pourquoi il a épousé
les intérêts de Fouché.

« A mon arrivée à Paris, dit le général en
chef de la coalition, je savais que les alliés n'é-
taient pas du tout déterminés en faveur du roi;
que les.... (1) ne voulaient pas la restauration ;
que l'armée et les assemblées ne voulaient pas
de lui; qu'il se trouvait quatre provinces en
rébellion ouverte (2) et des autres, y incluse la
ville de Paris, très froides. Il m'était très clair que
si je n'intéressais pas Fouché à la restauration du
roi, sa majesté aurait été obligée de rester à Saint-
Denis, du moins jusqu'à l'arrivée des souverains,
ce qui aurait en tout cas nui à son autorité et à

(1) Ce sont les Prussiens et les Hollandais que le duc de
Wellington désigne sous cette réticence.

(2) Il est bien permis même au duc de Wellington de se
tromper dans l'appréciation d'un fait, mais il lui est impossible
de faire accepter une erreur matérielle. L'armée et la chambre
de 1815 ne voulaient pas des Bourbons ; cela semble démontré par les passions qui animaient alors les débris de Waterloo et par le honteux envahissement que la France subissait ;
mais où donc le général anglais a-t-il vu quatre provinces
en rébellion ouverte contre Louis XVIII ? Les seules provinces de l'Ouest étaient en armes, et certes ce n'était pas afin de
repousser le drapeau blanc puisqu'elles combattaient pour
lui. Cette assertion est donc une erreur inexplicable de la part
d'un homme qui, au 26 septembre 1815, gouvernait presque la
France.

sa dignité s'il eût jamais remonté sur son trône. Donc j'ai conseillé à sa majesté de prendre Fouché à son service, afin de pouvoir rentrer avec dignité et sans efforts de la part des alliés, et je suis parfaitement certain qu'il doit sa restauration tranquille et dignifiée à ce conseil. Je crois aussi que les courtisans étaient satisfaits et ont applaudi l'arrangement le jour qu'il a été adopté, qu'ils l'ont blâmé aussitôt qu'ils ont joui des effets. Ils ont tout de suite commencé à intriguer contre Fouché et contre le ministère. Fouché s'est peut-être mal conduit en quelques circonstances, mais pas la moitié si mal qu'on l'a dit et qu'on le croit. Au contraire, je sais que ce sont les courtisans qui ont publié son dernier rapport au roi. Enfin vous en voyez le résultat dans le renvoi de tout le ministère formé avec l'approbation de toute l'Europe et dans le moment le plus critique de la négociation. Je crois que le roi était content de Fouché. »

La seconde invasion n'offrait donc plus le même caractère que la première. Le retour de l'île d'Elbe, accompli d'une manière si funestement prodigieuse, avait dans les provinces remué la lie révolutionnaire dont, pendant ses dix années de règne, l'empereur sut si admirable-

ment, comprimer les exagérations. Les haines
de parti à parti fermentaient; les souverains,
effrayés de ces tendances qui pouvaient corrompre les dispositions de leurs sujets, dont on
avait peut-être trop flatté les intérêts de liberté
afin de les pousser en masse contre Napoléon,
ne se présentaient plus à la France vaincue avec
l'habile générosité de 1814. Les princes alliés
étaient maîtres de nos places fortes, de nos arsenaux, de nos villes maritimes, du cours des
fleuves et du territoire qu'un sublime effort
aurait pu seul délivrer. Ils avaient de longues
vengeances à satisfaire, de grandes terreurs à
calmer, de pénibles précautions à prendre contre
cet élan militaire, dont les champs de bataille
de Ligny et de Waterloo venaient d'être les témoins. A tout prix il fallait affaiblir la France,
afin de donner la paix au monde.

Par les généraux ou par les commissaires
attachés à ses armées la France avait souvent
abusé de la victoire. Elle avait levé sur les peuples
vaincus d'immenses contributions de guerre,
changé les lois d'un pays, substitué une dynastie à une autre et fait violence à des régions qui,
par un simple décret, se voyaient tout à coup
forcées de renoncer à leur langue maternelle, à
leurs mœurs et à leurs usages pour être incorporées à l'empire.

Ces souvenirs tout récents dominaient les intelligences. La Prusse surtout, dont Blucher, avec son vieil instinct populaire, avait su si profondément remuer les universités et les sociétés secrètes, la Prusse, si souvent abattue sous nos aigles et qui croyait toujours voir planer sur sa tête l'image désolée de sa belle reine morte de désespoir patriotique, la Prusse se montrait sans pitié. L'Angleterre tenait prisonnier à bord d'un de ses vaisseaux le géant qui, pour consommer sa ruine, s'était tour à tour jeté sur l'Espagne et sur la Russie ; mais cette victoire d'un grand peuple sur un grand homme, victoire achetée par tant d'incommensurables sacrifices, ne suffisait pas au cabinet de Londres. L'empereur captif et remis par l'Europe à la garde de l'Angleterre pouvait bien satisfaire l'amour-propre britannique ; ce n'était pourtant pas assez pour lui.

Le gouvernement anglais sait par expérience les bénéfices de toute sorte que l'on peut escompter après un triomphe, et il se les accorde tous. La gloire pour lui est sans doute quelque chose ; mais, avant même cette gloire, il doit faire passer ses intérêts mercantiles, son désir d'agrandissement et de colonisation, qui a encore un but commercial. Dans la situation de 1815,

à ces combinaisons réunies venait s'en joindre
une dernière qui les effaçait toutes : c'était la
France qui n'avait plus de Jeanne d'Arc pour
chasser les Anglais, la France vaincue qui allait recevoir des lois, et la Grande-Bretagne,
qui, forte de sa vieille haine, s'apprêtait à les
dicter.

A côté de ces deux puissances, ne cachant ni
leurs répulsions, ni leurs espérances, se grou-
paient la Russie, l'Autriche et les états secondaires qui, soit comme alliés, soit comme ennemis de la révolution et de l'empire, avaient tous
de graves plaintes à faire prévaloir, des sévices
de plus d'un genre à jeter dans le plateau de la
balance. La Russie, par l'absence de ses armées
à Waterloo, perdait sur l'esprit de ses coalisés
une partie de l'influence dont la position personnelle du czar et les immenses services rendus
par ses bataillons dans les dernières campagnes
l'avaient investie en 1814. Alexandre s'était vu
à cette époque l'arbitre du destin, et le Grec du
bas empire, ainsi que Bonaparte le nommait
sur le rocher de Sainte-Hélène, avait déployé
dans ces circonstances décisives une magnani-
mité de désintéressement que la France doit reconnaître.

Son exemple avait entraîné les autres souverains; mais les temps étaient changés, et la colère

l'emportait sur la générosité. L'Angleterre et la Prusse dirigeaient les conseils des monarques. L'Autriche, qu'une alliance de famille attachait à Napoléon, mais que l'irritation de son armée vaincue par le même homme depuis Marengo jusqu'à Wagram, poussait aux moyens extrêmes, faisait cause commune avec les exagérations de la victoire. La Bavière, la Saxe, les Pays-Bas, le Wurtemberg, la Sardaigne et toutes les principautés de la confédération du Rhin se montraient aussi âpres que la Prusse et l'Angleterre.

Ce fut dans ces dispositions que les alliés se présentèrent aux portes de Paris. Au milieu de leurs discours d'apparat ou de leurs actes officiels, on proclamait bien encore que Bonaparte seul était l'ennemi de l'Europe ; que, lui abattu, il n'y avait plus de motifs pour guerroyer contre un pays dont les malheurs étaient aussi grands que le courage ; mais cette mansuétude dans les paroles trouvait vite un contrepoids dans les actions.

L'empereur Napoléon se voyait mis dans l'impossibilité de nuire. Sa famille était rayée du livre des rois ; elle rentrait dans sa riche obscurité, n'ayant eu besoin que de naître pour la mériter, et en restant toujours là. Mais il fallait, par toutes les humiliations réservées à la défaite,

arracher du cœur de la France ce souvenir des
récentes victoires qui, à un jour donné, pouvait
se réveiller plus vivace que jamais. Il fallait surtout museler le lion révolutionnaire dont l'Europe avait pendant si longtemps entendu les ru-
gissements autour de ses capitales. La cause des
Bourbons, la cause des rois légitimes presque
abandonnée au mois de mars 1815 comme un
an auparavant, la pondération même et l'intérêt des gouvernements ne passaient qu'après ce
principe d'hostilité, après la guerre que les puissances appelaient la consécration de la paix.

Il fut résolu qu'avant tout débat politique ou
financier sur l'interprétation du traité de 1814,
qu'au dire des alliés celui de 1815 devait régulariser seulement, on s'occuperait des débris de
l'armée. Au nombre de cinquante mille hommes
à peu près ils se trouvaient réunis derrière la
Loire, sous le commandement du maréchal Davoust, prince d'Eckmühl.

Au 4ᵉ volume de l'*Histoire de la Vendée militaire*, nous avons dit avec quel désintéressement
de parti les royalistes de l'Ouest offrirent de confondre leurs enseignes avec celles de la république
et de l'empire pour préserver le sol français de
la honte d'une seconde occupation. Nous avons
cité l'ordre du jour de Davoust, qui, le 11 juillet 1815, recommande à l'armée d'être *aussi*

*française* que les Vendéens. Cet ordre du jour
et les faits qui lui avaient donné naissance étaient
connus aux quartiers-généraux des souverains
étrangers; on y savait que l'armée de Waterloo
était condamnée à l'impuissance tant qu'elle agi-
rait au nom des Jacobins, mais qu'isolée, dé-
moralisée, sans organisation, sans appui, sans
argent, elle pouvait cependant rencontrer un
admirable levier en se ralliant aux Vendéens et
aux Chouans.

Par le traité du congrès de Vienne, à la date
du 25 mars 1815, Louis XVIII faisait partie de la
coalition de l'Europe contre Bonaparte. Roi exilé,
il y apportait son contingent de quatre-vingt
mille hommes. Les plénipotentiaires français à
Vienne avaient compté sur l'Ouest; l'Ouest ne
leur fit pas défaut : il occupa plus de soixante
mille impérialistes, qui à Waterloo auraient
sans contredit changé la face des choses. Mais au
mois de juillet 1815 la Vendée, toujours monarchique, ne croyait pas devoir sacrifier l'honneur
national à des nécessités de position. Elle parlait
de s'unir franchement, sans arrière pensée, à l'armée que les hasards de la guerre poussaient vers
ses départements.

On laissait au ministère de MM. de Talleyrand, Fouché et Pasquier le soin de punir cette
susceptibilité nationale. Les alliés, de leur côté,

se chargeaient d'obtenir directement la dissolution immédiate de l'armée. C'était porter deux
coups à la fois, et enlever aux provinces et au
trône l'espérance d'être protégés contre les vexa-
tions.

Préliminairement à toute négociation diplomatique, le comte de Nesselrode, au nom de
l'empereur Alexandre, remit au ministère une
note dans laquelle il était dit « que la convention de Vienne, du 25 mars, avait été dirigée
contre Bonaparte, ses adhérents et particulièrement contre l'armée française, dont l'ambition
désordonnée et l'esprit insatiable de conquêtes
avaient plusieurs fois troublé l'Europe ; que Bonaparte était aux mains des alliés ; que le roi de
France avait pris certaines mesures pour rendre
impuissants les efforts des factions. Il ne restait
plus dès lors que l'existence de l'armée qui menaçait la tranquillité générale. Déterminé,
continuait le ministre russe, par le besoin de la
paix universelle, l'empereur de Russie et ses alliés font une condition impérative du licenciement de cette armée, autant dans l'intérêt de
sa majesté très chrétienne que pour le repos des
peuples. »

La pensée des souverains est aussi clairement exposée que peut le faire un acte diplomatique. C'est l'intérêt de la monarchie, le repos

des peuples, la paix qu'on invoque; et, soyons justes, l'armée, après avoir, le 15 juillet, arboré la cocarde blanche dans ses cantonnements de la Loire, ne songeait pas encore à réparer ses déplorables erreurs. Par un aveuglement sans exemple, elle donnait gain de cause au désir de réaction que les étrangers manifestaient contre elle. Mécontente, indisciplinée, honteuse de sa défaite, et ne voyant l'avenir que sous de sombres couleurs, elle se prêtait avec un morne désespoir aux démonstrations les plus insensées. Rebelle par le fait, et surtout rebelle contre la France (car c'était la France qui allait expier sa folle trahison et son enthousiasme pour l'empepereur, enthousiasme alors peut-être encore plus fou que sa trahison), elle se révoltait à l'idée seule de son licenciement. Elle abhorrait les Bourbons, et elle ne voulait pas que les Bourbons répudiassent ses services et son dévouement problématique; elle avait déserté leur drapeau, et elle les accusait de n'avoir pas confiance en sa foi.

Cet état de choses n'était pas tenable. Louis XVIII consulta le maréchal Gouvion Saint-Cyr, son ministre de la guerre. Gouvion, vieux soldat de la république, n'hésita point à seconder les désirs des alliés. Il fut décidé en principe que l'armée serait dissoute. Mais le prince de Talleyrand et le maréchal Gouvion, qui avaient

d'abord pensé à s'en faire une sorte d'appui
éventuel, n'osèrent pas contre-signer une ordonnance spécialement relative au licenciement. Il entrait dans la politique de M. de
Talleyrand de laisser toutes choses traîner
en longueur. Pour satisfaire au vœu impéra-
tif des coalisés on promulgua le décret rendu
à Lille le 23 mars 1815 lorsque Louis XVIII
abandonnait la France. Ce décret de dissolution,
contresigné par le comte François de Jaucourt,
se fondait sur la trahison inouie dont une partie de l'armée s'était rendue coupable, principalement à Grenoble avec le colonel Labédoyère,
et à Lons-le-Saulnier avec le maréchal Ney.

Le prince d'Eckmühl céda le commandement
au maréchal Macdonald, qui établit son quartier-général à Bourges. Ce dernier opéra aussi
lentement que possible la désorganisation des
vieilles et dernières bandes de la révolution et
de l'empire. C'était tout ce qui restait à la France
de vingt-trois ans de guerre et de conquêtes.

Ces légionnaires, que l'esprit de parti a cru flétrir en les surnommant les *Brigands de la Loire*,
comme la Convention espérait déshonorer les
Vendéens aux yeux de l'Europe en les appelant
des *Brigands* et des *Chouans*, ces légionnaires se
retirèrent dans un calme qui eut bien sa dignité. Généraux, officiers, simples soldats, ils

n'avaient, pour la plupart que la demi-solde ou la retraite que leur garantissait le gouvernement. Beaucoup se voyaient sans asile, quelques-uns même sans famille, d'autres sans pain. La république et l'empire les avaient habitués à cette vie militaire qui, en pays conquis, ne procède que trop par le pillage et par la confiscation. En se retirant par toutes les routes de France ils mirent un orgueil bien entendu à respecter les propriétés et à n'étaler leur douleur que par des larmes amères. La royauté plus tard fit un appel à leur patriotisme. Ils revinrent sous l'étendard de la monarchie, et les débris de Waterloo, incorporés dans la garde, donnèrent à tous l'exemple de la subordination et du dévouement.

Dans la note que le comte de Nesselrode avait remise à M. de Talleyrand, afin de lui imposer la dissolution de l'armée, il est dit que « le roi de France a pris certaines mesures pour rendre impuissants les efforts des factieux. » Ces mesures, annoncées par des protocoles, se résumaient en proscriptions individuelles.

A leur premier retour à Paris, les Bourbons avaient, sans bénéfice d'inventaire, accepté la France telle que la révolution la laissait ; ils s'étaient fait gloire de n'y ramener que des Français de plus, et ils avaient espéré gouverner en n'apportant aucun changement dans les positions acquises. Dans les rangs de l'armée, de la magistrature et de l'administration, cette sagesse conciliatrice avait rencontré d'innombrables approbateurs. Des généraux, des juges, des préfets, des fonctionnaires de l'empire, une imperceptible minorité de cinq ou six personnes avait cru devoir à Napoléon l'honneur d'une retraite volontaire; nul autre ne s'était démis. La Restauration avait adopté avec confiance toutes ces fidélités. Les régicides eux-mêmes furent protégés par cette loi d'oubli général que s'imposait la monarchie.

Vingt-un ans s'étaient écoulés depuis l'horrible condamnation de Louis XVI. L'échafaud ou le temps avait dévoré une partie de ses juges-bourreaux, l'autre restait debout; mais relégués dans la foule, inconnus à la nouvelle génération, ils portaient avec un certain effroi le remords de leur crime. L'empereur les avait tenus à distance. Seulement à des hommes exceptionnels, comme Cambacérès, Carnot et Fouché, il avait accordé une amnistie morale que de grands talents semblaient légitimer.

Dans leur exil les Bourbons avaient bien eu le temps de méditer leur vengeance, et l'orateur anglais Edmond Burke, en 1799, dans ses *OEuvres posthumes sur la Révolution française*, leur avait tracé un plan de justice dont en 1814 ils eurent la générosité de se départir. En 1799 Burke prévoyait une restauration, et il écrivait.

« Il faut pourtant que justice soit faite ; il faut des exemples pour consolider la paix et la sûreté publiques : ceux sur lesquels ils doivent tomber sont très remarquables. On ne les punira pas pour avoir offensé les lois civiles et politiques, ni pour s'être révoltés contre les lois de l'État, mais pour avoir violé les lois de la nature. Dans cette liste sont compris tous les régicides, tous ceux qui ont porté sur leur roi des mains sacriléges....., tous ceux qui ont commis de sang-froid des meurtres, et particulièrement les juges des tribunaux révolutionnaires, qui se raillaient insolemment de tous les principes de l'équité naturelle, et même de leurs prétendus droits de l'homme. Pas un seul de cette bande ne doit échapper à un châtiment proportionné à ses crimes.

« Mais aucun d'eux, quel qu'il puisse être, ne doitêtre puni qu'après une procédure instruite conformément à la loi...

« Avec ces précautions, le procès de ces brigands sera une des premières choses dont il faudra s'occuper. Si on néglige cette mesure, avant

un an le gouvernement sera de nouveau renversé. »

Telle était la prophétie que la réflexion et la
connaissance des hommes inspirait au grand
publiciste anglais Elle se vérifia à la lettre; mais
en 1814 les Bourbons ne crurent pas devoir y
ajouter foi. On leur parla de livrer aux tribunaux les seuls régicides qui avaient repoussé
l'appel au peuple. Ils refusèrent. En 1815 les
régicides entraient dans la conspiration; ils y
entraient avec leurs vieilles passions démagogiques.

Il n'y avait donc pas eu de réaction, d'arbitraire , pas même de justice distributive en
1814. Mais lorsque Bonaparte fut arrivé à Lyon,
ramené par les conspirateurs du 20 mars, auxquels l'incurie, les maladresses ou la complicité
secrète des ministres de Louis XVIII faisaient si
beau jeu, il rouvrit l'ère des proscriptions. Par
un décret impérial du 12 mars 1815, décret
qui ne se trouve pas dans les recueils officiels,
parcequ'aucun de ses adhérents n'osa le contre-
signer, il frappa le prince de Talleyrand, Louis
de La Rochejaquelein, MM. de Sèze, de Vitrolles,
Bellart, Lainé et plusieurs autres.

Les Cent-Jours s'achevèrent dans le sang ou
dans les hontes constitutionnelles; puis il resta

à Louis XVIII un devoir à remplir. L'opinion
publique dénonçait partout des traîtres ou des
conjurés ; elle en voyait dans l'armée, dans
l'administration, dans toutes les classes de la société. Pour la plupart des fonctionnaires la foi
due au serment n'avait été qu'un jeu. Les uns
s'étaient affiliés de longue main au complot dont
Hortense de Beauharnais, le duc de Bassano, le
comte Lavalette, Fouché, Savary, duc de Rovigo, et des généraux en activité de service
tenaient les fils. Les autres avaient accepté avec
joie le gouvernement impérial, dont la veille encore ils flétrissaient l'usurpation. Un fait seul
prouve jusqu'à quel point on se joua à cette
époque de la sainteté des serments.

Le 8 mars 1815, le maréchal Soult, ministre
de la guerre de Louis XVIII, adressait à l'armée
un ordre du jour qui commence ainsi :

« Soldats, cet homme qui naguère abdiqua
aux yeux de toute l'Europe un pouvoir usurpé,
dont il avait fait un si fatal usage, Bonaparte
est descendu sur le sol français qu'il ne devait
plus revoir.

« Que veut-il ? la guerre civile. Que cher-
che-t-il ? des traîtres ? où les trouverait-il ? serait-ce parmi ces soldats qu'il a trompés et sa-
crifiés tant de fois en égarant leur bravoure ?

serait-ce au sein de ces familles que son nom seul remplit encore d'effroi?

« Bonaparte nous méprise assez pour croire que nous pouvons abandonner un souverain légitime et bien aimé pour partager le sort d'un homme qui n'est plus qu'un aventurier; il le croit, l'insensé! et son dernier acte de démence achève de le faire connaître. »

Le 26 du même mois, dix-huit jours après, le maréchal Soult allait faire aux Tuileries sa cour à *cet homme,* et le 11 mai il acceptait les fonctions de major-général de son armée.

Bonaparte avait proscrit les royalistes ; le roi à son tour devait proscrire les bonapartistes. C'était la guerre des représailles, une espèce de peine du talion que les vainqueurs ne savent pas s'épargner.

Du point de vue où nous nous plaçons pour juger les hommes et les partis, nous croyons qu'il ne devait pas convenir à Louis XVIII de frapper d'un exil plus ou moins long les conspirateurs qui venaient de jeter l'Europe sur la France. Lorsqu'un gouvernement ne se sent pas assez fort pour tuer dans les vingt-quatre heures les traîtres à la patrie, il faut qu'il se condamne à chercher des moyens plus conciliateurs, et surtout qu'il ne proscrive jamais. La proscription est une peine relative : elle ulcère et ne corrige pas; elle envenime les haines et crée chez l'étranger des ennemis qui, n'ayant rien à ménager, rien à compromettre, deviennent dangereux, parceque souvent, pour témoigner leur reconnaissance de l'hospitalité reçue, ils mettent à son service leurs passions, leurs talents, et quelquefois même l'amour qu'ils ont voué au système qui les a perdus. Nous verrons en effet plus tard les réfugiés de Bruxelles organiser des complots pour placer la couronne de France sur la tête du prince d'Orange.

Au mois de juillet 1815, ces réflexions, nées de l'expérience, ne se faisaient point. Peut-être même étaient-elles impossibles avec un ministère sans foi politique et dans une société qui marchait si rapidement vers sa ruine. Le parti royaliste appelait la vengeance sur les têtes coupables. L'esprit des provinces s'exaltait au spectacle même de cette terrible occupation dont elles étaient les victimes : au nom de la justice, elles invoquaient des punitions exemplaires. Les plus audacieux étaient, comme toujours, les plus intelligents, car ils savaient qu'une révolution qui a peur de son principe ou de ses amis, et qui tâtonne au lieu de pousser jusqu'au bout, doit mourir de consomption dans les langes mêmes de son berceau.

La presse était ardente, infatigable; royaliste ou révolutionnaire, elle combattait avec acharnement, tantôt par des pamphlets, tantôt par ses journaux. Le jacobinisme, dispersé ou apprivoisé par Fouché, ne trouvait plus de défenseurs que dans la presse; la royauté triomphante n'osait pas écouter ceux que l'ambition ou la fidélité lui donnait.

Le *Journal des Débats* s'écriait :

« N'est-il pas permis de rappeler à ces rois, dans les justes mains desquels reposent aujourd'hui les destinées du monde civilisé, que la guerre légitime qu'ils ont livrée à Bonaparte n'était pas seulement dirigée contre un homme dès lors déchu de sa gloire historique, et devenu l'automate docile des factieux, mais contre ses adhérents qu'ils n'ont jamais manqué de colloquer avec lui dans leurs déclarations; qu'ils ont combattu en Bonaparte le chef d'un parti destructeur qui mine sourdement les états, mais qu'ils n'ont pas dû penser que ce parti, si varié dans ses ressources, si actif dans ses entreprises, et si indifférent sur ses moyens, fût tombé avec l'idole méprisable qu'il avait encensée quelques jours, en se réservant de la briser lui-même; que le seul moyen de sauver l'Europe enfin, c'est de sauver la France; et qu'on ne peut sauver la France sans y comprimer par des mesures imposantes la faction antisociale qui ose y méditer avec sécurité de nouveaux malheurs pour le genre humain. »

Le vicomte de Châteaubriand lui-même, président du collége électoral du Loiret, cet homme d'un si beau génie et d'un cœur si français, venait, dans ce langage qui n'appartient qu'à lui seul, s'exprimer ainsi devant le roi :

« Sire, lui disait-il le 5 septembre 1815, vous avez deux fois sauvé la France. Vous allez achever votre ouvrage. Ce n'est pas sans une vive émotion que nous venons de voir le commencement de vos justices. Vous avez saisi ce glaive que le souverain du ciel a confié aux princes de la terre pour assurer le repos des peuples ; vos mains royales ne s'étaient levées jusqu'ici que pour absoudre les coupables et pour répandre des bénédictions ; mais, en sentant tout ce que cet effort a dû coûter au cœur du roi, en pleurant avec votre majesté sur des hommes qui n'auraient pas pleuré sur nous, nous ne nous sommes pas dissimulé que le moment était venu de suspendre le cours de votre inépuisable clémence.

« La France envahie, déchirée, vous demande

justice à genoux. Vous la lui devez, Sire ; vous
la devez à ce peuple qui le soir, avant de rentrer dans la chétive demeure où il partage sa
couche avec le soldat étranger, se console en
criant : Vive le roi ! vous la devez à cette foule
qui, lorsqu'elle vous a vu aux balcons de vos
palais, oublie tous les maux d'une guerre sus-
citée par le tyran et par ses complices ; vous la
devez à ces habitants des campagnes qui ne pos-
sèdent plus que le drapeau blanc dont ils ont
orné les fenêtres de leurs chaumières dépouillées ; à ces paysans qui accouraient la nuit au
bord des chemins où vous deviez passer pour
s'assurer que leur père était revenu et que la
patrie serait sauvée.

« Sire, cette justice, malheureusement trop nécessaire et que vos peuples réclamaient de toutes
parts, ne fait qu'ajouter à l'éclat de votre bonté.

« Vos sujets racontent, avec des larmes de
reconnaissance et d'admiration, tout ce que
vous avez fait pour la France, et votre sévérité
paternelle est mise au premier rang de vos bienfaits. »

De tous les points de la France le même cri
se faisait entendre. Cette unanimité royaliste,
provoquant des réactions légales, rencontrait
dans le conseil des monarques une approbation
sans limites. Lord Clancarty écrivait au baron

3

de Gentz : « Il faut frapper toutes les têtes de la conspiration , autrement l'Europe n'en a pas pour une année. »

Afin d'appuyer ces paroles, les alliés s'exprimaient ainsi par l'intermédiaire des ministres des quatre cours. « L'Europe avait exigé, dans un but de paix et de repos, que Napoléon fût confié à la garde des quatre puissances signataires du traité de Chaumont. L'Europe pouvait également exiger certaines rigueurs ou certaines mesures de précaution contre les partisans de sa dynastie. »

Le prince de Talleyrand avait passé à travers trop de révolutions pour s'identifier complétement avec un parti. Sa raison toujours railleuse, même dans les plus graves circonstances, refusait de s'associer à cet enthousiasme de vengeance dont il pressentait froidement l'inutilité ; mais Fouché n'était pas auprès des puissances étrangères et des royalistes dans une position aussi indépendante que le président du conseil. Fouché avait été ministre de Bonaparte pendant les Cent-Jours. Il avait accepté les décrets de proscription rendus à Lyon ; il fallait, pour se réhabiliter , qu'il donnât des gages en sens contraire ; Fouché n'était pas homme à les refuser.

Fils d'un capitaine de la marine marchande

de Nantes, il s'était fait oratorien, et, à l'âge
de vingt-cinq ans, il avait été nommé préfet des
études au collége de cette ville. La révolution
le surprit dans ce modeste emploi. C'était
un esprit profondément égoïste, et qui n'estimait
les autres qu'autant qu'ils pouvaient servir à son
élévation. Fouché saisit de suite que, dans
cet incompréhensible mouvement d'idées et de
passions, sa raison, toujours froide, devait ouvrir une large voie à ses ambitieuses espérances.
Il y entra en se précautionnant d'avance contre
toute espèce d'enthousiasme; il se rangea du
côté des plus forts, c'est à dire des plus auda-
cieusement criminels. Régicide au premier chef,
régicide qui, selon ses propres paroles, s'éton-
nait « qu'on pût énoncer à la tribune, dans cette
question, d'autre opinion contre le tyran que
celle d'un arrêt de mort, » il eut tous les vices
sanglants de la Montagne sans une des vertus
négatives de la Gironde. Les ardentes inspirations de Danton, les systématiques atrocités de
Robespierre, les turpitudes même de Marat, rien
de tout cela ne lui avait répugné. Il approu-
vait tout par son silence ou par ses exemples.
Lorsque la réaction de thermidor arriva,
Fouché se mit à développer le nouveau caractère d'intrigue auquel il ne renoncera plus.

Il s'assigna un autre rôle: il se fit l'homme

de police, le bravo de tous les pouvoirs qui osèrent l'employer, l'exécuteur des basses œuvres de
toutes les constitutions qui le prirent à son service; mais il ne fut plus cruel par nécessité ou
par instinct; il le devint par esprit de conservation, pour se perpétuer aux affaires et se rendre
indispensable. A partir de ce jour, une révolution nouvelle s'opéra dans ses habitudes. Il s'im-
provisa le protecteur de ceux qu'il avait persécutés, il les fit attaquer par des scribes à ses gages,
il les poursuivit par ses agents, tout en se réservant
le droit d'étaler une générosité de circonstance,
ou de faire preuve d'une humanité qui le séparait de la tourbe des Jacobins.

Chez Fouché ces beaux sentiments n'existaient qu'à la surface ; mais intrigant toujours
en défiance du présent et cherchant sans cesse
à assurer sa position dans l'avenir, il laissait
triompher ou tomber autour de lui les hommes
et les gouvernements, sans s'inquiéter d'autre
chose que de savoir ce que la victoire des uns ou
la chute des autres devait lui rapporter. Il n'y
avait en lui qu'une seule passion, mais cette passion pouvait aussi bien le rendre capable de vertus apparentes que de crimes réels. Il aimait à
dominer, non pas pour imposer ses idées ou
pour donner l'essor à une pensée ambitieuse,
Fouché ne s'élevait pas si haut ; la soif du pou-

voir s'apaisait en lui aussitôt qu'il pouvait grossir sa fortune ou briser les hommes dont il s'é-
tait fait un marchepied.

Son visage blafard et ridé, ses traits impassibles,
ses yeux d'un fauve ardent, son corps long et
menu qui semblait accuser la débilité de son
courage, rien, dans cette nature révolutionnaire, ne trahissait alors de sanglants appétits.
Devenu duc d'Otrante par la grâce de l'empereur Napoléon et s'oubliant assez pour se croire
aristocrate par droit de naissance (1), Fouché
s'était peu à peu dépouillé de son écorce démagogique. Il n'était jacobin que lorsque sa position était menacée. Quand il pressentait ce danger, il faisait rugir le lion populaire que, par ses
agents secrets, il savait museler ou lâcher à pro-

(1) Un jour, c'était sous l'Empire, Fouché racontait en présence de ses plus intimes commensaux une conversation qu'il
disait avoir eue avec Robespierre, et dans laquelle, selon
l'usage invariable de tous les narrateurs, lui, Fouché, jouait
le beau rôle. Il venait d'énumérer les motifs qui l'avaient engagé à faire de l'opposition aux idées de l'avocat d'Arras,
devenu, par le fait, le dictateur de la France, et il continua :
« Robespierre, Messieurs, ne s'attendait pas à ma sortie ; il
n'aimait pas à être contrarié : aussi, pinçant ses lèvres et ra-
justant ses lunettes : « Duc d'Otrante, me dit-il... »
A ce nom de duc d'Otrante, si *historiquement* rappelé par
un républicain racontant une anecdote de l'an II de la République une et indivisible, dont il avait été l'un des plus fervents
apôtres, le cercle d'auditeurs ne put contenir un éclat de rire,
que le duc d'Otrante voulut bien partager.

pos ; mais il avait perdu le goût du sang, et ne
se montrait plus que le Scapin de la révolution
dont le prince de Talleyrand était le Moncade.

Ayant la main dans toutes les conspirations,
les enfantant ou les déjouant, les dirigeant ou
les égarant, selon ses intérêts du moment, Fouché se donna au meilleur marché possible une
réputation d'habileté policière qui survit à toutes
ses trahisons. Il traversa l'Empire, toujours sus-
pect à Napoléon, toujours entre une prison
d'état et une apothéose ; puis quand la Restauration s'installa, Fouché, en disgrâce, comprit qu'avec le temps il lui resterait encore quelque
chose à faire. Il s'entoura des émigrés auxquels
il avait eu l'air de rendre d'insignifiants services.
Avec ses souvenirs implacables, il menaça de
révélations fâcheuses ceux dont, à une autre
époque, il avait acheté l'indiscrète fidélité ; il se
présenta comme l'homme nécessaire, et mettant un pied dans le camp des bonapartistes,
un autre dans celui des Bourbons, il attendit
les événements, faisant peur à tous les partis de
la mauvaise queue révolutionnaire qu'il évo-
quait à son heure. Avant les Cent-Jours Fouché
avait conspiré en faveur de Napoléon. Quand
l'exilé de l'île d'Elbe fut de retour à Paris, Fouché noua une autre intrigue ; il s'adressa tantôt
à Gand, tantôt aux cabinets étrangers, qui de

loin, se laissaient prendre aux ressources de ses fourberies. Ministre de l'empereur, il joua, corrompit ou annihila ses serviteurs les plus dévoués. Il s'imposa aux alliés, qui l'imposèrent à Louis XVIII, et il revint seul victorieux d'une campagne où tout le monde avait été battu.

A l'école de la Convention et du Directoire, Fouché avait appris à organiser la terreur. En 1815 on lui demandait des listes de proscription; il les rédigeait avec M. Decazes, son subordonné, avec le baron Pasquier, ministre de la justice et de l'intérieur par intérim, que secondaient MM. Guizot et de Barante, secrétaires généraux de ces départements. Au milieu des fêtes que ce vieillard préparait à Mlle de Castellane, sa jeune fiancée, il n'oubliait rien de son métier de proscripteur. Il provoquait les royalistes à demander quelques gouttes de sang, et sous main il offrait à ses anciens complices des passeports ou des secours. C'était toujours la même tactique, toujours le même égoïsme; mais toujours aussi la même insouciance pour les intérêts du pays. Il avait fait naître l'idée de mettre en jugement ou de bannir les conspirateurs du 20 mars. Il présenta au conseil des ministres une première liste sur laquelle plus de cent noms étaient inscrits. Parmi ces noms, il y en avait de si ignorés et qui valaient si peu la peine d'une insertion au *Moniteur* que le prince de Talleyrand ne put s'empêcher de dire au proscripteur en titre : « Votre liste contient beaucoup trop d'innocents. » Ce jeu de mots força Fouché à la refondre, et le 24 juillet 1815 une ordonnance royale traduisit devant les conseils de guerre compétents dix-neuf personnages. Le maréchal Ney, les généraux Drouet d'Erlon, Laborde, Brayer, Lefèbvre-des-Nouettes, Gilly, Mouton-Duvernet, Grouchy, Clausel, Bertrand, Debelle, Cambronne, Drouot, Ameil, les deux frères Lallemand et Labédoyère. Savary, duc de Rovigo, et le comte Lavalette complétaient cette première liste.

La seconde se composait de trente-huit individus qui devaient abandonner Paris dans les trois jours et se mettre à la disposition du ministre de la police. C'étaient le maréchal Soult, les généraux Alix, Excelmans, Vandamme, Lamarque, Lobau, Piré, Dejean fils, Hullin, Fressinet, Carnot, les colonels Marbot, Bory-Saint-Vincent, les ducs de Bassano, de Padoue, les comtes Regnault de Saint-Jean-d'Angély, Boulay de la Meurthe, Thibaudeau, Réal, Merlin de Douai, Defermon, Garnier-de-Saintes ; MM. Félix Lepelletier, Méhée-Latouche, Barère, Garreau, Bouvier-Dumolard, Durbach, Félix Desportes, Arnault, Harel, Dirat, Mellinet,

Pommereul, Cluys, Courtin, Forbin-Janson
fils aîné et Lelorgne-Dideville.

Tous les principaux instigateurs du 20 mars
ne se trouvaient pas sur cette table de proscription. De grands coupables en avaient été écartés
par Fouché, soit à titre de confidents passés,
soit en qualité de complices futurs.

Cette ordonnance était tellement contraire à
toutes les idées d'équité qu'on ne peut s'empêcher de remarquer que les hommes réputés les
plus criminels avaient la chance d'éviter toute
punition, puisque les tribunaux militaires pouvaient les absoudre, tandis que les moins coupables subissaient leur peine sans aucun espoir de
recours. Mais, au milieu de tant d'accusés insignifiants, obscurs et que la haine personnelle
des exécuteurs pouvait seule avoir désignés à
l'exil, il y avait des hommes marquants, des collègues même de Fouché dans le ministère des
Cent-Jours. Carnot était de ce nombre.

A la fin de leur carrière politique, ces deux
membres de la Convention, qui avaient traversé
tant d'événements et tant de crimes en y prenant
une part si active, se rencontraient encore une
fois dans un dernier jour de révolution. L'astuce de l'un triomphait de la probité que l'autre
avait malheureusement plus d'une fois compromise par des ordres sanglants. Tous deux,

républicains tant que la république les avait rendus les dominateurs de la France, ils avaient
tous deux enseveli leur passion d'égalité sous
des titres nobiliaires. Le comte Carnot écrivait ce
jour là même au duc d'Otrante :

« Où veux-tu que j'aille, traître ? »

Et le duc d'Otrante répondait :

« Où tu voudras, imbécile. «

Ces deux épithètes résument d'une manière
si concise toutes les différences du patriotisme
révolutionnaire que, malgré leur trivialité, il
nous a paru instructif de leur accorder droit
d'asile. Carnot fut exilé avec des Cluys, des
Mellinet, des Dirat et des Lelorgne, espèces de
comparses sans importance; mais à ces bannis
Fouché réserva une fiche de consolation. Le
gouvernement fit secrètement distribuer à tous
une indemnité et d'abondants secours de
route. Ce subside, accordé par la persécution
aux persécutés, qui la veille se montraient
sans pitié, est un des actes les moins connus et les plus extraordinaires de cette époque. Les persécutés étaient au nombre de cinquante-sept, dix-neuf qui devaient être livrés à
la justice et trente-huit éloignés de France. Entre ces cinquante-sept, auxquels on adjoignit
MM. Cauchois-Lemaire, Isidore Guyet, l'avocat
Teste, agent spécial de police à Lyon pendant

les Cent-Jours et depuis la révolution de juillet
ministre de Louis-Philippe d'Orléans, on partagea une somme de quatre cent cinquante-neuf
mille francs. Aux yeux de ces conspirateurs Ti-
bère allait régner, et ils recevaient des fonds secrets de sa police les moyens d'abandonner la
France qu'ils avaient compromise et ruinée.

Dans les registres du ministère de la police
cette somme de quatre cent cinquante-neuf
mille francs figure comme ayant été distribuée
à ceux que la loi repoussait. A l'exception de cinq,
tous acceptèrent cette étrange prime, qui pour
quelques-uns s'élève au chiffre de vingt-cinq et
de trente mille francs. N'est-ce pas une des plus
tristes pages de l'histoire de la révolution qu'une
pareille mansuétude qui paie ses ennemis, qui leur
fournit d'abord les moyens de s'expatrier, et qui
ensuite se laisse aveuglément jeter dans les filets
d'une conspiration qu'ils vont tramer à Bruxelles.

Cette mansuétude, restée jusqu'à ce jour secrète, ne surprit point ceux qui en étaient l'objet.
Ils connaissaient à qui ils avaient affaire. Quand
ce bizarre spectacle d'hommes également coupables ou également innocents, exilés ou acceptés par la Restauration, fut donné à la
France, quand les généraux Grouchy, Clauzel,
Gilly et Laborde se virent proscrits, et que le maréchal Davoust, ministre de la guerre du 20 mars,

dont ils avaient exécuté les ordres, ne se trouva
même pas inquiété , on se contenta de sourire
à tant de contradictions manifestes et on prêta
l'oreille aux demandes de l'étranger.

L'étranger avait décidé que la France rem-
bourserait largement et surabondamment tous
les frais de cette campagne et de l'occupation
qui en était la conséquence. Les vainqueurs
avaient des prétentions exorbitantes : les uns
formaient le vœu de voir la France partagée et
ses provinces frontières devenir le patrimoine
des états voisins, en laissant douze ou treize départements du centre pour composer un nouveau
royaume de Bourges. Les autres parlaient de la
tuer moralement, et pour cela ils se préparaient
à fomenter les vieilles dissensions de province à
province, et à ressusciter le projet de fédéra-
lisation républicaine que les Girondins avaient
proposé. Les plus sages ou les moins ambitieux, ceux qui n'avaient aucun intérêt direct
à effacer le royaume de la carte des nations, ou
qui, comme l'empereur de Russie, sentaient la
nécessité d'imposer à l'Angleterre un contre-
poids, ne se montraient ni si acerbes ni si exi-
geants. Ils consentaient bien à affaiblir l'empire
tel que Napoléon l'avait constitué, mais ils ne
voulaient pas arriver au démembrement de la
France monarchique. Tous s'accordaient pour-

tant à donner aux agitateurs qui, de Paris, avaient bouleversé le monde pendant vingt-cinq ans de révolution, une grande leçon de morale, dont par malheur la nation tout entière fut appelée à payer les frais.

L'idée d'un partage ou d'un dépouillement germait avec tant de force dans l'esprit des peuples et de leurs chefs, que sur tous les points il s'était élevé contre la France révolutionnaire un cri de réprobation universelle. Dans ce cri il y avait sans doute un sentiment bien prononcé de jalousie; mais la descente de Bonaparte sur les côtes de la Méditerranée et son dernier défi à l'Europe donnaient à ce sentiment une consécration si populaire, que le gouverneur-général des provinces rhénanes, Justus Gruner, adressa aux Allemands le manifeste suivant. C'était traduire par la parole imprimée les discours que le prince Blücher ne cessait de tenir à son armée :

« Braves Teutons! disait le gouverneur-général des provinces rhénanes, cette nation si longtemps fière de ses triomphes, et dont nous avons courbé le front orgueilleux devant les aigles germaniques, vient troubler encore le repos de l'Europe.

« Braves Teutons! un pays ainsi livré au dé-

sordre de l'anarchie menacerait l'Europe d'une
honteuse dissolution si tous les braves Teutons
ne s'armaient contre lui. Ce n'est plus pour lui
rendre des princes dont il ne veut pas, ce n'est
plus seulement pour chasser encore ce guerrier
dangereux qui s'est mis à leur place, que nous
nous armons aujourd'hui : c'est pour diviser
cette terre impie que la politique des princes ne
peut plus laisser subsister; c'est pour nous indemniser, par un juste partage de ses provinces, de
tous les sacrifices que nous avons faits depuis
vingt-cinq ans. Guerriers, cette fois vous ne com-
battrez pas à vos dépens. »

Ce langage avait si souvent retenti dans les
bivouacs des armées coalisées qu'elles ne pouvaient plus renoncer à la pensée d'abandonner
leur conquête, et que même on vit d'autres peuples accourir après la bataille pour tâcher d'enlever quelques membres à la proie abattue.

Peu de jours après l'abdication forcée de l'empereur et la rentrée de Louis XVIII, l'armée espagnole fit irruption sur le sol. Elle n'avait point
pris part à la guerre qui finissait; ses frontières
avaient été respectées, mais le général Castanos,
le futur duc de Baylen, voulait la conduire à la
curée, et faire expier au royaume des Bourbons
les calamités que l'empire de Bonaparte avait

fait peser sur la Péninsule. Quarante mille Espagnols s'avancaient donc dans cette intention
bien avouée ; ils pénétraient dans le midi.

Pendant son séjour à Gand Louis XVIII avait
donné à son neveu, le duc d'Angoulême, des
pleins pouvoirs pour armer et gouverner ces
provinces fidèles. Retiré en Espagne après avoir
bravement essayé de lutter contre l'usurpateur,
le duc d'Angoulême avait reparu sur le territoire ; mais déjà l'activité méridionale prenait
les devants. Le zèle s'était organisé ; les gardes
nationales étaient maîtresses du pays, le drapeau blanc flottait partout.

A la nouvelle que Castanos a franchi la frontière le duc d'Angoulême se hâte de rassembler
le peu de gardes nationaux qui sont sous sa
main, et il s'avance contre les Espagnols dont
l'agression ne pouvait pas être motivée aux yeux
des Bourbons. Le prince expose au général, qui
se déclare si inopinément leur ennemi, l'injustice d'une pareille attaque ; mais s'apercevant
que ses paroles de conciliation demeurent sans
effet, il retrouve dans son cœur quelque chose
d'Henri IV et de Louis XIV ; il s'écrie :

« Si l'armée espagnole fait un pas de plus sur
notre territoire, à l'instant même j'appelle tout
le midi aux armes ; il entendra ma voix, et alors,
général, ce sera à la garde de Dieu. »

Le parti royaliste était puissant et uni dans ces provinces ; un seul mot du duc d'Angoulême lui donnait une heureuse impulsion. Castanos comprit que son armée disparaîtrait bien vite dans la tourmente qu'il venait provoquer ; il rebroussa chemin.

Afin de bien faire comprendre leur pensée à Louis XVIII et à ses ministres, les alliés, qui avaient pour organe le duc de Wellington et le feld-maréchal Blücher, s'emparèrent, sur ces entrefaites, du gouvernement de la capitale et des positions militaires. Le baron de Müffling, un général prussien, fut nommé gouverneur de Paris ; la garde nationale et la gendarmerie, même pour le service intérieur, n'eurent plus d'ordres à recevoir que de lui. C'était une violation manifeste de la convention du 3 juillet 1815 conclue à Saint-Cloud entre le baron Bignon, le général Guilleminot et le comte de Bondy, préfet de la Seine, d'une part, le général Müffling et le colonel Hervey de l'autre. Par cette convention, qui règle la deuxième capitulation de Paris, il était stipulé :

« Art. 9. Le service intérieur de Paris continuera à être fait par la garde nationale et par le corps de la gendarmerie municipale.

Art. 10. Les commandants en chef des ar-

mées anglaise et prussienne s'engagent à respecter et à faire respecter par leurs subordonnés les
autorités actuelles tant qu'elles existeront. »

Mais dans la confusion d'un changement de
règne, dans la désorganisation de tous les pouvoirs, en présence d'un empereur vaincu que
ses ministres, que les représentants de la nation
avaient presque fait appréhender au corps pour
le livrer à l'ennemi, dans cette agitation fébrile
que la honte d'un côté, que le remords de l'autre
produisaient au milieu des masses maudissant
ou glorifiant Bonaparte, repoussant ou appelant
de tous leurs vœux le retour des Bourbons, la
force seule devait être entendue. Les partis, au
lieu de se rallier dans le péril commun, se divisaient avec un acharnement fatal. L'Europe ré-
pudiait Napoléon et sa dynastie. Au nom de la
France, qu'on s'était bien gardé de consulter, le
général Horace Sébastiani, le comte Doulcet de
Pontécoulant, le marquis de Lafayette, le comte
de Laforêt, le comte d'Argenson et Benjamin-
Constant, toujours si mobile dans ses opinions,
allaient au quartier-général des vainqueurs de
Waterloo demander un monarque quel qu'il fût,
à la condition qu'il n'aurait dans les veines ni
du sang de Bourbon ni du sang de Français.

Ces six hommes, qui acceptaient cette odieuse

mission et qui la remplissaient lorsque le drapeau blanc flottait déjà dans la plupart des provinces non occupées par l'étranger, avaient produit sur l'esprit des coalisés une déplorable impression ; la capitale du royaume s'en ressentit.
Les coalisés ne purent s'expliquer cette division
si tranchée, ces haines si publiquement manifestées, lorsque le malheur devait les condamner toutes au silence, afin de réunir dans un
même effort les volontés, les sacrifices, l'amour
de la patrie et les dévouements. Les Anglais et
les Prussiens virent que la France ne savait plus
être une ; ils profitèrent de ce désordre moral
pour asseoir leur autorité et briser eux-mêmes
la convention qu'ils avaient signée.

M. de Bondy, préfet de la Seine pendant les
Cent-Jours, avait fait place au comte de Cha-
brol, qui reprenait les fonctions administratives
abandonnées par lui depuis le 20 mars. L'hôtel-
de-ville était envahi par les états-majors des armées qui, dans tous les dialectes, articulaient
les plus extravagantes demandes. Ici l'on ré-
quérait de force des meubles, des logements,
des tables servies, un luxe inoui ; là, avec une
brutalité qui trahissait un sentiment mal compris d'orgueil national, on exigeait impérieusement des contributions de guerre. M. de Cha-
brol résistait à ces ordres.

On menace de l'enlever et de le transporter
dans la citadelle prussienne de Graudenz. Des
soldats poméraniens font même irruption dans la
salle où le conseil municipal délibérait. A la
même heure d'autres étrangers se livraient au
pillage des premières maisons du faubourg Saint-
Marceau, comme pour provoquer cette population, la plus pauvre et la plus exaltée de Paris, à
un soulèvement qui leur aurait offert l'occasion
de combattre la France dans les rues mêmes de
sa capitale. Les places et les promenades publiques étaient transformées en camps. Des canons
étaient braqués à toutes les issues, jusque sur le
Carrousel, en face même des fenêtres du roi ;
et les artilleurs, toujours mèche allumée, n'attendaient que le signal de faire feu. Les alliés
parlaient de s'emparer des caisses de l'État, du
trésor, de la banque et de toutes les administrations.

Repousser la violence par la violence n'était
pas chose possible. Le gouvernement du roi,
sans force morale, sans appui direct, ne pouvait
en appeler qu'à la justice des souverains. Guillaume de Prusse et l'empereur Alexandre donnèrent des ordres pour faire cesser tous ces actes
de colère. Au milieu de tant de luttes se renou-
velant dans chaque administration, sous les yeux
même de l'autorité impuissante, le maréchal

Blücher manifesta l'intention de détruire le pont
d'Iéna. Le nom de ce monument rappelait à la
Prusse un immense désastre militaire.

C'était à la suite de ce triomphe que l'empereur Napoléon était entré à Berlin et qu'il avait
enlevé l'écharpe et l'épée du grand Frédéric. Ces
trophées de la victoire avaient été déposés dans
l'église des Invalides et suspendus vers le centre
de l'arche qui conduit au dôme. Lorsqu'en 1814
les alliés approchaient de Paris, on avait, sur un
ordre du duc de Feltre, brûlé l'écharpe et l'épée
de Frédéric II dans la cour de l'hôtel avec tous
les drapeaux pris sur l'ennemi. Ces souvenirs
s'étaient réveillés dans les cœurs prussiens, et
leur irritation n'avait plus de bornes. Ils parlaient de rendre affront pour affront ; ils espéraient se venger sur les monuments publics de
la violation des tombeaux et de l'injure qu'ils
avaient subie dans la mémoire de leur vieux
Fritz, toujours chère à leurs cœurs.

Le pont d'Iéna était le monument désigné
pour cette expiation. Les mineurs en creusaient
déjà les piliers. Les instances du comte Molé,
directeur-général des ponts et chaussées, avaient
été à peu près sans effet. Lord Wellington répondait que lui et les autres généraux ne pouvaient apaiser l'exaltation des Prussiens, quand
Louis XVIII, qui, à travers les petites passions

de son esprit et les vices imparfaits de sa nature, avait cependant une magnifique idée de la dignité de son nom et de l'honneur français, s'adressa directement à l'empereur de Russie. L'intervention de ce roi descendant jusqu'à la prière toucha le cœur d'Alexandre. Le pont d'Iéna, qui joint les Champs-Élysées au Champ-de-Mars, était un point de communication stratégique trop important pour être livré à un vandalisme provocateur. Alexandre et le roi de Prusse donnèrent des ordres. Blücher renonça à son projet.

Les choses se passèrent ainsi : la lettre de Louis XVIII demandant au feld-maréchal prussien l'heure à laquelle il ferait sauter le pont, cette lettre où le roi annonçait qu'il se placerait dessus afin de périr en même temps, n'est donc qu'une forfanterie après coup dont la sagacité royale ne fut jamais responsable.

# CHAPITRE II.

Situation des provinces envahies. — Commission française
pour subvenir aux besoins des armées. — MM. Corvetto, Labouillerie, Portal et Dudon, commissaires. — Leurs conférences avec les étrangers. — Leur correspondance. — Note
officielle de M. de Talleyrand.—Répartition de cent quatre-
vingt-six millions. — Chiffre exact des étrangers sur le sol.
— Rapport secret du baron Louis au roi. — Traités particuliers des puissances avec le gouvernement français. — Enlèvement des objets d'art au Louvre et sur les places publiques. — Inertie du ministère Talleyrand.

D'après les faits qui, dans les premiers jours
de l'invasion de 1815, signalaient à Paris les ardentes colères de la coalition, il est facile de se
faire une idée des désordres qui devaient éclater dans les départements occupés. Afin de subvenir aux besoins de son armée et de réchauffer
le zèle de ses complices, Bonaparte avait en trois
mois de règne épuisé les ressources du pays;
en choses évaluables au trésor seulement, il avait
consommé plus de six cents millions.

Les impôts en nature, les emprunts volontaires ou forcés ne suffisaient plus pour faire face à des nécessités renaissantes à chaque heure. Ce n'était pas assez de résister avec fermeté aux ordres souvent inconciliables et presque toujours impossibles des étrangers. Il fallait coordonner les dépenses pour établir une certaine régularité dans les sacrifices auxquels la nation était condamnée.

Le 9 juillet 1815, le lendemain même de la rentrée de Louis XVIII dans sa capitale, une commission fut formée par le ministère français ; elle se composait du comte Corvetto, président, des barons Portal, La Bouillerie et Dudon, secrétaire, avec voix délibérative ; M. Raymond Duprat, aujourd'hui membre de la chambre des députés, était à la tête des bureaux.

Le 24 juillet 1815, le prince de Metternich, le comte de Nesselrode, lord Castlereagh et le prince d'Hardenberg, ministres des quatre cours, adressèrent au prince de Talleyrand, président du conseil, une note officielle déterminant le mode de procéder.

« Les ministres, y lit-on, ont pris en mûre considération les ouvertures que le ministère du roi leur a fait parvenir par son excellence M. le

baron Louis, dans le but de régulariser la marche
de l'administration dans les pays occupés par les
armées alliées. Ils sont trop pénétrés de la nécessité de prendre à cet égard les mesures les
plus urgentes et les plus efficaces pour ne pas
entrer avec empressement dans les vues qui ont
dicté ces propositions. Ils croient donc que les
dispositions suivantes, qui viennent d'être arrêtées, seront les plus propres à concilier les désirs du roi avec la situation où se trouveront les
armées alliées pendant leur séjour en France :

« 1° Pour prévenir les inconvénients qui ré-
sultent de l'incertitude où sont encore les armées alliées, relativement à leurs cantonnements, une ligne de démarcation déterminera
les départements qui seront occupés par elles,
et qui seront plus spécialement assignés à leur
sustentation ;

« 2° Ces départements seront partagés entre
les différentes armées, de manière à ce que chacune d'elles ait un rayon, et que, par conséquent, dans le même département, il n'y ait
que des troupes de la même armée ;

« 3° Cependant dans ces différents rayons et
en général dans tous les départements occupés
par les alliés, on suivra un système uniforme
pour toutes les affaires qui concernent l'admi-

nistration, et se rapportent aux besoins des armées ;

« 4°Les autorités du roi seront immédiatement rétablies dans ces départements, et les préfets et sous-préfets remis dans l'exercice de leurs fonctions.

« 5° Afin de protéger ces autorités, et d'assurer en même temps que, d'un côté, tout ce qui tient au service et aux besoins des armées alliées s'exécute avec exactitude, et que, de l'autre, celles-ci observent le plus grand ordre, il sera nommé des gouverneurs militaires pour les départements qui forment les rayons de chaque armée ; mais ce ne sera que pour les objets qui concernent le service et la sûreté des armées que les préfets et autres fonctionnaires publics recevront les directions des gouverneurs militaires des puissances alliées.

6° Ces objets seront encore plus spécialement déterminés, mais l'entretien des différentes armées aura lieu sur des principes qui seront uniformément adoptés.

« 7° Une commission administrative vient d'être établie à Paris, et se mettra aussitôt que possible en rapport avec la commission nommée par le roi.

« 8° Des ordres ont été donnés pour que la rentrée des contributions en argent, dont plu-

sieurs villes et départements ont été frappés , ne
soit pas ultérieurement poursuivie, et qu'à l'a-
venir aucune contribution de ce genre ne soit
demandée par des ordres isolés des intendants
des différentes armées. Ces arrangements allant
aussi loin que le permettent pour le moment aux
alliés le soin de leurs propres armées et leur situation militaire, les soussignés se flattent que
le ministère du roi y reconnaîtra le désir sincère
qu'ils ont de contribuer au rétablissement de
l'autorité royale, et à l'adoucissement des charges
de la guerre autant que les circonstances leur
en laissent la possibilité.

« Ils ont l'honneur d'assurer S. A. M. le
prince de Talleyrand de leur haute considération.

« Paris, le 24 juillet 1815.

> « *Signé* METTERNICH , NESSELRODE ,
> CASTLEREAGH , HARDENBERG. »

Quatre Français étaient donc chargés de veiller aux intérêts des départements envahis et de
régulariser toutes les réquisitions qui pourraient
être faites par les puissances étrangères. A côté
de cette commission, dont les pouvoirs n'étaient
limités que par l'omnipotence des alliés, un
conseil administratif avait été établi, ainsi que

l'indique l'art. 7 de la note officielle du 24 juillet. Ce conseil, nommé par les souverains, se composait de M. Baldacci, ministre des conférences d'Autriche, du baron d'Altenstein pour la Prusse, de M. de Bulkakoff pour la Russie, et de M. Dunmore, commissaire en chef de l'armée anglaise.

La mission des délégués français était pénible et délicate surtout: ils avaient à lutter d'un côté contre des armées enivrées de leur triomphe, et qui, loin de leurs monarques, pouvaient avec impunité se livrer à tous les excès de la conquête. Ces armées se regardaient comme en pays ennemi, et elles ne demandaient pas mieux que de nous faire expier nos vingt-cinq années de victoires. De l'autre côté se trouvaient des compatriotes à protéger, l'honneur et les intérêts de la patrie à sauvegarder, mais aussi des plaintes de toute nature à entendre, des misères à soulager, des mesures énergiques à adopter, mesures qui, dans l'état d'affaissement de la France, devaient, même par leur salutaire sévérité, soulever les cœurs aigris et fomenter mille mécontentements secrets.

En mettant le pied sur le territoire dont l'ambition d'un homme leur avait deux fois ouvert les portes, les coalisés avaient espéré administrer le pays et le pressurer sans contrôle. Ils oubliaient

déjà qu'il n'avaient fait la guerre qu'à Napoléon,
et que Louis XVIII, par l'attitude hostile qu'a-
vait prise la Vendée militaire, était entré dans
l'alliance des peuples contre Bonaparte ; ils oubliaient encore que le 25 mars 1815 un traité
conclu au congrès de Vienne faisait du fugitif
de l'île d'Elbe l'ennemi commun, et que le roi
avait été sollicité d'adhérer à cet acte des puissances contractantes.

Dans les premières conférences des commissaires français et étrangers ceux-ci ne cachèrent
pas que la volonté des cours était de soumettre
à leur administration les départements occupés.
MM. Corvetto, Portal, Labouillerie et Dudon
déclarèrent qu'ils devaient seuls être chargés de
tout ce qui regardait le service ; seulement ils
promettaient d'employer à l'entretien des armées les produits de ces provinces. A l'appui de
leurs justes demandes ils démontraient aux
commissaires des puissances qu'avec leur système de contribution et de gaspillage, qui en
était la conséquence nécessaire, le pays serait
bientôt sans ressources aucunes et l'armée d'occupation elle-même privée de toute subsistance.

Ces raisons étaient concluantes ; elles ne
triomphaient cependant pas de l'obstination des
alliés. Les commandants militaires disaient que
toutes les sommes entrées ou devant entrer dans

les caisses publiques appartenaient de droit aux monarques dont ils étaient les agents. On avait même préparé une si large voie aux abus que les chefs de l'armée changeaient jusqu'aux règles de l'administration.

Ainsi le comte d'Alopeus à Nancy saisissait tous les sels qui se trouvaient en fabrication dans les salines de l'Est; il osait plus, il faisait négocier à l'avance des bons pour deux millions de francs, admissibles en paiement de ces sels. Un gouverneur autrichien allait beaucoup plus loin, et une lettre écrite le 5 août 1815 par le baron Dudon au prince de Talleyrand l'informe que « ce gouverneur ne se borne point à exiger la rentrée des contributions ordinaires, mais que dans les départements de l'Ain, du Jura, de l'Isère et du Montblanc, il veut encore contraindre les habitants à payer un emprunt forcé qui, par un décret impérial du 8 mai 1815, avait été exigé des plus riches contribuables de ces départements.

« Dans celui de l'Ain, par exemple, ils ont pris le rôle dressé par M. Baude, préfet, qui a exigé que les plus riches propriétaires souscrivissent des bons à un et deux mois de date. C'est le recouvrement de ces effets que l'intendant général autrichien veut faire poursuivre.

« En supposant, continue le baron Dudon,

que les alliés aient le droit de prélever la dépense de leurs troupes sur le produit des contributions ordinaires établies par nos lois, on
ne doit pas en conclure qu'il soit dans l'intention des souverains de donner suite aux mesures arbitraires que les agents de Bonaparte ont
imaginées dans leurs départements. Celle dont
il est question ici équivaut à l'établissement
d'une contribution extraordinrire dont la note
du 24 juillet suspend la poursuite. »

M. de Talleyrand, adoptant les propositions
du commissaire français, s'opposa vivement à
de semblables prétentions. Il déclara que rien
ne devait entraver la marche des autorités françaises, et il écrivit à M. Dudon de veiller très
attentivement à ce qu'il fût pourvu à la nourriture de l'armée ennemie; mais en même
temps il lui enjoignit de s'opposer à tout
enlèvement de fonds, et de n'obtempérer à
aucune réquisition qui dépasserait les besoins
journaliers des troupes.

Les commissaires adressèrent le 15 août 1815,
des instructions très précises dans ce sens à tous
les préfets. Ces instructions étaient ainsi con-
çues :

« Monsieur le préfet,

« Nous avons l'honneur de vous transmettre

la copie d'une circulaire adressée par les ministres des souverains réunis à MM. les gouverneurs
des départements occupés par les armées étrangères.

« Elle nous a été officiellement communiquée
par le conseil administratif des alliés. Vous ver-
rez que l'administration vous est remise sans
restriction. Les produits de toute nature doivent
rentrer dans les caisses du trésor royal ; les dépenses ne seront plus faites que par les ordres
des autorités françaises, et dans les formes de
notre comptabilité.

« La remise de l'administration entre vos
mains produira l'économie, qui résulte toujours
de l'ordre et de la régularité ; mais les charges
que les habitants auront à supporter seront encore considérables ; il ne faut négliger aucune
des ressources qui sont à votre disposition.

« S'il était frappé sur votre département des
réquisitions de remonte, d'objets d'habillement
et d'équipement, vous devez vous y refuser
comme vous l'avez déjà fait. Cependant, lorsque
les quantités requises seront pour des besoins
urgents, vous devez satisfaire aux demandes qui
vous seront adressées ; il vous sera facile de
distinguer quelles sont les réquisitions qui ne
peuvent être différées, sur lesquelles les com-
missions établies à Paris ne donneraient pas de

décisions négatives, d'avec celles qui peuvent
être la matière de quelques discussions, et
contre lesquelles, par conséquent, nous pouvons élever des réclamations. La quantité des
objets requis est l'indice le plus sûr pour vous
guider dans cette circonstance: ainsi, des fers
nécessaires pour la consommation immédiate
de la cavalerie, des cuirs pour réparer les chaus-
sures d'une troupe en marche, ne peuvent être
refusés ; mais des réquisitions de trente ou quarante mille paires de souliers, de cent mille
aunes de draps, sont susceptibles d'être examinées à Paris, soit parceque le pays ne serait
pas en état d'y fournir, soit parceque les troupes ont déjà été pourvues de ces objets dans
d'autres arrondissements.

« Les contestations qui se sont élevées entre
MM. les préfets et les agents des armées alliées,
nous ont engagé à vous donner ces nouvelles
explications : vous sentirez, monsieur le préfet,
combien il est essentiel d'éviter tout ce qui peut
troubler la bonne intelligence avec les alliés, au
moment où la remise de l'administration, re-
tardée jusqu'à ce jour sous divers prétextes, va
enfin vous être faite sans aucune restriction ; ce
qui donne lieu d'espérer que des arrangements
encore plus importants seront bientôt rendus
publics. »

5

C'était limiter l'arbitraire des généraux et donner à la résistance des autorités locales un point d'appui. Les préfets firent leur devoir; mais les chefs étrangers, exaspérés de cette activité et de cet accord qui paralysaient leur mauvais vouloir, se portèrent à de graves sévices.

Le baron Alexandre de Talleyrand, préfet du Loiret; le marquis de Gasville, préfet de l'Eure, et M. Jules Pasquier, préfet de la Sarthe, furent enlevés presque au même moment et transférés en Prusse. Comme pour braver le ministère français même dans ses affections de famille, l'insolence de l'étranger s'était adressée au neveu du président du conseil, au gendre du chancelier d'Ambray et au frère du garde des sceaux. MM. de Goyon et Boula du Colombier, l'un préfet de l'Yonne, l'autre des Vosges, subirent le même sort.

Ces mesures de rigueur ne modifièrent cependant point les instructions données par le prince de Talleyrand aux quatre commissaires. Lorsque le baron Dudon vint lui annoncer cette nouvelle entrave, M. de Talleyrand, avec sa narquoise impassibilité, se borna à dire : « Eh bien! qu'est-ce que cela fait à vos affaires? J'aime beaucoup Alexandre Talleyrand, et il vaut mieux qu'ils aient enlevé celui-là qu'un autre. Je vous répète qu'il ne faut rien payer si vous le pouvez, payez le moins possible si vous êtes forcé, et surtout le plus tard possible. »

M. Dudon était parfaitement de cet avis. La pénurie du trésor ne permettait guère d'en adopter un autre.

Se sentant appuyé par le ministère qui, dans ce moment de crise, se montra courageusement national, les quatre commissaires voulurent se tenir à la hauteur des dangereuses fonctions dont la confiance du roi les investissait. C'était une guerre de tous les instants qu'ils avaient à soutenir, guerre de chicane ou d'envahissement, guerre qui, chaque jour, les plaçait en contact ou en hostilité avec des chefs militaires. Encore peu habitués à la victoire, ces chefs ne savaient pas, par une générosité au moins dans les formes, se faire pardonner les excès du triomphe. Les Prussiens étaient toujours et partout les plus hautains et les plus intraitables.

Entre autres preuves, nous citerons une note qui fit grande sensation dans le corps diplomatique : elle est adressée par M. Dudon à M. de Ribbentrop, intendant-général de l'armée prussienne, qui depuis longtemps parlementait avec ce commissaire français pour faire établir les comptes de son gouvernement selon le chiffre qu'il présentait.

« J'ai émis, répondait M. Dudon à une lettre

de cet intendant général, j'ai émis l'opinion que nous ne pouvions pas nous écarter des règles tracées par la note diplomatique du 1ᵉʳ septembre, et la question se réduisait alors à des termes fort simples. Une convention signée par les ministres de sa majesté le roi de Prusse, forme-t-elle un engagement pour les agents prussiens? Vous changez l'état de la question. Vous me parlez des décisions que vous avez prises personnellement, et vous ajoutez ces mots : « A ce sujet je dois vous faire observer qu'une armée victorieuse ne sera pas forcée de se soumettre à des conditions telles que vous les établissez. »

« Permettez-moi, Monsieur, de vous faire remarquer que je n'établis pas de conditions ; que je déclare au contraire n'en pouvoir présenter aucune, mais que je suis obligé de me soumettre à celles agréées par nos gouvernements respectifs. Du reste, je ne crois pas que par l'expression d'armée victorieuse vous ayez voulu dire autre chose que la réunion des Anglais, des Autrichiens, des Prussiens, des Russes, des Saxons, des Bavarois, etc., etc. Eh bien! c'est précisément des conditions arrêtées entre ces puissances que je demande l'exécution.

« Je ne puis reconnaître à aucune des droits particuliers, puisque leur position vis-à-vis de la France est le résultat de la coopération commune. Chargé en plusieurs occasions de stipuler les intérêts de mon gouvernement au-delà des frontières, je n'ai jamais parlé dans les négociations que de l'intérêt de tous les peuples dans le but de mettre fin à leurs divisions. J'ai tu avec soin les avantages passagers que donne ou enlève la fortune. On ne se conduit jamais mieux en politique que lorsqu'on n'écoute ni l'affection ni le ressentiment. Ce sera donc la dernière fois, Monsieur, que je releverai des expressions inutiles au développement des questions discutées. »

Au milieu de tous ces conflits et de ces correspondances où le beau rôle de dignité appartient encore à la France, le prince de Talleyrand, pressé de tous côtés, consentit à faire payer aux alliés une somme de cinquante millions. Cela avait été ainsi réglé le 10 août 1815, mais il était bien entendu que les réquisitions de toute espèce cesseraient à l'instant même. Toutefois le 24 du même mois, dans un document adressé aux ministres des quatre cours, M. de Talleyrand faisait entendre ses plaintes avec une autorité de paroles que les faits eux-mêmes venaient chaque jour confirmer.

« Les entraves qui gênaient la marche du gouvernement n'ont pas cessé, dit dans cette pièce officielle le président du conseil. Les autorités françaises n'ont pu reprendre la direction des affaires; les impôts ont été détournés des caisses royales dans celles des armées ; des réquisitions exorbitantes pour l'équipement ont été frappées, les mesures de rigueur sont venues plus fréquentes; les préfets ont été enlevés à leurs fonctions. Dans les départements occupés par l'armée bavaroise les agents militaires ont déclaré qu'ils ne regardaient pas comme obligatoires pour eux des arrangements conclus sans l'intervention d'un ministre de leur souverain. Dans une partie du rayon de l'armée autrichienne les préfets ont eu la liberté de reprendre leurs fonctions et de diriger le recouvrement des impôts, mais les recettes ont été aussitôt arrêtées par des réquisitions de diverses natures étrangères à la subsistance journalière des troupes. Les agents prussiens ont jugé que le paiement des sommes promises par le gouvernement de Sa Majesté devait précéder la remise de l'administration aux autorités françaises. Ils continuent à percevoir les revenus courants. Le gouvernement de Sa Majesté Très Chrétienne est donc encore entouré de difficultés qu'il avait été dans l'intention de toutes les parties d'éloigner. Leurs excellences reconnaîtront dès lors qu'il n'a pas été au pouvoir du ministère du roi de se procurer les fonds pour le paiement des premiers vingt-cinq millions puisqu'il ne peut disposer d'aucune des ressources des départements.

« Dans cet état de choses, il est néanmoins un principe que le ministère s'empresse de reconnaître. Il est juste que l'exécution des engagements réponde de son côté à celle qui a eu lieu de la part des puissances; le ministère du roi offre en conséquence de régler sur les bases de la convention du 10 août la somme proportionnelle à remettre à chacune des puissances qui aura rendu sans restriction et sans réserve l'administration des départements occupés par ses troupes.

« Il est une autre considération sur laquelle le ministère du roi ne peut s'empêcher d'insister; c'est la nécessité de surseoir à toute réquisition isolée d'habillement, et de faire régler de concert à Paris ce qui est relatif à ces sortes de demandes. La promesse de ne pas s'immiscer dans l'administration financière serait illusoire si l'on ne doit entendre par là que le recouvrement des impôts courants et si les chefs militaires conservent la faculté de frapper des réquisitions qui ne sont sous un autre nom que des contributions en argent. De pareilles mesures détrui-

raient celles que le gouvernement du roi pourrait prendre, car dans l'état d'épuisement où se
trouve le pays, il n'est pas possible de faire percevoir concurremment les impôts et les contributions extraordinaires. Il arriverait ainsi que
les ressources sur lesquelles le ministère aurait
compté pour faire face à ses engagements envers les puissances alliées seraient absorbées par
les prélévements qu'auraient ordonnés les généraux pour l'habillement de leurs troupes. »

Le 1er septembre 1815, une autre somme de
cinquante millions fut allouée aux étrangers par
le ministère pour solde de deux mois. On leur
compta le même jour cent trente-six millions
deux cent mille francs pour habillements, équi-
pements et remonte. Une note du duc de Wellington au baron Louis explique ainsi la répartition de ces cent quatre-vingt-six millions deux
cent mille francs.

La répartition des cinquante millions pour la
solde est faite à raison de dix millions pour chacune des quatre grandes puissances et de dix
millions entre les autres alliés proportionnelle-
ment à leur contingent dans l'armée. Celle des
cent trente-six millions deux cent mille francs
est établie à raison de cent vingt francs par
homme.

| | | |
|---|---|---|
| L'Autriche reçut | 48,400,000 f. | » c. |
| La Prusse, | 47,200,000 | » |
| L'Angleterre, | 25,360,000 | » |
| La Russie, | 40,000,000 | » |
| La Bavière, | 11,924,409 | 45 |
| Le Wurtemberg, | 3,974,803 | 15 |
| Bade, | 3,179,842 | 55 |
| Hesse, | 1,589,921 | 25 |
| Piémont, | 2,981,112 | 35 |
| Saxe, | 1,589,921 | 25 |

| | | |
|---|---|---|
| Total | 186,200,000 | » |

Ce qui d'après le tableau formé par le baron Louis, ministre des finances, et communiqué à la commission française offre un effectif d'un million cent trente-cinq mille hommes, ainsi répartis par puissance :

| | |
|---|---|
| Autriche, | 320,000 hommes. |
| Prusse et alliés dans ses armées, | 310,000 |
| Angleterre et alliés à l'armée du Nord, | 128,000 |
| Russie, | 250,000 |
| Bavière, | 60,000 |
| Wurtemberg, | 20,000 |

| | |
|---|---|
| A reporter | 1,088,000 |

|  |  |
|---|---|
| Report | 1,088,000 |
| Bade, | 16,000 |
| Hesse, | 8,000 |
| Piémont, | 15,000 |
| Saxe. | 8,000 |

|  |  |
|---|---|
| Total | 1,135,000 |

Sur les cent trente-six millions deux cents mille francs payés par le trésor royal il avait été stipulé que l'on déduirait tout ce qui avait été pris par les armées alliées, tout ce qui leur aurait été antérieurement fourni, et qu'à partir de ce jour 1er septembre, il ne serait plus question de réquisition d'argent, de denrées ou de marchandises. Autant qu'il dépendit des souverains, des généraux en chef et des négociateurs, ces conventions furent aussi scrupuleusement observées que les circonstances le permirent.

Le baron Louis, ministre des finances, rendit compte au roi de cet ensemble d'opérations et de leurs résultats qui avaient coûté tant de travaux et de combats à la commission, et le 21 septembre, au moment même d'abandonner le pouvoir, le ministre disait dans son rapport en date de ce jour :

« Sire, les armées coalisées, en entrant sur

le territoire, manifestèrent l'intention de prendre la direction de l'administration dans les départements qu'elles occupèrent successivement,
et de faire percevoir à leur profit tous les revenus arriérés et courants ; elles frappèrent en
même temps des réquisitions considérables pour
leur habillement; elles imposèrent aussi des
contributions en argent sur les pays qui sup-
portaient déjà des dépenses pour la subsistance
des troupes.

« Les ministres de votre majesté se firent un
devoir de réclamer contre de pareilles dispositions; ils offrirent de faire pourvoir à l'entretien
des armées par les soins des agents français. Il
était pénible de les rendre les instruments de
mesures aussi onéreuses, mais il eût été dangereux de laisser les habitants sans défenseurs
contre des autorités étrangères.

« Vous permîtes, sire, à vos ministres d'entrer en négociation sur cet objet ; des notes furent échangées avec le cabinet des souverains
des quatre cours réunies. Il fut convenu que les
fonctionnaires français rentreraient dans le libre
exercice de leurs emplois, et, qu'aucune contribution en argent ne serait plus exigée. Ces
arrangements furent rendus publics. Cependant le bon ordre qu'on espérait voir renaître
ne se rétablit que dans les départements occu-

pés par l'armée russe; les agents de cette armée
cessèrent, aussitôt la publication de la note du
24 juillet, insérée dans la *Gazette officielle* , (1)
d'intervenir dans les affaires administratives; il
n'en fut pas de même dans le rayon des autres
armées ; rien n'était réglé par la note du 24
juillet sur la perception des revenus ordinaires
de l'état ; elle ne faisait pas cesser les réquisitions d'habillement ; ainsi l'administration était
encore paralysée, car on lui enlevait la disposition des caisses publiques et l'on exigeait d'elle
qu'elle satisfît à des demandes énormes de diverses natures; les commandants militaires ne
frappèrent plus, il est vrai, des contributions en
argent, mais les réquisitions en draps, en cuirs,
en objets manufacturés augmentèrent; on ne
pouvait se procurer ces effets qu'en les achetant,
les levées d'argent continuèrent donc sous un
nouveau prétexte.

« Les ministres de votre majesté représentèrent
aux ministres des cours réunies que les dispositions consignées dans la note du 24 juillet étaient
insuffisantes pour atteindre le but qu'on s'était
proposé, après plusieurs communications. Nous
reçûmes, le 6 août, une note dans laquelle on

---

(1) *La Gazette officielle* remplaça en 1815 pendant quelques
semaines le *Moniteur universel.*

établissait en principe que les départements occupés par les armées coalisées devaient subvenir
à la subsistance et à la solde des troupes ; ce
dernier article était évalué pour deux mois à
cinquante millions. On demandait que cette
somme fût payée en deux termes, le premier le
25 août, le second le 15 septembre, en admettant *en déduction les fonds enlevés* des caisses
publiques ou perçus de tout autre manière. On
insistait en outre pour qu'il fût promptement
satisfait aux réquisitions d'habillement et d'é-
quipement faites par les généraux en chef ; on
ajoutait en terminant la note que dès que ces
deux points seraient réglés les négociations
s'ouvriraient sur les propositions définitives que
les puissances alliées avaient à faire au gouvernement français.

«Vos ministres, sire, se soumirent à l'obligation de payer cinquante millions. Ils eurent
soin de faire observer au cabinet des souverains
alliés que cet arrangement n'était contracté que
dans la supposition que la marche du gouvernement serait dégagée de toute entrave, et qu'il aurait la libre disposition de tous les revenus publics ; quant à l'habillement, nous demandâmes
l'état détaillé des réquisitions afin de pouvoir
asseoir la répartition de cette dépense. »

A la suite de ces tristes considérations, le rapport du baron Louis, déposé aux archives du ministère des finances, annonce pourtant que, grâce aux soins de la commission, il a été possible d'amener les puissances à conclure divers traités particuliers avec la France. C'était un allégement aux charges qui pesaient sur le royaume, car les cours étrangères prises séparément cédaient avec plus de facilité aux démonstrations et aux chiffres de MM. Corvetto et Dudon. Ils discutaient sur de moins larges bases avec des têtes froides et que les irritations nées au sein d'une assemblée ne passionnaient plus.

Après avoir mûrement étudié ces préliminaires des négociations, on reste convaincu que les hommes d'état qui avaient accepté la mission de concilier tant d'intérêts rivaux entre eux, mais toujours ennemis contre nous, ont bien mérité du pays. Ces traités particuliers furent approuvés par des ordonnances spéciales du roi en date du 21 septembre.

La commission représentée par MM. de La Bouillerie et Dudon conclut encore, avec les ministres des puissances secondaires, diverses transactions dont le rapport du baron Louis rend compte au roi, puis vint le tour de la Russie. En remplacement des réquisitions qu'elle avait faites ou qu'elle se disposait à demander, les commissaires français et M. de Cancrin, intendant-général des armées russes, et aujourd'hui ministre des finances de l'empereur Nicolas, firent plusieurs traités moins onéreux pour la France. Un autre fut passé entre le baron Louis et le baron Bulow au nom de la Prusse. L'exemple de ces puissances décida la Bavière à faire comme elles.

La Bavière avait frappé pour dix-huit millions de contributions. « Il était impossible, dit le rapport au roi, de les faire exécuter dans le territoire très resserré qu'occupait cette armée. Cependant on employait déjà les exécutions militaires pour obtenir tout ce qu'il serait possible d'arracher aux habitants; tout allait être désorganisé lorsque la commission obtint du prince de Wrède de conclure un accord pareil à ceux de la Russie et de la Prusse. Les dix-huit millions demandés se réduisirent à sept millions cinq cents mille francs. »

Tandis que ces luttes, dont jusqu'à présent personne n'avait eu connaissance, se soutenaient dans le sein de la commission contre les cupidités de l'étranger, les Anglo-Prussiens envahissaient le Musée et dépouillaient la France des chefs-d'œuvre de sculpture et de peinture dont la conquête ou des traités solennels nous avaient rendus possesseurs.

En 1804 le pape Pie VII avait traversé les monts pour venir sacrer le consul qui se déclarait empereur. Le saint vieillard fut entouré d'hommages, et le pavillon de Flore, qui lui avait été assigné pour demeure, n'ayant pas d'assez vastes appartements pour contenir la foule des visiteurs, Napoléon choisit la galerie du Louvre. M. Denon en avait la garde. C'était lui qui était chargé d'accompagner le souverain pontife dans les monuments qu'il désirait voir. Ce fut encore lui qui l'introduisit au Louvre. « Votre sainteté, lui dit-il, en pénétrant dans la galerie, apercevra peut-être des objets qui attristeront ses regards. — Eh quoi donc? demanda Pie VII. — Des tableaux, des statues, des objets d'art, répliqua M. Denon, ils étaient autrefois en Italie; quelques-uns même au Vatican. »

Le pape leva les yeux au ciel, et d'un air de prophétique résignation : « La victoire, répondit-il lentement, les avait portés en Italie. La victoire les a déposés ici. Qui sait où un jour elle les reportera ? »

Onze ans étaient à peine écoulés, et des bataillons anglais et prussiens venaient, l'arme au bras, accomplir dans ce même Louvre la prédiction qui avait retenti sous ses voûtes.

La république et l'empire, en parcourant l'Europe, avaient pris, comme trophées de leurs conquêtes ou acquis par des traités, les plus beaux monuments des arts, les plus curieuses archives, enfin tout ce qui pouvait flatter l'orgueil d'une nation. L'Apollon du Belvédère, la Vénus de Médicis, les toiles de Raphaël, les chefs-d'œuvre de Michel-Ange, de Van Dick, de Rubens et du Murillo; les chevaux de Venise, le lion de Saint-Marc, le trésor des archives du Vatican, de Turin et de La Haye, tout cela se trouvait en notre possession. La Prusse avait contribué, ainsi que les autres peuples, à ce magnifique encombrement de toutes les merveilles du monde. L'heure des désastres sonnait. Nos armées n'avaient point épargné les humiliations aux puissances vaincues : triomphantes à leur tour, elles nous rendirent avec usure outrage pour outrage.

Ces affronts de nation à nation que l'on ne flétrit que lorsqu'on est vaincu ; que l'on ne qualifie d'injustes qu'au moment où on ne les commet plus pour son propre compte, sont sans aucun doute de tristes calamités. Elles froissent l'orgueil des capitales et ne satisfont jamais l'ambition des rois ou des armées ; mais à Paris, dans cette ville qui avait tant de légitimes motifs pour se regarder comme le centre des arts et le foyer des lumières, cet abus de la victoire, transformé en insulte faite publiquement, à plein so-

leil, en face de la garde nationale dont les bataillons se présentaient déjà pour protester les
armes à la main, avait quelque chose de sauvage.

Le laisser-aller habituel de M. de Talleyrand,
son égoïste apathie qui ne se réveillait que dans
les crises imminentes, et qui ne se réveillait le
plus souvent que par de malicieux propos lon-
guement travaillés, ne permirent pas à l'indignation publique de prendre fait et cause. On
parla à M. de Talleyrand des sentiments unanimes que cette spoliation faisait naître dans les
masses. A toutes les observations il se contenta
de répondre : « Ce n'est pas une affaire. »

Le prince de Talleyrand se trompait, et la
poésie libérale et les souvenirs du peuple lui ont
prouvé qu'avec notre esprit prime-sautier nous
sommes toujours prêts à sacrifier les choses graves à des minuties que l'on prendra à tâche
de nous faire regarder comme patriotiques.

A l'aide d'un bon mot M. de Talleyrand
croyait avoir pourvu à tout; aussi lorsque le
sculpteur Canova se présenta devant lui et demanda la dérisire permission d'entrer au Musée pour retirer les objets d'art qui devaient être
rendus au pape, le président du conseil ne se
fit-il pas grâce d'une de ces paroles ne sont
jamais des raisons. Canova s'annonçait comme

l'ambassadeur du souverain pontife. « Oh! reprit le prince en souriant du bout des lèvres, ambassadeur? C'est emballeur que vous voulez dire. » Ce sarcasme tint lieu de toutes les satisfactions.

Ce n'était pas assez. Le président du conseil le sentit, et dans une note officielle il essaya de le démontrer à lord Castlereagh. Cette note développait le système dans lequel le ministère consentait à se renfermer, système que déjà MM. Corvetto, Portal, La Bouillerie et Dudon avaient outrepassé dans les courageuses résistances de la commission.

« Le ministre du roi, disait le prince de Talleyrand le 19 septembre 1815, a reçu la note que Son Exc. milord vicomte Castlereagh lui a fait l'honneur de lui adresser touchant les objets d'art qui appartiennent à la France; sa majesté, à qui cette note a été soumise, lui a ordonné d'y faire la réponse suivante :

« Son Exc. lord Castlereagh semble croire que les deux guerres de 1814 et 1815 sont de même nature, et que la seconde comme la première doit être terminée par un traité de paix; mais ces deux guerres sont de nature bien différente: la première était faite véritablement à la nation française, puisqu'elle était faite à un homme reconnu son

chef par toute l'Europe, et qui disposait légalement de toutes les ressources de la France;
la guerre étant faite à la nation, un traité de
paix était nécessaire. En 1815, au contraire,
ce même homme à qui l'Europe a fait la guerre
n'était reconnu par aucune puissance; s'il disposait des ressources de la France, il n'en disposait pas légalement, et la soumission était
loin d'être complète. C'est à lui seul et à la faction qui l'a appelé, et non à la nation que, d'a-
près ses propres déclarations, l'Europe a fait la
guerre. La guerre s'est donc trouvée terminée et
l'état de paix rétabli par le seul fait du renver-
sement de l'usurpateur, de la dispersion de ses
adhérents et de leurs chefs. On ne voit donc
point comment la guerre de 1815 pourrait être
un motif valable pour changer l'état de choses
établi par la paix de 1814. Son Exc. le vicomte
de Castlereagh a, d'un autre côté, posé en
fait que des objets d'art ne peuvent pas s'acquérir par la conquête. Le ministère du roi est bien
loin de vouloir faire l'apologie d'aucune sorte
de conquête: plût à Dieu que le nom ni la chose
n'eussent jamais existé! mais enfin, puisque
c'est pour les nations une manière d'acquérir admise par le droit des gens, le ministère du roi
n'hésite pas à dire avec conviction que la conquête d'objets inanimés, dont le seul avantage

est de procurer des jouissances physiques, ou.
si l'on veut, intellectuelles, est bien moins
odieuse que celle par laquelle des peuples sont
séparés de la société dont ils sont membres. Il
y a à faire, relativement aux objets qui ont été
successivement apportés en France, une distinction que l'on paraît n'avoir pas faite. Parmi les
pays auxquels la France a renoncé en 1814,
plusieurs appartenaient bien légitimement à elle
ou au chef qu'elle avait, et parcequ'ils lui avaient
été cédés : elle a donc pu disposer des objets
d'art qui s'y trouvaient. Lorsqu'elle a renoncé à
ces pays, elle les a restitués tels qu'ils étaient au
moment de la restitution, et l'on ne voit point
d'après quel droit les puissances voudraient aujourd'hui réclamer des choses qui n'ont pas été
comprises dans l'abandon que la France en a
fait. Enfin d'autres objets d'art apppartien-
tiennent encore à la France en vertu de la cession qui lui en a été faite par des traités solennels. Quant aux considérations morales déve-
loppées dans la note de Son Exc. milord vicomte
de Castlereagh, le ministère a toute raison de
croire que le roi s'empresserait d'y accéder s'il
pouvait ne suivre que son propre penchant ;
mais Son Excellence se trompe si elle pense que
le roi soit aujourd'hui plus qu'en 1814 en
position de le faire, et le ministère ne craint

pas d'affirmer que si, comme il n'en doute pas,
toute cession de l'ancien territoire, dans le cas
où le roi y consentirait, lui serait imputée à
crime, celle des objets d'art ne le serait pas
moins, et serait peut-être plus fortement res-
sentie, comme blessant plus vivement l'orgueil
national. »

A cette heure si difficile, lorsqu'on en appelait à l'équité de la diplomatie, on était à l'instant même à peu près assuré de voir surgir un
homme de guerre. Lord Castlereagh ne pouvait
alléguer que de mauvaises raisons; il laissa au
duc de Wellington le soin de les présenter.

Ce dernier répondit « que, lors des conférences pour la capitulation de Paris, les négociateurs français avaient voulu faire insérer un
article sur le Musée et sur le respect pour les
monuments des arts; que le prince Blucher
avait déclaré qu'il s'y opposait, attendu qu'il y
avait dans le Musée des tableaux enlevés au roi
de Prusse, et dont Louis XVIII avait promis la
restitution. Le duc de Wellington avait ajouté
qu'étant dans le moment de la capitulation
comme le représentant des autres nations de
l'Europe, il devait réclamer tout ce qu'on avait enlevé aux Prussiens; que, bien qu'il n'eût pas d'instructions relatives au Musée, ni une connaissance

formelle de l'opinion des souverains sur ce point,
il devait néanmoins présumer qu'ils insisteraient
fortement sur l'accomplissement des promesses
du roi de France, d'après l'obligation où ils étaient
tous de faire restituer à leurs états les tableaux
et statues qui en avaient été enlevés, contre
l'usage des guerres régulières, pendant l'ef-
frayante période de la révolution française. Les
souverains ne pouvaient faire tort à leurs sujets
pour satisfaire l'orgueil de l'armée et du peuple
français, auxquels il convenait de faire sentir
que, malgré quelques avantages partiels et tem-
poraires sur plusieurs états de l'Europe, le jour
de la restitution était arrivé, et que les monarques alliés ne devaient point laisser échapper
cette occasion de donner aux Français une
grande leçon de morale. »

Le pape Pie VII en donna une aux coalisés
dont ils se gardèrent bien de profiter. Les ma-
nuscrits les plus précieux du Vatican avaient
été transportés à Paris. Canova les réclama;
mais alors se présentèrent des envoyés de l'université d'Heidelberg qui en revendiquèrent une
partie. Ils disaient qu'elle avait été enlevée de
leur ville, pendant la guerre de trente ans, par
un duc de Bavière, qui plus tard en fit hommage
au saint-siége. La réclamation de l'université
était fondée; mais le commissaire romain désira

en référer au souverain pontife. Le pape repon-
dit :

« Les mêmes motifs qui accordent le droit
aux puissances dépouillées par la France de reprendre les objets conquis par la force militent
en faveur de la demande de l'université d'Heidelberg. Il faut donc se conformer aux règles
de justice que les alliés viennent de faire triompher. »

Avec un peu de résistance dans la forme,
M. de Talleyrand pouvait arracher plus d'un de
ces monuments de gloire artistique au vandalisme qui les brisait avant de les rendre à leurs
anciens maîtres. Il n'en fit rien ; il protesta seulement par son silence ou par une obséquieuse
résignation. Cet homme d'état, dont le tact était si
sûr, dont les prévisions, basées sur les plus petites
passions de l'humanité, étaient par cela même
si infaillibles, ne comprit pas qu'une aussi bru-
tale agression contre nos musées frappait plus
vivement au cœur le peuple de Paris que cent
autres avanies plus importantes dans le fond.

Ce dépouillement du Louvre et de nos places
publiques ne fut sans doute qu'un très minime
accident dans l'histoire de l'occupation de 1815;
mais les nations, la France surtout, ne s'ar-

rêtent guère à un ensemble de faits : il ne
reste dans leur mémoire que des épisodes. Les
générations, qui se succèdent si rapidement, em-
portent avec elles dans la tombe les gloires
qu'elles ont acquises, les malheurs qu'elles ont
subis. Il ne surnage dans les masses que des
événements isolés. Les récits contemporains les
lèguent à la postérité comme un point de départ
de l'époque que cette même postérité est appelée à juger. Le spoliation du Louvre et quelques
arbres abattus dans le bois de Boulogne, changé
par les alliés en un camp militaire, sont de ce
nombre.

Les départements envahis, Paris lui-même,
ont complétement oublié les douleurs de l'invasion et les pertes que l'occupation a fait souffrir;
mais ce qui, par la poésie, par les mémoires et
surtout par le journalisme, est resté vivace dans
les âmes, c'est le Musée devenu la proie des
barbares; ce sont toutes ces images populai-
res évoquées autour des chefs-d'œuvre qu'une
lance prussienne brisait sur leur piédestal.
M. de Talleyrand, qui avait l'esprit de l'avenir,
n'aurait pas dû l'oublier.

# CHAPITRE III.

Impôt de guerre. — Le général Barbanègre et la résistance
d'Huningue. — M. de Talleyrand et la politique anglaise. —
Portrait du Prince. — L'Angleterre et la traite des noirs. —
Sa conduite passée dans le commerce des esclaves. —
Traité de l'*Assiento*. — Ses demandes de droit de visite re-
poussées par la Restauration. — Note du baron de Gagern.
— M. de Talleyrand cherche à diviser les alliés. — Stipula-
tions impitoyables qu'ils exigent. — Dissolution du minis-
tère. — Ultimatum des quatre cours. — Réponse de la
France. — Le duc de Richelieu, président du conseil.

Jusqu'à ce jour il n'avait pas été question
d'impôts de guerre. Grâce à l'active sollicitude
de MM. Corvetto, de La Bouillerie, Portal et
Dudon, qui, d'abord comme secrétaire de cette
commission, et ensuite comme homme d'énergie, avait pris l'initiative des travaux et des résistances, les onze cent trente-cinq mille hommes qui couvraient le sol ne devaient plus
avoir de prétexte pour se livrer à l'arbitraire.

Les coalisés n'avaient pas songé à élever plus
haut leurs prétentions; peut-être n'avaient-ils
pas osé. Seulement dans une note du 6 août
1815 les ministres des quatre cours, comte
de Nesselrode, lord Castlereagh, le prince de
Metternich et le prince d'Hardenberg, avaient
assez timidement glissé « qu'aussitôt qu'on aurait satisfait à tout ce qui concernait les réquisitions faites pour l'entretien des armées et
leur solde ils seraient prêts à ouvrir immédiatement avec le gouvernement français des négociations sur les propositions définitives qu'ils avaient
à lui faire parvenir; qu'ils ne doutaient pas qu'elles
se termineraient d'une manière amicale et aussi
promptement que les cours alliées devaient le
désirer pour ne pas prolonger les charges qui
pesaient sur la France par la présence de leurs
armées. »

Au mois de septembre ces lignes devenaient
grosses d'ambitieux calculs; elles se révélaient
contenant un monde de sacrifices pour la France.
Il n'y avait pas encore quinze jours que la ville
d'Huningue s'était rendue au roi. Jusqu'au
22 août 1815 elle avait tenu contre les troupes
autrichiennes, et, s'obstinant dans les impuis-
sances d'un patriotisme alors sans intelligence.
les Français aux ordres du général Barbanègre avaient exaspéré les coalisés. Le désordre

et l'anarchie s'étaient aux jours de l'agonie impériale réveillés dans les chefs du gouvernement et dans les têtes parlementaires, qui ne surent prendre parti ni pour les Bourbons, ni pour Bonaparte, ni pour le duc d'Orléans, ni pour la république. Ils avaient chacun un parti plus ou moins nombreux, plus ou moins national. Tous s'isolèrent dans leur égoïsme ; personne ne sut faire au salut commun le sacrifice douloureux de ses opinions individuelles. La confusion régnait dans tous les esprits ; et le plus frappant exemple qui puisse en être cité c'est ce qui se passait à Huningue.

Barbanègre y commandait. Intrépide soldat comme tant d'autres, il n'avait pas assez de science politique pour comprendre qu'une résistance héroïquement téméraire, mais d'avance condamnée à la stérilité, est dans certaines occasions une de ces erreurs sentimentales que les ennemis vainqueurs savent exploiter. Louis XVIII était remonté sur son trône le 8 juillet 1815. Il n'y avait plus d'armée française, plus d'unité dans les volontés révolutionnaires, plus même de ressort pour faire vibrer les forces vives du pays. Le général Barbanègre cependant, bloqué dans la ville d'Huningue, ne veut pas consentir à reconnaître le fait dont il lui est matériellement impossible d'atténuer les conséquences.

Le 15 août les cent vingt pièces d'artillerie
qui garnissent les fortifications saluent, par leur
enthousiasme militaire, la fête de l'empereur
Napoléon, que le *Northumberland* emportait déjà
vers l'île de Sainte-Hélène. Le 22 août l'archiduc
Jean commence le bombardement de cette mal-
heureuse cité ; elle répond à cette attaque par le
feu de ses remparts, qui va répandre la terreur
dans les murs de Bâle. Les citoyens d'Huningue arborent le drapeau blanc ; Barbanègre le
fait enlever, et le 24 il propose de capituler.
L'archiduc Jean rejette ses conditions ; mais le
25, comme pour donner un éclatant et dernier
témoignage du désordre de toutes les intelligences, Barbanègre, qui le 15 août a célébré à
coups de canon la Saint-Napoléon, ne veut pas
se trouver en reste avec la Saint-Louis. Le 25
août donc son artillerie tonne pour la fête du
roi, et le 26 il capitule sans condition.

Cette obstination non motivée, et, ne prenant
même pas sa source dans un désespoir qui at-
tend et brave la mort, accusait fatalement l'a-
narchie universelle. Les alliés s'étaient rendu
fidèle compte de toutes ces confusions. Dans
l'intérêt de l'Europe ils se persuadaient qu'il fallait contenir et abaisser la France. Sa passion
militaire pouvait se réveiller aussi vite que son
incandescence révolutionnaire ; la résistance

d'Huningue fut pour eux un argument dont ils mesurèrent l'étendue; ils le mirent à profit contre le pays.

Le prince de Talleyrand, dont les préoccupations et les idées étaient devenues tout anglaises, n'avait pas vu sans plaisir l'influence que le sort des armes donnait dans cette seconde restauration au duc de Wellington et à lord Castlereagh; il en favorisait le développement avec une tendresse inexplicable à cette époque, mais dont la révolution de juillet 1830 a dû donner la clef.

Pour tous ceux qui voudront avec des mots ou avec des passions bouleverser la France, affaiblir sa considération morale au dehors et paralyser son industrie au dedans, l'Angleterre sera une alliée. M. de Talleyrand avait travaillé au retour des Bourbons en haine de l'empereur, qui depuis six ans le laissait dans l'obscurité; mais l'ancien évêque d'Autun ne tenait pas plus à ses serments qu'aux dieux nouveaux qu'il s'était donnés.

Ce n'était pas un homme de parti : il les estimait trop peu tous pour leur fournir des armes à l'heure du danger. Fidèle à sa fortune, qu'il gaspillait en détail, et ayant passé à travers les vicissitudes de la révolution et les gloires de l'empire, sans colère, mais sans amour, il n'aurait jamais consenti à trahir ouvertement un pouvoir établi ; il ne serait jamais entré dans une conspiration par la grande porte. Il laissait commettre les fautes, les épiait au passage pour en profiter, et se tenait soigneusement à l'écart de tout acte qui semblait constituer une violence ou accuser un enthousiasme quelconque. Il se contentait de prendre terme avec le ciel comme avec la terre. Tout était moyen pour lui. les Bourbons ainsi que Bonaparte, les Russes comme les Anglais. Au congrès de Vienne il s'était éloigné de la politique du czar, qui paraissait trop droite à ses boiteuses intrigues. A l'ouverture des conférences pour les traités de 1815 il se jeta sans réserve du côté de l'Angleterre.

Une des prévisions de cet esprit si subtil était que tôt ou tard la Grande-Bretagne aux portes du royaume pourrait avec une admirable promptitude venir en aide à une révolution nouvelle qui offrirait d'immenses garanties à des intérêts nouveaux et au gouvernement britannique. M. de Talleyrand, qu'on me pardonne ce rapprochement presque sacrilége dans l'expression, mais vrai dans la pensée, M. de Talleyrand, sans être éternel comme Dieu, était patient comme lui. Il attendait, et sa politique expectante a plus d'une fois rehaussé les timidités de son caractère, qu'après l'événement il lui plaisait de faire prendre pour des mesures calculées.

Ce ministre cependant ne manquait pas de courage civil ou plutôt de cette audace que les corruptions dont on a le secret laissent aux esprits les moins hardis. M. de Talleyrand jugeait les hommes tels qu'il les avait vus, sous le mauvais côté par conséquent. Un seul fait encore ignoré prouvera que ses prévisions étaient justes.

En 1814, après l'entrée des alliés dans Paris, l'empereur Alexandre descendit à l'hôtel du prince de Talleyrand, qui avait vivement sollicité cet honneur, dont il espérait bien tirer avantage. Lorsqu'il fut décidé que le seul gouvernement susceptible de remplacer celui de Napoléon avec des chances de succès était la monarchie des Bourbons dans l'ordre de succession légitime, M. de Talleyrand fit convoquer le sénat. Avant de se rendre au palais du Luxembourg il eut un dernier entretien avec le czar, dont l'inquiétude était visible. Alexandre se montrait très préoccupé de l'accueil que recevrait la proposition dans une assemblée où siégeaient une foule de complices des plus grands excès révolutionnaires. « N'éloignerez-vous pas quelques sénateurs? demanda-t-il à M. de Talleyrand. — Je m'en garderai bien, répondit froi-

7

dement le président du gouvernement provisoire. C'est des régicides eux-mêmes que j'at-
tends la plus prompte coopération. »

Quand il revint du sénat l'empereur lui dit :
« J'ai été dans une vive perplexité, et j'ai craint
pour vos jours, surtout lorsque près du pont
Louis XV j'ai vu votre voiture arrêtée par un ca-
valier venant sur vous à toute bride; que vou-
lait-il?

— Ah! reprit M. de Talleyrand, ayant l'air
de rassembler ses souvenirs; c'est un officier qui
était chargé de m'annoncer que la garde du
Luxembourg se mettait en pleine insurrection; il
croyait même que je ne pouvais pas m'y présenter sans danger. Cet avis m'a été fort utile.
A peine arrivé dans la cour du palais, je me suis
vu entouré de tous ces vieux braves. Sans leur
donner le temps de récriminer, « Messieurs,
leur ai-je dit, je suis enchanté de vous voir réunis autour de moi. La France compte sur vous;
vous êtes chargés aujourd'hui de ses plus chers
intérêts. Assurez la liberté des délibérations du
sénat; maintenez l'ordre; ne laissez entrer personne; multipliez tous les postes et placez partout des sentinelles. » Ainsi, ajouta le prince, je
les ai divisés et laissés tout fiers de l'importance
que je leur attribuais. Tout s'est admirablement
passé. »

Cette scène résume l'homme. Aux vieux soldats il avait parlé d'honneur. Avec les débris des assemblées législatives de la révolution, avec ces tribuns de tous les régimes sanglants qui faisaient de la liberté pour arriver à la fortune et au pouvoir despotique, il avait contracté marché de places, de dotations et de riches traitements. C'était se mettre à la portée de tous. Tous le comprirent, les soldats en se laissant tromper, les sénateurs en se mettant à l'enchère.

Mais au mois de septembre 1815 M. de Talleyrand avait été débordé. Les événements étaient plus forts que ses adroites combinaisons, et il avait été poussé si vite par les circonstances que ses plans anglais étaient démasqués. Il n'était plus douteux que le ministère se plaçait sous le patronage de lord Castlereagh et du duc de Wellington au détriment de la Russie, dont l'alliance sera toujours plus politique et plus nationale pour la France.

L'Angleterre, qui ne livre ses services qu'à courte échéance, avait déjà, dans un but marchand, mis à contribution la bonne volonté du ministre de Louis XVIII. La traite des noirs alimentait nos colonies et servait à entretenir notre marine commerciale, qui en cas de besoin offrait à la marine militaire des officiers et des matelots expérimentés. Avant de songer même

à la délimitation de nos frontières, le premier
soin du cabinet de Saint-James fut d'ouvrir avec
le prince de Talleyrand une négociation pour la
forme. Dans une note adressée au ministère
français, lord Castlereagh disait, le 28 juillet 1815, « qu'en faisant part aux ministres de
S. M. T. C. de l'ordre donné par l'amirauté anglaise de suspendre les hostilités contre le pavillon français, il lui transmettait l'avis que sa
cour lui avait enjoint d'inviter le roi de France
à porter toute son attention sur le commerce
des esclaves, et qu'il se flattait que ce monarque,
si noblement rétabli sur son trône, s'empresserait de maintenir l'abolition de la traite, sans
réserve ni restriction. »

Telles étaient les lois qu'alors dictait l'Angleterre. En 1814 elle avait été moins exigeante;
elle mettait bien pour condition à son aquiesce-
ment à la paix que le commerce des nègres serait interdit; mais M. de Talleyrand, qui à cette
époque se sentait appuyé par le principe de la
légitimité et par l'empereur de Russie, avait fait
stipuler que ce commerce ne cesserait que dans
un délai de cinq années à partir du jour de la
signature dn traité. Durant cet intervalle les co-
lons pouvaient sans être inquiétés réunir sur
leurs habitations une population laborieuse qui
en peu de temps rendrait inutile ce déplorable

trafic. C'est ainsi qu'avait procédé le Danemark, qui le premier de tous les états avait
songé à interdire le commerce des esclaves.

Le Danemark, sans fracas, sans ostentation
et comme accomplissant dans le secret de la
charité chrétienne un acte de pieuse humanité,
avait ordonné dans toutes ses colonies qu'après
le terme de dix années il ne serait plus importé
un seul nègre.

Tandis que les Danois, en 1784, adoptaient
cette mesure, l'Angleterre, qui n'en avait pas
encore calculé les avantages pour elle et les
pertes pour ses rivaux ou pour ses adversaires,
laissait à des prédicants le soin de battre
monnaie sur la charité universelle. Son gouvernement se préparait à devenir négrophile par
calcul. Il semblait oublier les excès dont, par le
traité de l'Assiento, cette même Angleterre s'é-
tait réservé le monopole.

Le traité de l'Assiento ou de la ferme n'était
qu'un marché passé au commencement des
guerres de la succession (1703) entre les ministres de Philippe V, roi d'Espagne, et la compagnie française de Guinée. Cette compagnie
s'engageait à transporter aux colonies d'Amérique dans l'espace de douze années quarante-
huit mille esclaves, et, pour prix de cette concession commerciale, elle se chargeait de payer

à la ferme du roi d'Espagne trente-trois piastres
par tête de nègre.

De grands bénéfices furent réalisés par la compagnie française. Lorsque, en 1713, les coalisés contre la France et l'Espagne signèrent avec ces deux dernières puissances le traité de la paix d'Utrecht, l'Angleterre, qui n'avait pas encore ressenti l'aiguillon de ses Wilberforce et de ses Buxton, se porta la rivale de nos intérêts maritimes. Pour condition première à la paix, elle exigea que le gouvernement espagnol l'investît de ce privilége. Elle l'obtint ; elle en étendit même la durée, ainsi que le prouve le texte de l'article XII du traité d'Utrecht, signé le 15 juillet 1713 :

« Le roi d'Espagne, est-il dit par cet article, accorde à la Grande-Bretagne, à l'exclusion tant des sujets espagnols que de tous autres, le droit d'introduire les nègres dans les différentes parties de l'Amérique espagnole vulgairement appelées *el paeso de el assiento de negros* (le pays de la ferme des nègres), pour en jouir pendant trente ans, à dater du 1ᵉʳ mai 1713. »

L'Angleterre supplantait la France dans son commerce. Afin de jouir plus vîte des bénéfices de la traite et par conséquent de nous en

priver, elle forçait l'Espagne à rompre son contrat avec la compagnie française de Guinée ; elle
excluait même de ce trafic les vaisseaux espagnols, qui n'avaient plus le droit de faire le petit cabotage sur les côtes de leurs possessions;
elle s'adjugeait le monopole pour trente ans. Là
s'arrêtaient les prétentions de ses plénipotentiaires ; ils laissaient à l'amour du lucre et de la
domination, amour si puissamment développé
chez les Anglais, le soin d'achever l'œuvre.

Bientôt l'introduction des esclaves devint illimitée, car le cabinet de Saint-James avait fait
stipuler que tout ce qui excéderait par an le
nombre de quatre mille huit cents *pièces d'Inde,*
c'est à dire esclaves en état de travailler, ne
paierait que la moitié du droit d'introduction.
De nouvelles mesures furent adoptées pour le
classement des noirs : on les divisa, on les subdivisa, on les tarifa, tant pour les valides, tant
pour les femmes, tant pour les enfants. Cela se
fit en dehors même de l'esprit et de la lettre
des traités.

Il y a plus : les Anglais avaient obtenu la faculté d'envoyer chaque année à Buenos-Ayres
et à la Vera-Cruz un navire de cinq cents tonneaux. Cette permission dégénéra promptement
pour eux en un abus dont les profits étaient immenses. Ils établirent une contrebande conti

nuelle. Ce navire ne désemplissait jamais de marchandises de toute sorte qu'on jetait à terre.

Quand la guerre recommença, en 1739, le traité de l'Assiento fut forcément suspendu. Il n'avait plus que quatre années de durée. En 1748, au traité d'Aix-la-Chapelle, l'Angleterre, que les tortures par elle imposées au nègres n'avaient pas encore convertie, demanda le renouvellement du traité, ou tout au moins le droit de continuer son commerce pendant les quatre années interrompues par la reprise des hostilités. On lui aumôna ce droit ; elle en fit encore abus.

En 1750 le gouvernement espagnol, trop convaincu que les Anglais abusaient d'une manière étrange des avantages que garantissaient seulement les conventions de l'Assiento, fit pressentir qu'il ne consentirait jamais à renouveler le traité. La Grande-Bretagne prévoyait ce refus ; elle affecta d'y attacher fort peu d'importance, et elle prétendit que ses bénéfices n'étaient pas aussi considérables qu'on le faisait entendre.

Par un arrangement particulier conclu entre les deux états, elle renonça aux deux années qui restaient encore à courir ; mais elle y renonça au prix de trois millions cinq cent mille francs que l'Espagne lui paya.

Dans la Cité cette transaction fut hautement

blâmée, car elle portait un grand préjudice à ses marchands et à ses armateurs. Les agents de la compagnie du sud, à qui le ministère britannique avait cédé l'exploitation de ce privilége, essayèrent de le défendre. Les intérêts de l'Angleterre étaient froissés. Il fallait à toutes ces doléances une explication. La compagnie du sud avoua qu'elle avait été dupe ; que pour faire plus vite conclure un nouveau traité sur les mêmes bases elle avait eu l'air de ne pas presser le cabinet de Madrid ; mais cette manœuvre, disait-elle, venait d'être déjouée par l'ambassadeur de France. L'Angleterre, on le sent bien, n'oublia point un pareil grief.

En 1814 le temps et ses intérêts avaient changé. Elle était devenue négrophile, puisque le monopole de la traite ne lui était plus assuré. En 1814 elle acceptait de la France un terme de cinq ans pour accomplir l'abolition de la traite. En 1815 son astucieuse humanité ne connaissait plus de bornes. Elle exigeait, on l'a vu, que le commerce des nègres cessât à l'instant même.

Dans l'intention fort transparente de se concilier au moins la neutralité des Anglais, et pour donner un os philantropique à ronger aux Français amis des noirs, dont le citoyen comte Grégoire était l'apôtre, l'empereur Napoléon avait, le 29 mars 1815, neuf jours seulement après son retour de l'île d'Elbe, rendu une ordonnance dont le premier article était ainsi conçu :

« A dater de la publication du présent décret, la traite des noirs est abolie. »

Les avances impériales échouèrent devant les préoccupations de la politique ; mais la Grande-Bretagne ne renonçait pas à faire accepter par la France cette propagande socialiste qui, sous un vernis d'humanité, tend à l'asservissement des mers. Il entre dans sa plus intime pensée de mettre à profit tous les désastres qui frappent les royaumes pour imposer de dures lois, qu'elle a toujours l'adresse de faire passer en contrebande sous le cachet d'une vertueuse sensibilité. A cette note de lord Castlereagh M. de Talleyrand répondit, le 30 juillet. « que le roi, ensuite de la conversation qu'il avait eue avec sir Charles Stuart, avait donné des ordres pour que de la part de la France ce commerce cessât dès à présent et pour toujours ; que des recherches faites avec soin avaient prouvé que la prospérité des colonies françaises ne pouvait être compromise par l'abolition immédiate de la traite ; que cette abolition n'était point contraire

au vœu de ses sujets, et que par conséquent
la satisfaction de sa majesté s'accroissait par
l'idée qu'elle pouvait faire quelque chose d'a-
gréable au peuple anglais. »

Ainsi, à la suite des déastres de Waterloo, la
Grande-Bretagne imposait au ministère Talleyrand l'abolition de la traite, que deux jours
seuls de *recherches faites avec soin* (du 28 au
30 juillet) démontraient ne pouvoir jamais compromettre la prospérité coloniale.

Quand la révolution de juillet arrive, l'Angleterre, qui peut changer de ministres et d'alliance
politique, mais qui ne modifie jamais ses principes, se présente encore à la France. Elle lui
tend la main, elle accueille avec d'indicibles té-
moignages d'enthousiasme son insurrection,
qui va lui livrer un gouvernement plus malléable
que celui de la restauration ; mais l'abolition de
la traite ne satisfait plus ses exigences. Elle
veut devenir le grand constable de l'Océan. Il
faut donc, de par une concession honteuse, que
nos navires marchands se soumettent aux in-
quisitions de ses vaisseaux de guerre. Ce n'est
plus seulement la cessation d'un trafic qu'elle
sollicite dans son indignation de commande,
c'est un droit de visite obligatoire, c'est la police
des mers, la police qu'elle exercera au profit de
ses négociants de la Cité, qui connaîtront à

Londres beaucoup mieux qu'on ne connaît à Paris au ministère de la marine les registres de bord, les espérances et les ressources de nos navires marchands.

Le comte Molé, le baron Pasquier, le duc de Richelieu, le vicomte de Châteaubriand, le comte de Villèle et le baron Hyde de Neuville, avaient tour à tour, sous Louis XVIII et Charles X, dont ils étaient les ministres, refusé avec une dignité qui honore la France de se soumettre à cet affront. Quoique divisés d'opinion sur bien des points, ces hommes d'état avaient été unanimes dans cette manifestation nationale. En 1831, en 1833 et en 1841, le général Sébastiani, MM. Thiers ou Guizot étant au gouvernement des affaires, et Louis-Philippe d'Orléans roi des Français, le droit de visite fut accordé à l'Angleterre.

Après Waterloo l'ambitieuse convoitise du cabinet britannique n'avait pas dû aller si loin. La France était vaincue sans doute, mais on jugea prudent de lui épargner cette dernière humiliation. Par malheur le gouvernement de Louis XVIII ne fut pas toujours aussi bien inspiré, et l'Angleterre sut plus d'une fois le mettre à contribution.

Dans le recueil des pièces déposées à Londres sur le bureau de la chambre des communes en

1816, on trouve un traité signé entre le comte de la Châtre, ambassadeur du roi, et le comte de Buckingham, président du bureau de contrôle. Ce traité est à la date du 7 mars 1815; mais comme il ne fut ratifié qu'après les Cent-Jours, il rentre dans les négociations de cette époque.

Aux termes de la convention dont nous parlons, le gouvernement de Louis XVIII, harcelé par les demandes du cabinet de Saint-James, concédait à la Grande-Bretagne le privilége exclusif d'acheter le sel qui serait fabriqué dans nos possessions sur les côtes de Coromandel et d'Orixa, avec la seule réserve de ce qui serait jugé nécessaire pour la consommation des habitants et de la colonie de Chandernagor.

La Grande-Bretagne ne voulait pas que nos sels vinssent faire concurrence aux siens sur les marchés de l'Inde; elle exigeait de la France de lui en céder le monopole. Le gouvernement du roi agissait contre les intérêts du commerce local; mais il eût été impossible alors de refuser ce privilége. De l'usage à l'abus il y a loin cependant; les Anglais en franchirent rapidement la distance.

Pour prix de cette ferme, dont le monopole ne devait jamais leur être cédé, ils stipulèrent que

quatre cents lacs de roupies sicca (1) seraient
payés chaque année au gouvernement du roi.
Cette recette paraît dans les budgets tantôt pour
douze cents mille francs, tantôt pour un million, sous le titre de *Rente de l'Inde*. A partir de
1826 elle ne figure plus au budget, et dans
son discours de présentation de la loi de finances
de cette même année, M. de Villèle annonce que
désormais ce million est abandonné à nos possessions dans l'Inde, et doit suffire à leurs besoins intérieurs.

Ces quatre cents lacs de roupies sicca étaient
un chiffre peu en rapport avec les larges bénéfices que le privilége exclusif du sel permettait
aux négociants britanniques de réaliser. D'après
les relevés officiels, leurs gains en effet s'élevaient de sept à huit cents pour cent.

De plus, et toujours selon ce traité du 7 mars,
l'Angleterre devait livrer aux agents français
trois cents caisses d'opium par an, payables au
taux moyen des ventes périodiques de cet article sur le marché régulateur de Calcutta. Afin de

(1) La roupie vaut communément à Madras près de 5 francs;
mais toutes les fois qu'un historien doit rendre compte des
stipulations énoncées en monnaies de l'Orient, il est très em-
barrassé pour déterminer leur valeur en monnaies d'Europe,
tant les premières varient selon les années où elles ont été
frappées et selon les places sur lesquelles on les négocie.

compenser tant d'avantages, le cabinet de Saint-James s'engageait à permettre l'exportation du salpêtre au moins jusqu'à concurrence de dix-huit mille *maunds*. (1)

Ainsi, d'un côté, il revendiquait un privilége exclusif, et en échange il limitait ses concessions. Mais non contente de prendre des mesures arbitraires contre nos relations commerciales, la Grande-Bretagne voulut aussi assurer sa prépondérance militaire. Par un article du traité du 3o mai 1814 elle avait stipulé que la France ne pourrait point construire de nouvelles fortifications dans ses possessions de l'Inde. En 1815, elle maintint rigoureusement la restriction qu'elle avait fait prévaloir contre nos établissements d'au-delà les mers. Ce fut ainsi que peu à peu arrivée dans l'Inde à cette haute puissance, elle commença à battre en brèche les indigènes si longtemps victimes des déprédations et de la tyrannie britanniques.

Cependant le ministère Talleyrand rencontrait bien des obstacles dans la voie où il s'était engagé. La Russie, liée à l'Autriche, ne regardait pas sans inquiétude ses tendances anglaises. Des représentations furent faites à Louis XVIII dans ce sens. Le roi en comprit la portée, et

(1) Ancienne mesure d'Angleterre en usage dans l'Inde et pesant un peu moins de vingt-cinq kilogrammes.

comme le travail de M. de Talleyrand, ses formes poliment tranchantes et son esprit sarcas-
tique étaient une des antipathies du monarque,
M. de Talleyrand fut sacrifié à un retour vers les
idées russes. C'était le seul moyen possible de
sortir avec une apparence de dignité de l'impasse
dans laquelle on acculait la France; car l'empereur Alexandre, qui ne se montrait pas aussi
cruellement généreux que ses alliés, ne cherchait point à semer les difficultés et à faire naître
les impossibilités autour du trône des Bourbons.

Aux complaisances du prince de Talleyrand
pour les intérêts anglais le gouvernement britannique devait répondre par un appui loyal; il
n'en fut pas ainsi. Le gouvernement britannique voulait, dans des espérances d'avenir, user
à son service le ministère Talleyrand; mais il se
gardait bien de le couvrir de sa protection officielle. Quand le baron de Gagern, plénipotentiaire des Pays-Bas, soutint devant les ministres des quatre cours la doctrine qu'il avait
déjà émise au congrès de Vienne dans la conférence du 12 avril 1815, il trouva une désolante
unanimité parmi les représentants des grandes
puissances. Le baron de Gagern, dont le souverain avait tant de motifs pour se préoccuper des
futures délimitations de la France, proclamait le
12 avril « que s'il y avait de grandes monarchies,

elles étaient nécessaires pour balancer d'autres
monarchies également grandes ; que toutefois
la France était la première de toutes par ses ressources intérieures, qui étaient telles que l'Europe entière réunie contre elle était à peine un
adversaire assez puissant ; que la France était
entourée d'un triple rang de places fortes qu'elle
n'avait pas acquises ou conquises par des voies
légitimes, mais que ses intrigues et les discordes
de l'Allemagne lui avaient données dans le cours
des derniers siècles ; que l'Alsace était en première ligne parmi les provinces que son astuce
lui avait mises entre les mains.

« Je me suis assez prononcé, ajoutait le baron
de Gagern, sur la paix de Paris, rédigée dans
des termes préjudiciables à l'Allemagne. Toutefois on avait l'intention de ménager l'amour-
propre des Français, en étendant encore leurs
limites. On voulait replacer les Bourbons sur le
trône sous des auspices favorables, et l'on espérait qu'une conduite si magnanime consoliderait
la paix et affermirait la tranquillité. Il n'en a pas
été ainsi. Le mortel qui a réuni au plus haut degré l'audace, la méchanceté et la perfidie, s'est
replacé sur le trône ; il nous menace de nouveau ;
que dis-je, sa seule existence est une menace.
Nous la repousserons les armes à la main. L'u-

8

nion qui règne entre nous, l'amitié de toutes les
puissances et de tous les peuples qui partagent
nos sentiments, nous encouragent dans cette
lutte périlleuse... Si nos armes sont bénies, si
les armées françaises sont défaites, et si les forteresses tombent, nous sommes autorisés à espérer un plus heureux résultat que celui de la
paix de Paris. Il est de notre devoir de le vouloir, de le dire, de le proclamer hautement, et
de travailler pour le repos de nos enfans... Con-
venons cependant que si la partie saine de la
nation, revenue à elle-même pendant qu'il en
est temps encore, se délivre sans que nous ayons
besoin de verser notre sang, les choses devront
rester au point où elles étaient au 30 mai 1814;
mais si la force des armes décide en notre faveur, qu'il ne soit plus question d'une paix
comme celle de Paris. »

L'aveuglement de la révolution et l'ambition
de Bonaparte avaient tranché la question. L'é-
pée avait été tirée, et le baron de Gagern en appelait à la force quand la France désunie ne
pouvait plus que baisser la tête. Le prince de
Metternich et le baron de Humboldt appuyaient
vivement une semblable politique. Au nom de
l'Autriche et de la Prusse, ils demandaient que
la France renonçât à toutes les places fortes qui

formaient sa première ligne de défense à l'est et
au nord. La maison de Nassau réclamait les districts de l'ancienne Belgique, et le roi de Sardaigne l'intégrité de la Savoie.

En présence de ces impitoyables stipulations,
qui n'étaient plus un mystère, M. de Talleyrand,
qui comptait beaucoup sur l'intervention du cabinet de Saint-James, invoqua le duc de Wellington comme le représentant de la puissance
à laquelle il avait sacrifié l'intérêt national. Lord
Wellington, avec une réserve diplomatique qui
laisse toujours place à un désaveu explicite,
donna à ses confédérés son opinion personnelle.
Cette opinion était favorable à la France, mais
ce n'était point la pensée de sa cour, et il le déclarait hautement. Dans une extrémité semblable M. de Talleyrand sentit qu'il était joué,
et, changeant à l'instant même ses batteries, il
essaya de se rapprocher du duc de Richelieu et
du comte Pozzo di Borgo. A des titres différents,
ils possédaient tous deux la confiance de l'empereur Alexandre. Mais il était trop tard, la
Russie avait lié une autre partie.

Ce fut au milieu de ces débats diplomatiques
que s'ouvrirent les conférences entre MM. de Nesselrode, de Metternich, Castlereagh et d'Hardenberg, ministres des quatre grandes cours,

d'un côté ; MM. de Talleyrand, Louis et d'Alberg pour la France.

Au congrès de Vienne, le prince de Talleyrand avait essayé d'établir son pouvoir sur les
rois et sur les plénipotentiaires étrangers en les
divisant et en semant parmi eux la désunion. Ce
moyen lui avait réussi ; il le mettait encore en
œuvre. Agissant dans l'ombre et soutenu par
Fouché, il cherchait à faire germer des craintes
dans l'esprit des alliés.

Il faisait répandre le bruit que le roi pouvait
se retirer derrière la Loire et appeler au secours
de la patrie les débris de l'armée de Waterloo,
auxquels la Vendée ne demandait pas mieux
que d'unir ses armes, afin d'affranchir le sol.
A l'appui de ces rumeurs, qui parvenaient aux
oreilles des plénipotentiaires, il mettait en jeu
l'incandescence des provinces du Midi, dont
l'exaltation tenait par plus d'un motif à la composition même du ministère dans lequel les
royalistes n'osaient pas avoir confiance.

Ces bruits, accrédités par M. de Talleyrand,
et dont il croyait pouvoir se faire une arme à
deux tranchants, ne servirent qu'à resserrer
plus étroitement les divers membres de la coalition. Le 18 septembre 1815 les ministres des
quatre cours présentèrent leur ultimatum ; il
était effrayant. La France devait renoncer aux

territoires de Philippeville et de Mariembourg, aux cantons de Condé, de Givet, aux places de Sarrelouis et de Landau, qui dès ce jour appartenaient à l'Allemagne. La Suisse prenait le fort de Joux ; celui de l'Écluse ne faisait plus partie du territoire, et l'on obligeait le gouvernement à démolir les fortifications d'Huningue. Six cents millions étaient imposés comme contributions de guerre, et les puissances exigeaient deux cents millions pour se couvrir des charges qu'allait nécessiter le rétablissement de leur système défensif.

Valenciennes, Cambray, Bouchain, Landrecies, le Quesnoy, Maubeuge, Avesnes, Rocroy, Longwy, Thionville, Bitch et les têtes de pont du Fort-Louis devaient être militairement occupés par cent cinquante mille étrangers. Cette occupation, aux frais du pays, pouvait durer sept ans ; mais au bout de trois les puissances déclaraient qu'elles se réservaient la faculté d'y mettre un terme si d'un commun accord elles reconnaissaient que la situation morale de la France offrait des garanties de paix et de sécurité à l'Europe.

Le prince de Talleyrand s'était toujours bercé de l'espoir que les souverains alliés ne voudraient pas imposer une contribution de guerre ; il ne croyait pas surtout qu'ils pourraient demander une diminution de territoire. Dès le premier jour des conférences ouvertes entre les quatre cours et la France, il s'était si formellement expliqué sur ce chapitre qu'il fut facile de prévoir qu'il ne consentirait jamais à ces ruineuses humiliations.

Le comte de Nesselrode était dans le secret de Louis XVIII, qui n'avait pas eu de peine à capter la confiance d'Alexandre. Le roi avait fait comprendre à l'empereur de Russie que l'agrandissement démesuré de l'Autriche et de la Prusse, entrepris au détriment de la France, devait plus tard nécessairement compromettre l'équilibre de l'Europe et tourner ainsi au préjudice de la Russie.

Avec les paroles pleines de courtoisie qu'il employait si à propos, Louis XVIII avait flatté la générosité naturelle du czar et pressenti ses intentions sur un changement de cabinet. Alexandre, hostile au ministère, s'était engagé, dans l'hypothèse d'un changement d'administration, à protéger les intérêts du pays. M. de Nesselrode parlait donc en son nom ; il donna à entendre que la volonté du roi n'était pas aussi arrêtée que celle de son plénipotentiaire. Pour hâter le départ des troupes étrangères, ajouta-t-il, Louis XVIII serait même disposé à faire diverses concessions.

Un pareil langage étonna MM. de Talleyrand, Louis et d'Alberg. Au sortir de la conférence ils se rendirent aux Tuileries. Le prince dit au roi que si ses chargés d'affaires n'avaient pas sa confiance entière, s'ils ne connaissaient pas toutes ses intentions, il leur était impossible de remplir dignement leur mandat, et que, dans ce cas, les ministres seraient contraints de prier le roi d'accepter leur démission. Sans s'émouvoir Louis XVIII répondit : « Eh bien! il faudra agir comme en Angleterre, et changer tout le cabinet. Revenez ce soir à neuf heures. »

A l'heure indiquée MM. de Talleyrand, Louis et d'Alberg étaient aux Tuileries, répétant au roi qu'il leur était impossible de reprendre les conférences s'ils n'avaient pas des pouvoirs complets et si d'autres personnes connaissaient mieux qu'eux les volontés du monarque. MM. de Talleyrand et Louis remirent leurs portefeuilles. Trois jours auparavant Fouché avait donné sa démission et laissé Paris pour aller remplir à Dresde le poste d'ambassadeur de Louis XVIII. Là il s'occupa de nouer d'incessantes intrigues avec les réfugiés français et les régicides qu'il avait lui-même exilés, et dont bientôt il partagea le sort. Ces intrigues se tramaient moitié en faveur du duc d'Orléans, moitié dans l'intérêt du prince d'Orange.

Le cabinet Talleyrand était dissous par le fait, mais le baron Pasquier ne voulut pas se croire compris dans son renouvellement. Le dimanche suivant il se présenta donc à l'audience du matin en costume de garde des sceaux. Le roi s'en aperçut, et il dit: « Je ne croyais plus avoir de ministre de la justice. »

Le jour même où M. de Talleyrand abdiquait le pouvoir, le 21 septembre, une réponse à l'ultimatum, rédigée par le conseiller d'état La Besnardière, était adressée aux plénipotentiaires des quatre cours. Comme roi et comme Français, Louis XVIII avait été frappé au cœur des conditions imposées. La loi était dure; mais le premier moment de stupéfaction passé, on jugea plus prudent de la discuter que de se raidir impuissamment contre elle. Ce fut dans ce sens que M. de Talleyrand ordonna à M. de La Besnardière d'écrire sa note. Elle est ainsi conçue :

« Sa Majesté, désirant ardemment de hâter, autant qu'il est en elle, la conclusion d'un arrangement dont le retard a causé à ses peuples tant de maux qu'elle déplore chaque jour, et prolongé en France cette agitation intérieure qui a excité la sollicitude des puissances, mais plus animée encore du désir de faire connaître ses bonnes dispositions aux souverains ses alliés,

a voulu que, sans perte de temps, les soussi-
gnésc ommuniquassent à leurs excellences messieurs les plénipotentiaires des quatre cours les
principes sur lesquels elle pense que la négociation doit être suivie, relativement à chacune
des bases proposées, en leur ordonnant de présenter sur la première de ces bases celle qui
concerne les cessions territoriales, les observations suivantes dans lesquelles cet important
objet est envisagé sous le double rapport de la
justice et de l'utilité publique, qu'il serait si
dangereux de diviser.

« Le défaut d'un juge commun qui ait autorité
et puissance pour terminer les différends des
souverains ne leur laisse d'autre parti, lorsqu'ils
n'ont pu s'accorder à l'amiable, que de remettre
la décision de ces différends au sort des armes,
ce qui constitue entre eux l'état de guerre. Si,
dans cet état, les possessions de l'un sont occupées par les forces de l'autre, ces possessions
sont sous la conquête, par le droit de laquelle
l'occupant en acquiert la pleine jouissance pour
tout le temps qu'il les occupe, ou jusqu'au rétablissement de la paix. Il est en droit de demander, comme condition de ce rétablissement,
que ce qu'il occupe lui soit cédé en tout ou en
partie, et la cession, lorsqu'elle a lieu, transformant la jouissance en propriété, de simple

occupant il en devient souverain. C'est une manière d'acquérir que la loi des nations autorise.

« Mais l'état de guerre, la conquête et le droit
d'exiger des cessions territoriales sont des
choses qui procèdent et dépendent l'une de
l'autre, de telle sorte que la première est une
condition absolue de la seconde, et celle-ci de la
troisième ; car hors l'état de guerre il ne peut
pas être fait de conquête, et là où la conquête
n'a point eu ou n'a plus lieu, le droit de demander des cessions territoriales ne saurait exister,
puisqu'on ne peut demander de conserver ce
qu'on n'a point ou ce qu'on n'a plus.

« Il ne peut y avoir de conquête hors de l'état
de guerre ; et comme on ne peut prendre à qui
n'a rien, on ne peut conquérir que sur qui pos-
sède : d'où il suit que pour qu'il puisse y avoir
conquête il faut qu'il y ait guerre de l'occupant
au possesseur, c'est à dire au souverain, droit
de possession sur un pays et souveraineté étant
choses inséparables ou plutôt identiques.

Si donc on fait la guerre dans un pays, et
contre un nombre plus ou moins grand des
habitants de ce pays, mais que le souverain
en soit excepté, on ne fait point la guerre au
pays, cette dernière expression n'étant qu'un
trope par lequel le domaine est pris pour le possesseur. Or un souverain est excepté de la

guerre que des étrangers font chez lui lorsqu'ils le reconnaissent ou qu'ils entretiennent
avec lui les relations de paix accoutumées. La
guerre est faite alors contre des hommes aux
droits desquels celui qui les combat ne peut
succéder, parcequ'ils n'en ont point, et sur lesquels il est impossible de conquérir ce qui n'est
pas à eux. L'objet ni l'effet d'une telle guerre
ne peuvent pas être de conquérir, mais de recouvrer; or, quiconque recouvre ce qui n'est
pas à lui ne le peut recouvrer que pour celui
qu'il en reconnaît comme le possesseur légitime.

Pour pouvoir se croire en guerre avec un pays
sans l'être avec celui qu'on en reconnaissait
précédemment comme souverain, il faut de
toute nécessité de deux choses l'une, ou cesser
de le tenir pour tel et regarder la souveraineté
comme transférée à ceux que l'on combat par
l'acte même pour lequel on les combat, c'est
à dire reconnaître, suivre, et par là sanctionner
ces doctrines qui avaient renversé tant de trônes,
qui les avaient ébranlés tous, et contre lesquelles
l'Europe a dû s'armer tout entière.

Ou bien croire que la souveraineté peut être
double; mais elle est essentiellement une et ne
peut se diviser; elle peut exister sous des formes
différentes, être collective ou individuelle, mais

non à la fois dans un même pays, qui ne peut
avoir en même temps deux souverains.

« Or, les puissances alliées n'ont fait ou cru
ni l'une ni l'autre de ces deux choses.

« Elles ont considéré l'entreprise de Buonaparte comme le plus grand crime qui peut être
commis parmi les hommes, et dont la seule ten-
tative le mettait hors de la loi des nations. Elles
n'ont vu dans ses adhérents que des complices de
ce crime, qu'il fallait combattre, soumettre et
punir; ce qui excluait invinciblement toute supposition qu'ils pussent avoir naturellement à
acquérir, conférer ni transmettre aucun droit.

« Les puissances alliées n'ont pas un instant
cessé de reconnaître sa majesté très chrétienne
comme roi de France, et conséquemment les
droits qui lui appartiennent en cette qualité;
elles n'ont pas un instant cessé d'être avec lui
dans des relations de paix et d'amitié, ce qui
seul emportait avec soi l'engagement de respecter ses droits; elles ont pris cet engagement
d'une manière formelle, bien qu'implicite, dans
leur déclaration du 13 mars et dans leur traité
du 25. Elles l'ont rendu plus étroit, en faisant
entrer le roi, par son accession à ce traité, dans
leur alliance contre l'ennemi commun; car si
l'on ne peut conquérir sur un ami, à plus forte
raison ne le peut-on pas sur un allié; et qu'on

ne dise point que le roi ne pouvait être l'allié
des puissances qu'en coopérant activement avec
elles, et qu'il ne l'a point fait. Si la défection totale de l'armée, qui, à l'époque du traité du 25
mars, était déjà connue ou réputée inévitable, ne
lui a point permis de faire agir des forces régulières,
les Français qui, en prenant pour lui les armes au
nombre de soixante à soixante-dix mille dans les
départements de l'Ouest et du Midi, et ceux qui,
se montrant disposés à les prendre, ont mis l'u-
surpateur dans la nécessité de diviser ses forces,
et ceux qui, après sa défaite à Waterloo, au lieu
des ressources en hommes et en argent qu'il demandait, ne lui en ont laissé d'autre que de tout
abandonner, ont été pour les puissances alliées
des auxiliaires très réels et très utiles. Enfin les
puissances alliées, à mesure que leurs forces se
sont avancées dans les provinces françaises, y
ont rétabli l'autorité du roi, mesure qui aurait
fait cesser la conquête si ces provinces eussent
été véritablement conquises.

« Il est donc évident que la demande qui est
faite de cessions territoriales ne peut être fondée
sur la conquête.

« Elle ne peut pas davantage avoir pour motif
les dépenses faites par les puissances alliées; car
s'il est juste que les sacrifices auxquels elles ont
été forcées par une guerre entreprise pour l'uti-

lité commune, mais pour l'utilité plus spéciale
de la France, ne restent pas à leur charge, il est
également juste qu'elles se contentent d'un dé-
dommagement de même nature que le sacrifice :
or les puissances alliées n'ont point sacrifié de
territoire.

« Nous vivons dans un temps où, plus qu'en
aucun autre, il importe d'affermir la confiance
dans la parole des rois. Des cessions exigées de
sa majesté très chrétienne produiraient un effet contraire après la déclaration où les puissances ont annoncé qu'elles ne s'armaient que contre Buonaparte et ses adhérents; après le traité
où elles se sont engagées à maintenir contre toute
atteinte l'intégrité des stipulations du traité du
30 mai 1814, qui ne peut être maintenue si celle
de la France ne l'est pas; après les proclama-
tions de leurs généraux en chef, où les mêmes
assurances sont renouvelées.

« Des cessions exigées de sa majesté très chrétienne lui ôteraient les moyens d'éteindre tota-
lement et pour toujours parmi ses peuples cet
esprit de conquête soufflé par l'usurpateur, et
qui se rallumerait infailliblement avec le désir
de recouvrer ce que la France ne croirait jamais
avoir justement perdu.

« Des cessions exigées de sa majesté très chrétienne lui seraient imputées à crime, comme si

elle eût acheté par là les secours des puissances, et seraient un obstacle à l'affermissement du gouvernement royal, si important pour les dynasties légitimes, et si nécessaire au repos de l'Europe, tant que ce repos est lié à la tranquillité intérieure de la France.

« Enfin des cessions exigées de sa majesté très chrétienne détruiraient ou altéreraient du moins cet équilibre à l'établissement duquel les puissances ont voué tant de sacrifices, d'efforts et de soins. Ce sont elles-mêmes qui ont fixé l'étendue que la France devait avoir. Comment ce qu'elles jugeaient nécessaire il y a un an aurait-il cessé de l'être? Il y a sur le continent de l'Europe deux états qui surpassent la France en étendue et en population. Leur grandeur relative croîtrait nécessairement en même raison que la grandeur absolue de la France serait diminuée. Cela serait-il conforme aux intérêts de l'Europe? cela conviendrait-il même aux intérêts particuliers de ces deux états, dans l'ordre des rapports où ils se trouvent l'un à l'égard de l'autre?

« Si dans une petite démocratie de l'antiquité le peuple en corps, apprenant qu'un de ses généraux avait à lui proposer une chose très utile, mais qui n'était pas juste, s'écria d'une voix unanime qu'il ne voulait pas même savoir quelle était cette chose, comment serait-il possible de douter que les monarques de l'Europe ne soient unanimes dans une circonstance où ce qui ne serait pas juste serait encore pernicieux?

« C'est donc avec la plus parfaite confiance que les soussignés ont l'honneur de soumettre aux souverains alliés les observations qui précèdent.

« Cependant, et malgré les inconvénients attachés à toute cession territoriale dans les circonstances actuelles, sa majesté consentira au rétablissement des anciennes limites sur les points où il a été ajouté à l'ancienne France par le traité du 3o mai.

« Elle consentira pareillement au paiement d'une indemnité, mais qui laisse les moyens de suffire aux besoins de l'administration intérieure du royaume, sans quoi il serait impossible de parvenir au rétablissement de l'ordre et de la tranquillité, qui a été le but de la guerre.

« Elle consentira encore à une occupation provisoire : sa durée, le nombre des forteresses et l'étendue du pays à occuper seront l'objet des négociations. Mais le roi n'hésite pas à déclarer dès ce moment qu'une occupation de sept années, étant absolument incompatible avec la tranquillité intérieure du royaume, est entièrement inadmissible.

« Ainsi le roi admet en principe :

« Des cessions territoriales sur ce qui n'était pas l'ancienne France,

« Le paiement d'une indemnité,

« L'occupation provisoire par un nombre de troupes et pour un temps à déterminer,

« Sa majesté très chrétienne se flatte que les souverains, ses alliés, consentiront à établir la négociation sur ces trois principes, aussi bien qu'à porter dans le calcul des quotités l'esprit de justice et de modération qui les anime, et qu'alors l'arrangement pourra être conclu très promptement à la satisfaction mutuelle.

« Si ces bases n'étaient pas adoptées, les soussignés ne se trouvent pas autorisés à en entendre ni à en proposer d'autres.

« *Signé*, TALLEYRAND. »

Tout en portant le cachet de la dignité nationale offensée, cette réponse accordait beaucoup. Le 22 septembre, le comte Capo-d'Istria et le comte Rasowmoffski pour la Russie, le prince de Metternich et le baron de Weissemberg pour l'Autriche, le prince d'Hardenberg et le baron de Humboldt pour la Prusse, lord Castlereagh pour l'Angleterre, y répliquèrent avec une de ces sévérités diplomatiques que ne justifiait

9

malheureusement que trop la position de la
France tiraillée en toùs sens par les exaspéra-
tions des partis.

« Les soussignés, disent ces plénipotentiaires,
ont quelque peine à comprendre sur quoi pourrait être fondée la distinction essentielle entre
l'ancien et le nouveau territoire. Il est impossible de supposer qu'on ait voulu reproduire, dans
les transactions actuelles, la doctrine de la prétendue inviolabilité du territoire français. Ce serait détruire toutes les idées d'égalité et de réciprocité entre les puissances que d'ériger en principe que la France a pu sans difficulté étendre
ses dimensions, acquérir des provinces, les réunir à son territoire par des conquêtes ou des
traités, tandis qu'elle jouirait seule du privilége
de ne jamais rien perdre de ses anciennes possessions ni par les malheurs de la guerre, ni par
les arrangements politiques. C'est par ces motifs
que les plénipotentiaires soussignés persistent
dans l'ultimatum qu'ils ont présenté au roi de
France. »

Avant de parvenir à former son nouveau ministère il avait fallu huit jours à Louis XVIII.
Le 25 septembre pourtant le duc de Richelieu
fut nommé président du conseil, et il entra en
fonctions ce jour-là même. M. de Talleyrand

avait besoin du pouvoir : cet abandon de la cour
blessait son amour-propre, et en sortant du ministère il ne put s'empêcher d'exhaler par quelques mots amers la douleur qu'il ressentait.
« Les ingrats ! s'écria-t-il en parlant des Bourbons, ils m'éloignent, moi qui leur ai donné
un trône ; mais par leurs mains j'en ai élevé un
autre à la révolution en rendant héréditaire la
chambre actuelle des pairs. »

La prophétie du prince s'accomplit en 1830.
La chambre des pairs prépara la chute du trône.
Avec un empressement dont la résignation eut
quelque chose de funèbre elle accepta tous les
faits qu'on accomplit sans elle et en dehors
d'elle, puis ce grand corps de l'état qui,
sous Louis XVIII et Charles X, avait pris des
allures libérales, qui avait fait trembler, par
son opposition les ministères Villèle, Martignac
et Polignac, vint tendre le cou aux chaînes que
lui présentait l'insurrection. D'héréditaire que la
restauration l'avait fait, il accepta presque sans
murmurer le viager, c'est à dire la ruine que
lui imposaient les nouvelles institutions que juillet apportait, et qu'il sanctionna sans sourciller.

# CHAPITRE IV.

Ordonnance du roi frappant une contribution extraordinaire de cent millions. — De quelle manière cette contribution est acquittée. — Différence entre les traités de 1814 et ceux de 1815. — Causes de cette différence. — Napoléon en 1814 demande à faire rentrer la France dans ses limites de 1792. Analyse du traité du 30 mai 1814. — Mesures qu'à cette époque propose Alexandre de Russie. — Dislocation de l'armée. — Biens nationaux. — Négociations pour la convention de 1815.—Portrait du duc de Richelieu. — La cour et l'école doctrinaire ou constituante. — Position morale des armées coalisées en France. — Bergasse et Madame Krudner. — La sainte alliance. — Défiance de Louis XVIII pour les royalistes.

Sans avoir à se préoccuper des causes qui renversaient le cabinet du prince de Talley-rand, causes presque toutes nées de sa composition même et du triste accouplement de tant de noms révolutionnaires, la commission dont faisaient partie MM. Corvetto, La Bouillerie, Portal et Dudon continuait ses opérations.

Le comte Corvetto venait d'être appelé au ministère des finances. M. de La Bouilierie le remplaça dans sa présidence nominale.

Afin de subvenir à toutes les dépenses extraordinaires, nécessitées par la subsistance des onze cent trente-cinq mille étrangers qui couvraient le territoire, la France n'avait pas même la libre et entière disposition de ses revenus. Le 16 août 1815, une contribution extraordinaire de guerre avait été frappée ; elle se montait au chiffre de cent millions. Le roi disait à son peuple, dans le préambule de sa proclamation :

« L'attentat commis sur la France a forcé les puissances étrangères à y faire rentrer leurs armées pour atteindre l'ennemi de leur sûreté : elles occupent notre territoire. Ces maux auraient été prévenus si notre voix eût été mieux écoutée ; mais loin de notre cœur toute récrimination : les souffrances de nos peuples ne nous permettent de songer qu'à les adoucir, en attendant le moment peu éloigné qui doit y mettre un terme. Les circonstances sont telles que nous n'avons pas le choix des moyens. Nous avons dû nous arrêter à celui qui nous a paru présenter le moins d'inconvénients, être le plus propre à soulager ceux de nos sujets qui ont le plus souffert, en appelant à partager leurs charges ceux sur lesquels les réquisitions ont moins porté. Nous nous sommes déterminé à établir provisoirement une contribution extraordinaire répartie sur les divers départements en proportion de leurs ressources, espérant que quelque pesants que soient ces sacrifices ils le seront moins que le maintien d'un régime sans calcul et sans règle. Plein de confiance dans le patriotisme des principaux négociants, propriétaires et capitalistes, nous désirons les associer à notre sollicitude pour le soulagement de leurs compatriotes ruinés par les événements, sans prétendre cependant que les sommes qu'ils paieront au-delà de leur part contributive restent définitivement à leur charge, et ne considérant ces excédants que comme des prêts faits pour donner à la perception extraordinaire une accélération proportionnée à l'urgence des besoins. »

L'ordonnance se résume ainsi. L'avance de cent millions doit être faite par les principaux capitalistes, patentables et propriétaires des départements, et la somme assignée à chacun d'eux acquittée par quart du 15 septembre au 15 novembre, selon les échéances que déterminera un comité agissant auprès des préfets. Dans chaque arrondissement la répartition individuelle est dressée par un comité placé auprès du sous-préfet : ce comité se composait d'un membre du conseil d'arrondissement, de deux notables, du maire du chef-lieu et du receveur particulier.

Cette contribution, pensée personnelle du baron Louis, rentra avec une facilité qui prenait sa source pour les uns dans l'amour du roi, pour les autres dans la crainte de l'anarchie. Aussi extra-légale qu'en dehors des usages financiers, elle était si bien justifiée par les circonstances qu'il devenait très malaisé d'élever contre elle des murmures fondés. La politique, qui se mêle à tout dans les temps difficiles et lorsque les passions sont si ardemment soulevées, les divisions de parti, ne jugeant une mesure que sur leurs convenances ou sur leurs calculs, excitèrent, il est vrai, quelques résistances partielles. Les masses cependant ne s'y laissèrent point prendre.

Il y avait au fond de tous les cœurs, même les plus désunis par des divergences d'opinion, par l'amertume des reproches ou par d'anciens levains de rivalité, un sentiment de patriotisme : il fit accepter ce sacrifice comme un acte indispensable, et dont par conséquent il devenait superflu de discuter les termes. Puis, en général, ceux que le décret contraignait à faire des

avances avaient foi dans la parole du monarque.
Le monarque avait dit que ces avances ne reste-
raient pas à la charge des prêteurs, et l'on ne
récusait pas un pareil engagement. Les recou-
vrements commencèrent le 15 septembre. Dès
le mois de décembre suivant le trésor avait en
caisse quatre-vingt-un millions cent trente-
trois mille cent soixante-quinze francs, selon
l'état n° 4 annexé au budget de 1816. Le sur-
plus fut versé presque de suite et sans apporter
aucun ralentissement dans la perception des
impôts ordinaires.

Ce n'était après tout qu'un emprunt, remboursable de la même manière que la dette ar-
riérée, c'est à dire en reconnaissances de liquidation portant intérêt à cinq pour cent, ou en
inscription sur le Grand-Livre au choix du porteur. Peu de semaines après, des actes patriotiques éclatèrent de toutes parts; ils vinrent couvrir de leur généreux élan ces misères d'opposition dont il ne fallait pas rendre témoin
l'étranger vainqueur. Chaque jour le *Moniteur*
signala à la reconnaissance publique des abandons désintéressés faits au profit du trésor. Les
départements, les particuliers renoncèrent à leur
créance, et, commencée sous le ministère Talleyrand, cette opération s'acheva pendant le

ministère Richelieu, sans laisser une trace d'irritation dans les esprits.

La Vendée militaire elle-même s'associa à ce
dévouement, dont mieux que personne elle avait
droit de se faire exempter. Elle entretenait à
ses frais son armée de volontaires royalistes qui,
dans le Poitou, dans l'Anjou, dans la Bretagne
et dans le Maine, avaient seuls protesté contre la
trahison. Ses charges de guerre, ses malheurs et
les pertes que cette même guerre lui laissait à supporter étaient immenses. Néanmoins elle fut comprise dans cette répartition pour une moyenne
de trois cent mille francs par département. Ils
avaient le plus promptement répondu à l'appel
du roi ; ils ne restèrent pas en arrière des sacrifices que d'autres provinces plus riches s'imposaient. Ce fut dans la Vendée militaire que se
rencontrèrent les plus nombreux abandons.

On avait une telle confiance dans la rentrée
de ces fonds que les receveurs généraux sous-
crivirent des traites représentatives de cette contribution. Par la négociation de ces traites le
trésor se trouva nanti sans avoir à supporter les
lenteurs du recouvrement individuel.

Certains publicistes ont prétendu que la ville
de Paris avait seule supporté le lourd fardeau
des cent millions. Nous avons sous les yeux l'é-
tat de la répartition telle qu'elle fut établie par

département, et celui de la Seine n'y est compris que pour une somme de treize millions trois cent quarante mille francs.

D'après un tableau dressé par le ministre des finances pour arrêter, aux termes de la loi du 28 avril 1816, la distribution des vingt millions accordés aux départements occupés, nous voyons ce qu'ils ont souffert et tout le patriotisme qu'il leur a fallu pour souscrire aux engagements demandés par le gouvernement. Peut-être y a-t-il un peu d'exagération dans les évaluations de ce tableau ; mais par le chiffre seul des principales allocations que les préfets proposent après examen, on comprendra combien cette somme de vingt millions était insuffisante pour indemniser de tant de pertes.

| | |
|---|---|
| Le département de la Seine est porté sur ce tableau pour | 30,000,000 |
| Les Ardennes | 30,000,000 |
| Le Haut-Rhin | 28,000,000 |
| La Côte-d'Or | 15,000,000 |
| La Marne | 13,000,000 |
| L'Eure | 9,000,000 |
| Le Doubs | 8,000,000 |
| Eure-et-Loir | 7,000,000 |
| L'Isère | 6,000,000 |
| Le Jura | 5,000,000 |

Il en était ainsi pour beaucoup d'autres ; mais

ces pertes matérielles, dont l'estimation avait été
sans doute calculée dans de trop larges proportions, ne résultaient pas toutes de l'occupation
du territoire par les étrangers. Le tableau du ministère des finances embrasse dans son ensemble les charges que divers départements avaient
eu à supporter pour l'approvisionnement des
places fortes ordonné par le gouvernement des
Cent-Jours.

Jamais peut-être la situation du royaume n'a-
vait été plus critique ; jamais aussi il ne s'était
vu tant d'éléments de perte accumulés autour
de lui. Un vieux roi que l'âge, que les souffrances du corps et de l'esprit, que les tourments
d'un long exil avaient condamné à ce besoin de
repos qui ressemble tant à l'égoïsme ; des hom-
messe présentant partout comme des principes,
et s'excluant les uns les autres lorsque tous ensemble auraient dû réunir les efforts de leur patriotisme dans un même sentiment ; une nation
épuisée et qui, lasse même de la gloire, redou-
tait de se jeter dans les complications d'une guerre
nationale ; des généraux usés dans les bivouacs,
et qui, après s'être enrichis et parés de titres nobiliaires, n'aspiraient qu'à terminer dans les loi-
sirs d'une paix dorée pour eux une existence
dont les commencements et le milieu avaient
été si tourmentés ; un peuple divisé par de pro-

fonds dissentiments , tout cela habilement dé-
duit par les étrangers donnait une impulsion
très active à leurs ambitieuses espérances.

En 1814, ils n'avaient fait la guerre qu'à un
homme. Cet homme de moins, ils garantissaient
à la France le droit de se choisir un monarque,
de se gouverner dans toute sa liberté et de négocier avec les autres grandes nations sur le pied
de l'égalité. A certaines restrictions près ces
droits avaient été maintenus au premier traité
de Paris, conclu le 30 mai 1814.

Dans les derniers mois de son empire, Napoléon, vaincu par l'Europe, et encore mieux averti
de sa prochaine décadence par les angoisses des
Français que par les victoires de l'étranger, n'a-
vait trouvé qu'un remède à d'incommensurables
désastres dont son ambition seule s'était fait un
jeu de développer le germe.

Ce remède c'était la paix à quelque prix que
ce fût. L'empereur en sentait si fortement le
besoin que, sans s'arrêter à toutes les considérations d'honneur national, il sacrifiait d'un
trait de plume, et pour sa propre conservation,
toutes les conquêtes que la république et l'empire avaient annexées au territoire. La preuve de
cette abnégation se lit dans une lettre de Cau-
lincourt, duc de Vicence, au prince de Metternich. Le congrès de Châtillon était ouvert, et le

négociateur de Napoléon écrivait le 9 février
1814 au ministre autrichien :

« MON PRINCE,

« Je me propose de demander aux plénipotentiaires des cours alliées si la France, en consen-
tant, ainsi qu'ils l'ont demandé, à rentrer dans
ses anciennes limites, obtiendra immédiatement
un armistice. Si, par un tel sacrifice, un armistice peut être sur-le-champ obtenu, je serai
prêt à le faire; je serai prêt encore, dans cette
supposition, à remettre sur-le-champ une partie
des places que ce sacrifice devra nous faire
perdre.

« J'ignore si les plénipotentiaires des cours
alliées sont autorisés à répondre affirmative-
ment à cette question, et s'ils ont des pouvoirs
pour conclure cet armistice. S'ils n'en ont pas,
personne ne peut, autant que votre excellence,
contribuer à les leur faire donner. Les raisons
qui me portent à l'en prier ne me semblent pas
tellement particulières à la France qu'elles ne
doivent intéresser qu'elle seule. Je supplie votre
excellence de mettre ma lettre sous les yeux du
père de l'impératrice; qu'il voie les sacrifices
que nous sommes prêts à faire, et qu'il décide. »

Le 17 mars 1814 l'état des choses avait encore empiré. On se battait sur tous les points; mais vainqueurs ou vaincus, les alliés, dont les armées grossissaient sans cesse, continuaient de marcher en avant sans tenir compte des échecs qu'ils éprouvaient. Depuis le 9 février, Napoléon, toujours entre un succès ou une défaite, s'était plus d'une fois flatté d'échapper aux conditions d'une telle paix. En humiliant profondément la France, cette paix compromettait le prestige qui l'avait fait empereur et donnait une nouvelle vie aux passions de parti mal éteintes. Le 17 mars l'empereur pressentait que tout était désespéré, et ce jour-là même il adressait à M de Caulaincourt la note suivante. C'était un acquiescement *in extremis* aux conditions que chaque jour le congrès de Châtillon rendait plus dures.

Reims, 17 mars 1814.

« MONSIEUR LE DUC DE VICENCE,

« J'ai reçu vos lettres du 13. Je charge le duc de Bassano d'y répondre avec détail. Je vous donne directement autorisation de faire les concessions qui seraient indispensables pour maintenir les négociations, et arriver enfin à connaître l'*ultimatum* des alliés ; bien entendu que

le traité aurait pour résultat l'évacuation de
notre territoire, et le renvoi de part et d'autre
de tous les prisonniers. Cette lettre n'étant à
autre fin, je prie Dieu qu'il vous ait en sa sainte
garde. »

« NAPOLÉON. »

Quand « l'autorisation de faire les concessions
qui seraient indispensables pour maintenir les
négociations et arriver enfin à connaître l'*ultimatum* des alliés » parvenait à Châtillon, le congrès se séparait bien décidé à ne plus traiter
avec l'empereur, qui cependant lui laissait presque carte blanche. La restauration était venue,
et venue plutôt par une faveur providentielle que
par les efforts humains ou par des calculs politiques dont les cabinets étrangers ne s'étaient
jamais occupés. Les ministres des grandes cours
reprirent à Paris, de concert avec les plénipotentiaires de Louis XVIII, les négociations qu'ils
avaient suivies avec ceux de l'empereur.

Louis XVIII se voyait dans de meilleures conditions que son prédécesseur sur le trône pour
obtenir d'heureuses modifications aux exigences
étrangères ; mais il avait hâte, ainsi que le comte
d'Artois et M. de Talleyrand, de débarrasser la
France de cette masse d'ennemis. On n'obtint
pas tout ce qu'il était d'une bonne politique de

demander, tout ce qu'avec quelques instances les monarques alliés n'auraient peut-être pas refusé au nouveau roi comme don de joyeux avénement. Pourtant on fit en sa faveur des concessions que Bonaparte n'avait plus le droit d'espérer, et qu'il ne songeait même pas à solliciter.

En vertu du traité de Paris non seulement nous ne perdîmes rien de ce qui composait l'ancien royaume, à la date du 1er janvier 1792, mais nous obtînmes encore une rectification de la ligne des frontières. Cette rectification ajoutait à notre territoire des enclaves assez importantes. De l'ancien département de Jemmapes la France retint les cantons de Dour, de Merbes-le-Château, de Beaumont et de Chimay. On lui accorda les cantons de Valcour, de Florennes, de Beauraing appartenant à l'ancien département de Sambre-et-Meuse, nom qu'ont immortalisé tant de glorieux souvenirs des vieilles cohortes républicaines. Il en fut de même pour les cantons de Saarbruck, d'Arneval et de Lebach qui faisaient partie du département de la Saar.

Autrefois la forteresse de Landau était française, mais point isolé en Allemagne, elle se trouvait en cas de guerre séparée de la patrie et coupée même par la délimitation. M. de Tal-

10

leyrand, au nom de Louis XVIII, voulut qu'on nous cédât au-delà des anciennes frontières une partie des départements du Mont-Tonnerre et du Bas-Rhin pour que cette forteresse et son rayon fussent réunis à la France. Les alliés consentirent à cet accroissement de territoire.

Ils furent encore plus justes. Le Thalweg du Rhin avait été de temps immémorial un sujet d'éternelles contestations entre les provinces riveraines chaque fois que, dans son cours, le fleuve apportait ou faisait disparaître une île. Il fut décidé que pour l'état de possession de ces îles presque vagabondes on se conformerait aux stipulations du traité de Lunéville. On ajouta même qu'elles ne subiraient aucun changement quelque fussent les variations ou les travaux du Rhin.

Le département du Doubs s'accrut aussi vers la frontière helvétique. On céda à la France les cantons de Frangy et de Saint-Julien. Le département du Mont-Blanc fut intégralement conservé, et personne ne songea à nous contester la possession du comté de Montbelliard ni de diverses enclaves autrefois dépendantes des principautés germaniques, et incorporées au royaume depuis le 1er janvier 1792. Il en fut de même pour Avignon et pour le comtat Venaissin.

Toutes les colonies que l'ancienne monarchie possédait hors d'Europe furent restituées à la nouvelle. Les Anglais gardèrent Tabago, Sainte-Lucie et l'Ile-de-France. Tandis que les alliés étaient armés contre Napoléon, le roi de Suède avait reçu d'eux la Guadeloupe. En faveur des Bourbons il s'empressa de renoncer à la possession de cette île. Le Portugal, qui s'était emparé de la Guyanne française, imita l'exemple donné par la Suède.

Depuis 1793 l'Angleterre contestait à nos navires de commerce le droit de pêche au grand banc de Terre-Neuve et dans le golfe Saint-Laurent. L'Angleterre se vit forcée de remettre les choses sur le pied où la révolution les avait prises. La ville d'Anvers cessait d'appartenir à la France, mais il était convenu qu'au lieu de rester place forte elle ne serait plus qu'un entrepôt de commerce. La marine française avait de riches approvisionnements dans les arsenaux des places maritimes dont, par suite des événements militaires, elle était obligée de faire la remise.

L'empereur, aux derniers jours de son agonie, quand il sentait le pouvoir lui échapper en même temps que l'amour de ses sujets, amour dont il avait si cruellement abusé, l'empereur, pour une paix qui lui conservait une apparence de royauté, n'avait pas tenu à si peu. Ces approvisionnements avaient été oubliés ; la Restauration ne consentit pas à en faire comme Bonaparte un abandon absolu.

Elle prétendit que le partage devait en être arrêté à raison des deux tiers pour la France et d'un tiers pour les places dans lesquelles ces approvisionnements étaient déposés. Ce partage fut accueilli, car, à cette époque de 1814, la France, quoique envahie, avait encore derrière elle le prestige de ses triomphes, et pour la protéger contre de tristes exigences elle avait pardessus tout son unanimité de vœux en faveur des Bourbons, unanimité qui parfois ne laissait pas que d'inquiéter les puissances coalisées.

Les divers états s'engageaient encore à renoncer aux réclamations de toutes les dettes qu'elle avait contractées envers eux, à raison des fournitures ou avances pécuniaires qu'ils auraient pu lui faire depuis l'année 1792. De son côté le roi Louis XVIII renonçait à faire valoir auprès des puissances ce que chacune d'elles pouvait devoir au même titre : ainsi se compensaient ou s'annulaient toutes les réclamations d'état à état.

Relativement aux créances que les particuliers se croyaient avoir le droit de faire valoir, on stipula qu'elles seraient payées par le gou-

vernement du roi, s'il était démontré qu'elles
résultaient de contrats ou d'engagements formels souscrits par les autorités impériales.
L'exécution de ces articles du traité du 30 mai
1814 devait être suivie par des commissaires
qui avaient mission d'examiner leur importance
et le mode de paiement auquel la France pouvait consentir. Malheureusement la France, ou
plutôt son ministre des finances, le baron Louis,
différa de s'occuper de cette importante affaire.

Tantôt sous un prétexte, tantôt sous un
autre, il éluda cette liquidation au devant de
laquelle il fallait courir. En 1815 ces retards
donnaient droit aux coalisés d'accuser le gouvernement d'incurie ou de mauvaise foi.

L'abandon des créances à répéter par les
alliés était un objet de la plus haute importance. En effet, nous avions beaucoup plus enlevé ou saisi que nous ne nous étions laissé
prendre. Nous cessions en outre d'être les débiteurs des créances inscrites sur le grand livre de
la dette publique, créances qui autrefois étaient
hypothéquées sur les pays que la conquête nous
avait momentanément légués, et que la défaite
nous forçait d'abandonner. Dans les traités de
1814 on devait nous tenir compte du montant de ces dettes. Il y a plus, les domaines nationaux acquis par des Français dans ces divers

états restaient assurés en toute propriété aux acquéreurs.

De telles conditions obtenues, lorsque l'Europe campait sur notre sol, offraient à l'honneur et à la puissance du gouvernement français des avantages auxquels les Cent-Jours, la bataille de Waterloo et ses conséquences nous contraignaient à renoncer. En comparant ces actes diplomatiques à ceux que le duc de Richelieu va signer, et qui tous sont amenés soit par le retour de l'île d'Elbe, soit par la conspiration bonapartiste et révolutionnaire qui prépara ce retour, il sera facile de se convaincre à quelle désolation le criminel attentat du 20 mars réduisit le royaume.

L'analyse des négociations de 1814 ne serait pas complète si nous ne parlions pas des articles additionnels particuliers à la Grande-Bretagne. Sa politique marchande dans la question de la traite des noirs et du monopole des sels de l'Inde a été expliquée. Il reste maintenant à dire sur quelle base portait le deuxième article additionnel.

Quand les événements dont, au 12 mars 1814, la ville de Bordeaux fut le théâtre eurent donné à la France l'impulsion royaliste, les habitants de cette grande cité maritime consentirent à recevoir dans leurs murs les Anglais se présentant en qualité d'alliés. Le duc d'Angoulême, sollicité par lord Beresford, autorisa, sans prendre conseil, l'introduction des bâtiments de leur marine marchande. Le blocus continental était levé. Les négociants de Londres, à la suite de leur armée d'invasion, avaient des flottes prêtes à inonder nos places de commerce de leurs produits manufacturiers. Sur cette autorisation, arrachée à une reconnaissance qui, en bonne logique, pouvait très bien être discutée, les navires marchands se présentèrent à Bordeaux, apportant une très grande quantité de tissus.

Nonobstant la concession faite par le duc d'Angoulême, l'administration fit saisir comme marchandises prohibées tous les cotons débarqués. Au traité du 30 mai 1814, l'Angleterre se mit en instances pour faire valoir ses droits et sa réclamation. En 1815 elle revenait à la charge, se portant partie en faveur de ses négociants. La parole du duc d'Angoulême était engagée. Une transaction intervint le 1er septembre 1817 entre le baron Portal et M. Mackensie, commissaire anglais. Elle accorda deux millions cinq cents mille francs d'indemnité aux commerçants qui avaient éprouvé des pertes à l'occasion de cette saisie. Aux archives des affaires étrangères on ne découvre aucune trace de cette con-

vention, et nous n'en avons connaissance qu'en
parcourant les comptes du ministère des finances
pour l'année 1818. La France remboursa une
somme de deux millions et demi pour cet objet,
et dans les livres de l'administration des douanes
la vente de ces marchandises n'est portée que
comme ayant produit au trésor cinq cent quatre mille cent trente francs. Les Anglais, on le
voit, faisaient payer bien cher l'intérêt de leurs
tissus prohibés.

Le gouvernement britannique était encore
notre créancier pour une somme considérable
relative à l'entretien des Français prisonniers de
guerre sur ses pontons, et dont le nombre sur-
passait de beaucoup celui des Anglais détenus
dans nos départements. Afin de régler le mode
d'acquittement de cette créance, on décida
qu'une discussion serait ultérieurement ouverte,
car le prince de Talleyrand était un de ces hommes dont la meilleure partie de l'expérience diplomatique consiste à toujours temporiser, afin
de laisser aux événements le soin de calmer des
prétentions trop exagérées. On stipula cependant que les sujets de sa majesté britannique
seraient indemnisés des biens meubles et immeubles confisqués depuis 1792.

L'Autriche, elle aussi, eut à ce traité un article spécial. M. de Talleyrand le signa au nom

du gouvernement français; mais il fut tenu si
secret qu'on n'en trouve même pas trace dans
les recueils diplomatiques. Il n'en fut jamais
donné communication au parlement anglais
lorsque toutes les pièces relatives aux négociations de 1814 y furent présentées. On ob-
serva le même silence devant les assemblées législatives de France. Les puissances étrangères
elles-mêmes l'ignorèrent, et aujourd'hui encore
l'on ne sait à quel prétexte attribuer cette convention secrète qui, par le chiffre seul de la
somme promise, doit pourtant attirer l'attention.

Il ne s'agit pas moins de vingt-cinq millions
que la France s'engage à payer à l'Autriche, et
qu'elle lui paya en réalité.

Afin de faire face à cette dette contractée
d'une manière si extra-diplomatique, le ministre des finances baron Louis avait espéré pouvoir se servir d'une ressource particulière qu'ab-
sorba le comte Mollien, ministre du trésor p  -
dant les Cent-Jours. Cette ressource consistait
en une rente de trois millions cinq cents mille
francs déposée à la caisse d'amortissement;
aussi, en présentant son budget pour les
exercices 1814 et 1815, le baron Louis ne fit-il
aucune demande pour couvrir une pareille
dépense. Mais le duc de Richelieu ne crut pas

devoir laisser trop enveloppée de ténèbres une
convention si inexplicable et si onéreuse ; il se
contenta d'en parler, sans cependant chercher à
lui donner un fâcheux retentissement. Il n'en
est point fait mention dans les discours pronon-
cés sur les traités de Paris ou sur l'état des finances. Cette somme est négligemment jetée
dans un état de situation des budgets au 1ᵉʳ octobre 1815, sous le titre bien vague de : *Dépense extraordinaire non comprise au budget du
23 septembre 1814.*

Jusqu'à présent la comptabilité et l'histoire
se sont perdues en conjectures sur une clause
qui grevait le gouvernement français ; mais rien
n'a transpiré, et l'on est encore à l'état de problème ou de doute.

Un seul article séparé fut accordé à la Prusse.
Les plénipotentiaires déclarèrent que toutes les
obligations des traités de paix conclus à Bâle en
1795, à Tilsitt en 1807, et la convention signée
à Paris en 1808 cesseraient d'être en vigueur.
Par la paix du 30 mai 1814 ces stipulations devenaient nulles de plein droit. Cependant la
Prusse témoigna le désir que la France fît une
déclaration spéciale à cet égard. L'article ne dit
pas le véritable motif qui faisait agir la maison de
Brandebourg dans une telle occurrence : c'était
la crainte de voir le gouvernement de Louis XVIII

négocier des obligations que cette puissance avait souscrites pour des sommes considérables lorsque les armées françaises occupaient ses états; ce fut aussi la seule puissance qui stipula que les décrets et les jugements portés contre les Français entrés à son service seraient non avenus.

Au premier coup d'œil, cette stipulation paraît fort étrange, mais elle était le fruit d'une sage expérience. Les autres états contractants ne songèrent pas à en faire la demande. Aussi plusieurs Français qui avaient servi dans des armées autres que celle de Prusse virent-ils leur qualité mise en question par le seul motif qu'ils n'étaient pas toujours restés sous le drapeau national. Beaucoup de ces émigrés, dont les propriétés avaient été révolutionnairement vendues, ne purent obtenir la restitution du prix de ces biens, lorsqu'on les rendait à tous ceux qui avaient été frappés de confiscation, n'importe par quel motif.

Ce traité du 30 mai 1814, dont les bases avaient été jetées dans la convention signée le 23 avril précédent par le comte d'Artois, lieutenant-général du royaume, n'était certes pas aussi glorieux et aussi profitable que tous ceux que Henri IV, Louis XIV et Napoléon signaient après une victoire. Il humiliait la France, il la punissait dans son orgueil et dans les peuples qui, même par la conquête, s'étaient attachés à sa fortune. Mais c'était encore un bien relatif, car dès le lendemain les troupes étrangères se mirent en marche pour retourner dans leur patrie ; c'était un allégement aux conditions proposées par Bonaparte dans le congrès de Châtillon. Il y a mieux ; dans la circonstance donnée, il était peut-être impossible d'obtenir davantage de puissances longtemps comprimées sous nos aigles, et qui enfin exerçaient à leur tour leur droit de représailles.

Avant de signer le traité, l'empereur Alexandre déclara que pour assurer le repos de la France il restait deux importantes mesures à adopter. Dans l'intérêt de la monarchie des Bourbons, ainsi que dans celui de la paix européenne dont cette famille était le gage, le czar demandait d'abord le renouvellement intégral de l'armée. Pour l'effectuer sans péril il offrait même de laisser un corps de vingt-cinq mille hommes, soit à Paris, soit dans les places qu'indiquerait le gouvernement de Louis XVIII.

Ce premier moyen coupait court aux intrigues et aux trahisons de 1815 ; mais il brisait de longues existences militaires ; il mettait la royauté en suspicion aux yeux même du pays qui, après avoir maudit l'esprit de conquête de Napoléon, devait tout naturellement, par un

retour vers les idées guerrières, chercher dans
des souvenirs récents une compensation aux
terribles défaites qui l'accablaient alors. Le
roi, avec une sagesse que l'avenir trompa, répondit que de toutes parts il recevait des protes-
tations de dévouement, et qu'il n'y avait pas un
seul officier supérieur qui ne se fût empressé de
mettre son épée au service de son gouvernement.
Ce que l'honneur militaire avait fait était accepté
également par toutes les branches de l'administration.

Dans ce changement de règne, dans ce passage d'une dynastie à une autre, il ne se rencontra pas une reconnaissance assez prononcée, un désintéressement, assez vulgaire du
reste au milieu des partis consciencieux, pour
couvrir la chute de l'empereur de l'éclat de
ces dévouements qui se retirent avec le principe dont ils étaient les représentants. Une
pareille unanimité de vœux, que Louis XVIII
et sa cour, peu au fait des ambitions révolutionnaires, devaient prendre pour une adhésion sans
arrière-pensée, ne permettait pas, disait le roi,
de craindre que l'on égarât le cœur des soldats
et du peuple. Il dissuada donc l'empereur de
Russie d'un projet qui rendait les Bourbons personnellement odieux à l'armée.

Le second moyen proposé par Alexandre avait

encore plus de gravité. Il tendait à bouleverser
les fortunes privées; il remettait en question les
spoliations consacrées par la loi, et était relatif
aux domaines nationaux. Avec ses idées de justice distributive comme homme, et son omnipotence comme souverain, le czar désirait qu'on
indemnisât les nouveaux possesseurs et que les
domaines fussent restitués a leurs légitimes propriétaires. C'était un grand acte de réparation,
une mesure salutaire qui, à cette époque d'exaltation royaliste et d'abattement révolutionnaire,
pouvait s'opérer sans soulever la moindre réaction. Un grand nombre même d'acquéreurs
nationaux y étaient préparés, et ne cherchaient
dans les provinces qu'à en rendre les conditions
meilleures.

Cet objet fut mis en délibération devant le
prince de Talleyrand et le baron Louis. M. de
Talleyrand adopta la restitution en principe;
seulement, comme en face de toute mesure trop
énergique, il souleva des objections de détail.
Le baron Louis opposa une résistance plus absolue. Il convint « qu'il y avait quelque chose à
faire, mais que l'indemnité devait être payée
aux propriétaires lésés et non pas aux acquéreurs
nationaux ou aux détenteurs actuels. Les victimes des confiscations, ajouta-t-il, se sont depuis
longtemps résignées à leur sort; le plus grand

nombre appartient à l'opinion monarchique ; quelques paroles du roi suffiront pour calmer leur mécontentement. »

Alexandre n'était pas convaincu. Il fit de justes observations; alors le baron Louis s'écria avec sa brusquerie ordinaire : « Savez-vous ce qui arrivera ? Les acquéreurs se cacheront derrière les haies pour fusiller les propriétaires lorsque ces derniers viendront se réinstaller chez eux. Ce sera la guerre civile organisée. Les droits des anciens propriétaires m'importent fort peu ; ce que je redoute avant tout, c'est l'audace des nouveaux. » Allégué devant un prince jeté dans le moule de Napoléon, et ne cherchant point par des subterfuges ou par des attermoiements à tourner les difficultés, ce motif n'aurait pas sans doute paru très concluant. Avant toutes ces craintes, que la situation des esprits rendait chimériques, il fallait faire passer la justice, et ne point consacrer par une silencieuse lâcheté la plus grande des iniquités révolutionnaires. Louis XVIII ne se sentit pas ce courage, et l'empereur de Russie, qui craignit de compromettre sa populrité ou la tranquillité publique, n'insista plus.

Au point de vue politique et moral ce fut une erreur dangereuse. On laissait à des ennemis la fortune, qui tôt ou tard, dans les gou-

vernements constitutionnels surtout, donne la
puissance; et comme par des dispositions législatives on n'avouait pas assez franchement cette
consécration du grand larcin national ; comme,
d'un autre côté, les spoliés ne cachaient pas
leurs espérances, cette question, que d'une manière ou d'une autre il était urgent de vider, se
tint toujours suspendue sur la tête des Bourbons. Elle n'avait d'abord enfanté que des dé-
fiances dont, dans la première ivresse de la restauration, il était bien facile d'étouffer le germe;
plus tard elle produisit des haines vivaces. Ces
haines, exploitées par la crédulité populaire ou
par l'ambition des classes bourgeoises, amenè-
rent la révolution de juillet.

Telles furent les conditions de cette paix de
Paris, conditions onéreuses sans doute, mais
que les Bourbons, avec leur neutralité bien démontrée, avec le principe de conservation légitime qu'ils remettaient en vigueur, pouvaient
seuls faire accepter, sauf à en diminuer plus
tard le fardeau et la honte. Les puissances alliées, par une dernière disposition, fixaient un
délai de deux mois, afin d'envoyer au congrès de
Vienne des plénipotentiaires chargés de régler
définitivement toutes les affaires que M. de Talleyrand avait laissé au temps le soin de mûrir.

Le congrès de Vienne fut interrompu par le

retour de Napoléon. Les négociateurs français avaient déjà obtenu bien des concessions, lorsque le 20 mars 1815 vint tout remettre de nouveau au sort des armes. La question fut vidée une seconde fois. Nous avons déjà vu quels sentiments de vengeance et d'hostilité patente animaient les diplomates et les généraux que la guerre ramenait dans Paris.

Il reste à dire quels sacrifices on imposa à la France, et de quelle manière ces sacrifices furent débattus ou consentis par le duc de Richelieu et par ses agents.

Le duc de Richelieu était encore presque jeune. Une figure agréable avec la vue basse, une tête haute, une causerie ne procédant que par de petites phrases souvent ricaneuses, formaient un mélange d'affabilité, de bonnes manières et de fatuité qui tranchait fortement sur cette nouvelle société sérieuse ou militaire élevée par Napoléon dans les merveilleuses discussions de son conseil d'état ou au milieu des gloires de ses bivouacs. A ces avantages de l'élégance et de la grâce, le duc de Richelieu s'irritait de ne pouvoir ajouter le don de l'éloquence, qui dans un homme parlementaire n'a jamais été moins prononcé. Cette insuffisance lui donnait un air emprunté dans les assemblées ; mais au milieu de ses salons ce n'était plus le même homme.

11

Là il aimait à redevenir grand seigneur, à ne s'occuper que le moins possible d'affaires, et souvent on l'entendait se plaindre, avec une coquetterie qui trahissait bien l'école du maréchal son aïeul, des galantes poursuites d'une tête couronnée, vivant alors à Paris dans un transparent incognito.

Toujours entouré de longues pipes, jouant sans cesse avec son maki, dont la gentillesse obligée défrayait la conversation de ses flatteurs ou de ses parasites, M. de Richelieu s'occupait plus volontiers des femmes que de la politique. Esprit léger par habitude, par calcul ou par distraction, homme élégant, n'ayant rien de sérieux, pas même le courage dont au siége d'Ismaïloff il avait donné des preuves si éclatantes, il personnifiait toutes les qualités et tous les défauts de l'ancien régime; mais aussitôt que les ambassadeurs de Russie et d'Angleterre se présentaient dans son salon, les causeries cessaient. M. de Richelieu prenait un air plus grave; il se retirait avec eux dans l'embrasure d'une croisée, puis à la place de notes diplomatiques on n'échangeait que la chronique des coulisses de l'Opéra dont sir Charles Stuart se faisait l'indiscret messager.

M. de Richelieu s'annonçait comme n'ayant aucune ambition. Cependant il ne pouvait se

contenter que de la présidence du conseil, à laquelle la nature de son caractère et les délica-
tesses de son amour propre le rendaient peu
apte dans les circonstances. Avec des intentions
pleines de loyauté et de patriotisme, mais mal
engagé, mal conseillé et, comme tous ceux qui,
ne se sentant pas la force de s'imposer, aspirent
aux faciles honneurs de la popularité, pour se
tromper eux-mêmes sur leur valeur, ce ministre
devait à son insu préparer à sa patrie des calamités très prochaines.

Lorsque le prince de Talleyrand s'entretenait
de son successeur, il en parlait sans colère.

« M. de Richelieu, répétait-il souvent, est ennemi du mal, mais incapable de faire le bien.
Je n'ai jamais pu lui faire comprendre qu'il faut
toujours déclarer la guerre aux partis, mais que
l'on ne réussit qu'en se mettant à la tête de l'un
d'eux : il préfère être le plastron contre lequel
on viendra heurter. Ce n'est pas une tête politique. »

Le nouveau président du conseil arrivait aux
affaires poussé par l'influence de la Russie. Pendant longtemps gouverneur de la Crimée, il avait
laissé à Odessa d'heureux souvenirs de sa bienveillante gestion. L'empereur Alexandre lui té-
moignait une affectueuse confiance ; cependant il ne le présentait point à Louis XVIII

comme un homme d'état capable de diriger les affaires dans un pays où tant d'orateurs habiles devaient encore y prendre part et entrer en discussion avec le ministère. M. de Richelieu, selon le czar, était très propre à exercer le pouvoir chez un peuple où l'autorité agit sans contrôle; mais en face d'assemblées délibérantes qui devaient voir s'agiter à leur tribune les plus importantes questions, sa timidité naturelle, disait Alexandre affaiblirait encore le peu de ressources parlementaires qu'il trouverait dans son esprit.

Alexandre pourtant laissait agir ses conseillers. On a dit, il a même été plus d'une fois écrit que ce souverain avait, en faveur de l'entrée de M. de Richelieu au ministère, diminué de cent millions l'impôt de guerre fixé par les alliés. Nous ne voyons aucune trace de cet abandon, et il nous est impossible de savoir d'où l'on peut le faire résulter. Le président du conseil crut lui-même avoir obtenu cet allègement sur les sommes exigées du cabinet Talleyrand; mais il fut détrompé lorsque plus tard il apprit que le trésor avait déjà payé un à-compte de quatre-vingt-six millions que les alliées n'imputaient pas sur leurs nouvelles demandes d'argent.

Ce qu'il y eut de plus heureux dans l'avénement de M. de Richelieu, c'est qu'il servit de contre-poids à l'influence anglaise à laquelle M. de Talleyrand sacrifiait beaucoup trop; mais comme si l'appui de la Russie ne suffisait pas pour créer un ministère, deux partis, toujours en opposition l'un à l'autre, toujours hostiles, l'appelèrent également de leurs vœux et le secondèrent par leurs démarches.

Le premier de ces partis, composé des gens de cour, était peu exercé au maniement des affaires, sans expérience, mais actif pour l'intrigue, plein d'avidité et d'ambition. Il désirait à la tête du gouvernement ce qu'on appelait vaguement un grand seigneur; oubliant dans ses rêves que le niveau révolutionnaire, après avoir égalisé toutes les conditions, ne laissait que des individualités. Si l'on en excepte les ducs Matthieu de Montmorency, de Fitz-James et de Lévis, M. de Richelieu, même avec ses connaissances superficielles, était fort supérieur à tous les courtisans qui le portaient comme l'expression de leur choix.

Il ne connaissait pas la France révolutionnaire; il n'avait même jamais pu la connaître. Aussi avait-il frayeur de tous ces noms que la tribune des assemblées législatives, la gloire des armes ou le conseil de Napoléon venait de révéler au pays. Mais il paraît qu'il entrait dans

la politique des courtisans ainsi que dans celle
des rois Louis XVIII et Charles X de n'accorder
leur confiance qu'à des ministres qui, après
avoir été élevés à l'étranger, s'étaient tenus
à l'écart de l'immense mouvement opéré dans
les esprits depuis 1793.

Louis XVIII en 1814 avait pris pour son
favori, pour sa tête de cabinet, le comte de
Blacas; en 1815 le duc de Richelieu, avec
des opinions moins tranchées et des formes
moins hautaines, était encore le résultat de
cette même pensée. En 1829, le prince de Polignac la personnifia bien tristement pour la
monarchie, que les six années du ministère Villèle avaient conduite par la route parlementaire
au bord du précipice.

Ces quatre ministres, tous royalistes, mais à
des nuances différentes, mais avec des caractères,
des alliances et des passions sans affinité, étaient
pourtant tous quatre des émigrés. Ils n'avaient
pas pu étudier à leur source les entrainements
révolutionnaires et les avantages qu'il était si
facile d'en tirer en intimidant les incorrigibles,
en se faisant un appui des esprits forts et droits.
Louis XVIII avait nommé M. de Blacas. Les
courtisans donnèrent la présidence du conseil à
M. de Richelieu.

A côté d'eux, et travaillant dans le même sens,

se révélait alors un second parti composé des débris de l'assemblée constituante, de ces idéologues si souvent, si justement dédaignés par Napoléon, et qui s'étaient épris d'un amour platonique pour les constitutions libérales. A l'origine de la révolution, M. de Richelieu, sous le titre de comte de Chinon, s'était engagé dans la fausse voie que suivait son père, le duc de Fronsac. C'était une garantie pour la future école doctrinaire. Ses adeptes grandirent donc outre mesure le nouveau président du conseil, afin de s'élever sous sa tutelle et de dominer à l'ombre de son nom.

M. de Richelieu arriva au pouvoir avec la pensée unique de s'éloigner autant que possible de tous les errements du prince de Talleyrand. Cette pensée pouvait avoir son bon côté; mais pour la mettre à exécution il fallait, ainsi que M. de Talleyrand, connaître à fond le secret des partis et des cabinets, ne jamais se perdre dans de nuageuses théories, et rester toujours maître de la situation. Il fallait par d'adroites combinaisons savoir user la patience des autres sans jamais fatiguer la sienne. C'était le grand art, le seul mérite de son prédécesseur; M. de Richelieu ne sut pas, à défaut de génie, user de ces stratagèmes diplomatiques.

L'ancien président du conseil avait essayé de

dissoudre la coalition, en mettant en opposition les intérêts si divisés des puissances. Le temps, les volontés humaines ou la force des événements étaient venus donner tort à son système. Le duc de Richelieu, dont la probité était aussi incontestable que l'incapacité relative, et qui n'apportait dans ces gigantesques affaires qu'une modération dégénérant en incertitudes perpétuelles, s'efforça de conduire au pas de course un traité dont le prince de Talleyrand avait cherché à discuter toutes les clauses.

Il entrait ainsi complétement dans les vues du roi et dans les intentions des souverains alliés. Le roi croyait que pour lui il y aurait bénéfice à céder immédiatement sur les points les plus litigieux. Il brûlait du désir d'affranchir le royaume de cette armée qui le dévorait ; il aspirait surtout à être maître chez lui, à prendre la direction des esprits, pour laquelle il s'avouait une vocation que le temps n'a point confirmée. Mais Louis XVIII et son nouveau ministre n'avaient pas calculé que, par d'autres motifs, les puissances de l'Europe devaient s'associer au même désir, et que par conséquent il fallait profiter de la circonstance pour ne pas trop précipiter des négociations qui liaient la monarchie en ruinant le pays.

Ce n'était pas en effet sans un pressentiment

mêlé de justes craintes que les alliés voyaient
leurs états-majors livrés à Paris et dans les provinces à cet insatiable besoin de plaisirs, à ce
luxe effréné qui commençait par la table pour
aller s'entretenir dans les maisons de jeu, et qui
mettait leurs généraux ainsi que leurs soldats
en contact avec la population française. Les
souverains redoutaient pour la discipline de
leurs troupes cette civilisation des sociétés trop
avancées, civilisation dont les résultats brillants
frappaient si vivement l'imagination enthou-
siaste, paresseuse ou à demi-barbare de leurs
soldats.

· Chaque ville française avec son bien-être et
sa liberté, était pour ces nouveaux Annibal
une Capoue dont les séductions devenaient ir-
résistibles. Ils sentaient que la comparaison ne
pouvait être que défavorable aux pays soumis à
leur pouvoir et subissant eux-mêmes ce vertige,
ils ne voulaient pas y exposer les autres.

De plus graves considérations tenaient en éveil
les prévoyantes alarmes des chefs de l'Europe. Au
milieu de l'effervescence des partis et de ce la-
byrinthe inextricable de passions contraires agi-
tant la France, était-il donc impossible que
ces étrangers, pour qui tout était spectacle,
nouveauté ou sujet à entraînement, se laissas-
sent gagner par cette fièvre de liberté dont on

cherchait à leur faire apprécier les charmes
trompeurs ? Ne devaient-ils pas s'initier peu à
peu à ces éblouissantes théories de constitution qui, séduisant la raison la plus prévenue
contre elles, avaient en 1814 exercé un si
merveilleux prestige sur l'empereur Alexandre
lui-même ? Ce qui était arrivé à un dépositaire
de l'autorité absolue ne pouvait-il donc pas se
renouveler dans des masses qui avaient un intérêt bien moins direct à la conservation des
principes monarchiques et traditionnels ?

N'était-il pas à craindre qu'après avoir vaincu
la France révolutionnaire, les armées coalisées
se vissent vaincues à leur tour par cette même
révolution ? La propagande des idées d'affran-
chissement était ardente, le choc des paroles
vides de sens, mais par cela même si vibrantes
au cœur de la multitude, retentissait dans tous
les lieux publics. On y parlait de fraternité universelle, d'émancipation sociale, de liberté indéfinie. Dans les conciliabules où l'on entraînait
les jeunes étudiants de l'Allemagne à l'imagination exaltée, aux rêves pleins d'une candide
tendresse pour tous les systèmes subversifs
qu'ils adoptaient comme un progrès vers de
chimériques idéalités, on posait d'étranges
questions contre la société ; on résolvait d'inso-
lubles problèmes contre les monarchies ; on fa-

çonnait à la rébellion; on appelait à la gloire
intellectuelle ou au martyre ; on invoquait des
espérances décevantes en faveur du désordre.
Ces idées, dont le développement ne nuisait
plus à la France, puisque le germe en était déposé dans la charte, se présentaient aux étrangers avec une puissance d'attraction dont M. de
Metternich, le diplomate stationnaire, s'inquié-
tait avec un visible effroi.

Pour les Français cette gangrène communiquée aux nations victorieuses était une revanche d'abord, un moyen ensuite d'affaiblir par la
révolution même l'appui que les armées alliées
avaient donné aux idées monarchiques. Mais
pour les Anglais, qui servaient si activement
sous main la diffusion des principes constitutionnels et qui entraient de si bonne grâce par
leurs wighs dans tout complot tendant à ébranler
les trônes, c'était un calcul où la liberté se
trouvait, comme dans tous les calculs de la
Grande-Bretagne, avoir beaucoup moins de part
que l'avantage mercantile. La corruption procé-
dait donc par degré ; elle s'infiltrait dans les
peuples du nord tantôt sous la voluptueuse enveloppe d'une civilisation qui dégénère, tantôt
sous la patriotique amorce d'une impossibilité
métaphysique.

Soumis à ce double contact, s'enivrant le

même jour de plaisirs faciles, de songes dorés
et de ces mystérieuses conférences qui, entre
deux orgies, les préparaient aux insurrections,
ou jetaient dans leurs têtes des ferments de
désobéissance, les alliés commençaient déjà à
ressentir un funeste contre-coup de leur séjour
en France. Un instinct secret disait à leurs chefs
de ne pas le prolonger davantage sous peine
d'emporter dans leurs paisibles contrées une
cause toujours renaissante de remords ou de
troubles. Les uns voulaient s'y soustraire sans
retard ; les autres, plus préoccupés de leur fortune que du malaise moral dont ils ne comprenaient pas l'effet, ne pouvaient pas si vite
renoncer à la rançon qu'ils s'étaient promis d'arracher à la France ; mais chez tous, il y avait
embarras, mécompte, et surtout flagrante inquiétude.

Un ministre habilement audacieux et qui aurait compris sa position devait, dans une semblable occurence, grossir même le mal qui se
faisait, et pour dessiller les yeux des souverains,
révéler à leurs plénipotentiaires la fatale influence qui travaillait les coalisés. Il fallait se
faire une arme de toutes les intelligences libérales galvanisant des esprits simples ou enthou-
siastes, les préparant à la révolte et les appelant
à l'initiation du droit populaire. Il fallait mon-

trer ces intelligences qui, après avoir été vaincues par la force, s'insurgeaient contre cette
même force et l'annihilaient au profit de leur
défaite. M. de Richelieu ne conçut pas ce
plan, qui n'aurait point échappé au grand ministre dont il était le petit-neveu.

Il ne vit pas qu'en faisant peur de la France
révolutionnaire à l'Europe bivouaquant dans
nos campagnes, il activait le départ des souverains et obtenait de meilleures conditions de
paix. Les puissances connaissaient le fond de
la pensée des Tuileries; elles savaient que
Louis XVIII voulait à tout prix en finir avec
une position si exceptionnelle, et qu'il tenait
surtout à être roi sans avoir à subir d'observations mal sonnantes à son oreille royale de la
part d'un général ennemi ou d'un ministre
étranger. Elles laissèrent donc marcher les
choses avec la promptitude exigée par la France,
promptitude qui entrait admirablement dans
leurs vues morales et qui ne nuisait en rien à
leurs prétentions pécuniaires.

Au nom des alliés, les ministres des quatre
cours demandaient que leur *ultimatum* du 16
septembre fut accepté comme base du traité à
intervenir. Afin de sanctionner parmi eux la paix
intérieure que les ruses de M. de Talleyrand
avaient essayé de troubler, trois souverains signè-

rent, le 26 septembre 1815, un acte par lequel ils
se déclaraient à tout jamais unis dans la même
fraternité. Cet acte dont l'histoire contemporaine
a fait tant de bruit et qui, par le vague même de
sa mystique rédaction, semblait autoriser toutes
les feintes terreurs des révolutionnaires et des
Bonapartistes se transformant tout à coup en
politiques sagement constitutionnels, cet acte
révélait un besoin de rapprochement, un sentiment d'unité entre les peuples.

La Sainte-Alliance des princes et des nations, rêvée par l'illuminisme de madame de
Krudner, et développée a l'empereur Alexandre
par l'utopiste Bergasse, était dans son origine
l'application de la perfectibilité indéfinie à la
société chrétienne que l'on constituait sur un
nouveau droit public. Pour introniser le règne
de la paix et du bonheur universel, elle devait
confondre dans une foi commune encore indé-
terminée les diverses sectes religieuses d'Europe.
Madame Krudner, toute puissante sur l'imagination si mobile d'Alexandre, s'était emparé de
ses généreuses folies, d'un remords peut-être,
et elle poussait cet esprit tour à tour ardent, va
gabond ou réactionnaire dans une voie qui in-
quiétait les hommes sérieux et positifs.

Le 26 septembre, la déclaration de la Sainte-

Alliance (1) était signée à Paris. MM. de Metternich et d'Hardenberg n'y avaient vu qu'un saint caprice du czar. Sans y attacher trop d'importance ils en avaient présenté l'acte à la signature de l'empereur d'Autriche et du roi de Prusse. Au mois de décembre 1815, le roi de France, les rois de Sardaigne, des Pays-Bas, de Suède, de Wurtemberg, de Saxe et de Danemark y ayant adhéré, et l'Angleterre refusant sous prétexte que ses mœurs parlementaires s'accommoderaient mal de cette alliance dont on ne déterminait pas la portée précise, la déclaration suivante eut force de loi.

« Au nom de la très sainte et indivisible Trinité,

« LL. MM. l'empereur d'Autriche, le roi de Prusse et l'empereur de Russie, par suite des grands événements qui ont signalé en Europe le cours des trois dernières années, et principalement des bienfaits qu'il a plu à la divine Provi-

(1) L'acte de la Sainte-Alliance, comme toutes les transactions de cette époque, est écrit en langue française, sans tirer à conséquence, porte un de ces traités. C'était la seule qui, par son universalité et par sa précision, pouvait être comprise de chacun. C'est à peu près tout ce qu'il y eut de français dans ces négociations. Les puissances faisaient des efforts inouïs pour se soustraire à notre influence, et elles la subissaient partout, même en abdiquant leur langue maternelle.

dence de répandre sur les états dont les gouvernements ont placé leur confiance en elle seule, ayant acquis la conviction intime qu'il est nécessaire d'asseoir la marche à adopter par les puissances, dans leurs rapports mutuels, sur les vérités sublimes que nous enseigne l'éternelle religion du Dieu sauveur.

« Déclarent solennellement que le présent acte n'a pour objet que de manifester à la face de l'univers leur détermination inébranlable de ne prendre pour règle de leur conduite, soit dans l'administration de leurs états respectifs, soit dans leurs relations politiques avec tout autre gouvernement, que les préceptes de cette religion sainte, préceptes de justice, de charité et de paix, qui, loin d'être uniquement applicables à la vie privée, doivent au contraire influer directement sur les résolutions des princes et guider toutes leurs démarches, comme étant le seul moyen de consolider les institutions humaines et de contribuer à leur perfectionnement.

« En conséquence, leurs majestés sont convenues des articles suivants :

« 1° Conformément aux paroles des Saintes Ecritures, qui ordonnent à tous les hommes de se regarder comme frères, les trois monarques contractants demeureront unis par les liens d'une fraternité véritable et indissoluble ; se considé-

rant comme compatriotes, ils se prêteront en
toute occasion et en tous lieux assistance, aide
et secours ; se regardant, envers leurs sujets et
armées, comme pères de famille, ils les dirige-
ront dans le même esprit de fraternité dont ils
sont animés pour protéger la religion, la paix
et la justice.

« 2° En conséquence, le seul principe en vigueur, soit entre lesdits gouvernements, soit
entre leurs sujets, sera celui de se rendre réci-
proquement service ; de se témoigner, par une
bienveillance inaltérable, l'affection mutuelle
dont ils doivent être animés ; de ne se considérer que comme membres d'une même nation
chrétienne, les trois princes alliés ne s'envisa-
geant eux-mêmes que comme délégués de la
Providence pour gouverner trois branches d'une
même famille, savoir, l'Autriche, la Prusse et la
Russie ; confessant ainsi que la nation chrétienne, dont eux et leurs peuples font partie,
n'a réellement d'autre souverain que celui à qui
seul appartient en propriété la puissance, parcequ'en lui seul se trouvent tous les trésors de l'a-
mour, de la science et de la sagesse infinie,
c'est à dire Dieu, notre divin Sauveur Jésus-
Christ, le Verbe du Très-Haut, la Parole de vie.
Leurs majestés recommandent en conséquence
avec la plus tendre sollicitude à leurs peuples,

comme unique moyen de jouir de cette paix qui
naît de la bonne conscience, et qui seule est du-
rable, de se fortifier chaque jour davantage dans
les principes et l'exercice des devoirs que le divin
Sauveur a enseignés aux hommes.

« 3° Toutes les puissances qui voudront solennellement avouer les principes sacrés qui ont
dicté le présent acte, et reconnaîtront combien
il est important au bonheur des nations, trop
longtemps agitées, que ces vérités exercent désormais sur les destinées humaines toute l'influence qui leur appartient, seront reçues avec
autant d'empressement que d'affection dans cette
sainte alliance.

« Fait triple et signé à Paris l'an de grâce
1815, le $\frac{14}{26}$ septembre.

« *Signé* François, Frédéric-Guillaume,
Alexandre. »

Ce langage, si en dehors des traditions diplomatiques, si peu intelligible dans ses mystiques
élans, était plutôt un sermon humanitaire qu'une
déclaration politique. La charité chrétienne pa-
raisssait être son principe et son but ; mais au nom
d'un pacte de justice et de fraternité on accablait
dans le même moment la France entière des char-

ges les plus humiliantes. La Sainte-Alliance
avait sans contredit pour idée mère l'intime
union de l'Europe contre le royaume de saint
Louis, devenu le quartier-général de la dé-
magogie. Ce n'était pourtant que le traité de
Chaumont si souvent fait et refait et à la fin
traduit en style religieux. Elle consacrait la so-
lidarité des rois et des peuples se levant contre
toute révolution, et lui opposant l'Europe, qui
prenait parti contre elle.

La Sainte-Alliance ne procéda point par un
égoïsme coupable ; elle ne proclama pas la non
intervention, ce triste *chacun chez soi, chacun
pour soi* des sociétés tombées entre les mains des
banquiers ou des avocats. L'inspiration qui l'a-
vait dictée était née au souffle d'une pensée monarchique. Elle faisait de la religion le point de
départ de tous les actes diplomatiques ; mais
pour qu'il y eût unité dans les vues il fallait
qu'il se trouvât unité dans les consciences : or
Alexandre de Russie professait le culte grec,
François d'Autriche le culte catholique et Guillaume de Prusse était protestant.

Cette divergence dans les croyances devait en
faire naître d'autres dans l'application. La Sainte-
Alliance ne constitua jamais un droit politique,
un droit avéré, mais par l'étrangeté de sa rédaction, par le nom même de Sainte-Alliance que lui

imposa madame Krudner, ce traité devait faire naître bien des suppositions et susciter de graves embarras.

Après tant de secousses il était urgent de rassurer le monde ébranlé et de comprimer les passions que tant de guerres acharnées, que tant de débordements avaient soulevées. Peut-être les princes signataires s'étaient-ils proposé ce but, mais pour l'atteindre avec succès ils ne devaient pas confondre dans une même exclusion la France révolutionnaire et la France monarchique. Les alliés ne supposaient pas aux royalistes de l'intérieur la puissance qu'ils avaient en réalité, puissance qui était incontestable dans les provinces ainsi qu'à Paris, dans la chambre de 1815 comme dans les administrations renouvelées, et que le roi seul prenait plaisir à nier.

Le roi n'aimait pas ses amis. Esprit défiant et craintif, il avait peur des traîneurs de sabre de l'empire, hommes qui n'ont eu que le facile courage du champ de bataille, et, qui dans la vie politique et civile, n'ont pas su même, par une honorable constance dans leurs affections, maintenir le respect dû à leur gloire militaire. Louis XVIII désirait avant tout rendre paisibles ses derniers jours et mourir sur un trône, si longtemps l'objet de ses convoitises. On lui disait qu'en se livrant sans réserve aux inspirations des

royalistes il ne serait bientôt plus le maître d'im-
primer sa direction aux affaires ; on lui répétait
qu'ils l'entraîneraient dans un système de réactions parlementaires dont les suites étaient incalculables ; on lui montrait le précipice que la
chambre de 1815, organe des volontés du pays,
aspirait à combler aussitôt après sa convocation,
qui du 24 septembre était ajournée au 7 octobre ;
on lui persuadait qu'il n'y avait de salut pour
la constitution dont il se croyait le père qu'en
se rattachant aux opinions modérées, nées de
l'expérience des vingt-cinq dernières années. Il
écoutait ces conseils, qui flattaient son amour-
propre et perdaient sa dynastie ; il se prêtait aux
combinaisons que ces conseils indiquaient, et
par ordre du roi on rejetait sur le second plan
le parti monarchique, le seul alors qui eût de la
popularité et de la vie.

En présence de tant de mauvais vouloir, ce
parti se raidissait dans ses obstinations. On était
exclusif contre lui ; il devint exclusif contre les
autres. On le menaçait dans son honneur, dans
ses souvenirs de gloire ou de martyre, dans ses
espérances de stabilité et de gouvernement. Il
menaça à son tour ; mais impuissant à révéler
sa force contre de royales antipathies, mais
accusé, calomnié par la bouche d'un Bourbon au tribunal de tous les souverains, il n'osa

pas sacrifier un roi au principe. Il craignit de
sauver par une salutaire leçon donnée à toutes
les royautés un trône qui, en croulant une troisième fois, devait entraîner la France dans un
abîme de maux.

Il était aussi difficile de ramener Louis XVIII
à des idées moins préjudiciables à la sécurité de
sa couronne que de lui faire concilier dans de
justes proportions son devoir et les vœux si
diamétralement opposés de ses sujets. Mais, au
dessus de cette question personnelle, les royalistes devaient comprendre que dans un pareil
conflit ils engageaient quelque chose de plus
sacré même que la volonté d'un prince. Après
avoir tant souffert, il leur restait à prouver
qu'eux seuls pouvaient rassurer les intérêts moraux et matériels du pays. Louis XVIII toujours
sur le trône, ils devaient marcher d'un pas ferme
et respectueux à l'accomplissement de leur mission providentielle, et, par une attitude inébranlable, le forcer enfin à reconnaître son erreur.

Les royalistes n'eurent que durant peu de mois
cette indépendance. Leurs chefs transigèrent
tantôt avec Louis XVIII, tantôt avec ses ministres ; ils espérèrent même qu'il serait possible aux
largesses de la couronne de conquérir de besoi-
gneuses fidélités, de mobiles convictions que

l'habitude du commandement et que la cupidité jetaient sur leur passage. Au risque de briser leur unité, ils acceptèrent avec reconnaissance de semblables offres de service, et lorsque les alliés se demandaient : « Où sont donc les hommes vraiment monarchiques de France? » Louis XVIII leur montrait ses favoris ou ses courtisans , puis il ajoutait : « J'ai bien encore mes amis les ultra ; mais avec ceux-là il n'y a rien de possible. »

Les souverains étrangers adoptèrent ce thème, que de perfides susceptibilités avaient imposé à la vanité constitutionnelle du roi. On en faisait un prince sans passion et cherchant à rallier autour de lui les têtes politiques qui avaient marqué dans tous les camps par une de ces timidités calculées que les uns taxent de lâcheté ambitieuse et les autres de sagesse. Louis XVIII affectait de ne pas croire à ce parti royaliste que venaient renforcer des généraux et des administrateurs de l'empire, hommes énergiques ou habiles ; il dédaignait d'avoir foi en lui. Les puissances coalisées le nièrent, mais pour donner une ombre de consistance à un prince qui, à peine de retour dans ses états, ne rencontrait d'appui que dans les ennemis de sa dynastie, ils jetèrent les bases de leur Sainte-Alliance.

Avec plus de confiance dans l'amour et dans

les lumières de tous ceux qui, à cette époque, se rangeaient franchement sous le drapeau blanc, et qui seuls étaient en position de régénérer le royaume, Louis XVIII aurait pu prévenir bien des malheurs. En restant dans son parti, — ce qu'un roi doit toujours faire, sauf à tenter des conquêtes morales chez ses adversaires par la justice ou par l'oubli des injures lorsque le repentir le sollicite, — il aurait infailliblement obtenu de meilleures conditions au traité et constitué un grand centre national. C'était offrir à l'Europe une garantie de tranquillité. Le roi recula devant ce devoir que sa naissance et le bonheur de son pays lui dictaient. Les alliés prirent leurs précautions en conséquence.

# CHAPITRE V.

Protocole secret du 2 octobre 1815. — Charges de toutes sortes imposées à la France. — Traité du 20 novembre. — Procès politiques. — Le colonel Labédoyère. — Les généraux
Travot, Lefèvre-Desnouettes, Bonnaire, Mouton-Duvernet,
— Les frères Faucher et Lavalette. — Le maréchal Ney. —
Règlement des créances. — L'Angleterre et les prisonniers
français. — Mackensie et Dudon. — Séquestre. — Créances
appartenant aux sujets des pays abandonnés par le roi. —
— Commission qui doit discuter la validité des titres.—Conventions pécuniaires. — Demandes exagérées des puissances. — Commission pour faire exécuter les dispositions du
traité de 1815. — Dudon, Colonia et Schiaffino. — Affaire de
la banque d'Hambourg. — Son origine. —Discussion qu'elle
soulève. — Note du baron Dudon au duc de Richelieu.

Les négociations que la retraite du prince de
Talleyrand avait suspendues furent reprises par
le duc de Richelieu au point où son prédécesseur venait de les abandonner. Le rigoureux
ultimatum du 16 septembre était toujours la
base sur laquelle se fondaient toutes les de-

mandes des alliés. La modération du nouveau
ministre n'était guère plus heureuse dans ses
résultats que l'astucieuse adresse de l'ancien.
L'empereur Alexandre avait une prépondérance
plus marquée dans les affaires; mais jamais il
n'en usa qu'à son corps défendant, ne voulant
pas, pour servir la France, rompre l'union des
souverains et de leurs ministres, que M. de Talleyrand s'était efforcé de compromettre.

On ne tint donc pas compte du sentiment
qui faisait descendre le duc de Richelieu jusqu'à
la prière. Le 2 octobre 1815, dans un protocole
secret, le baron de Weissemberg pour l'Autriche,
le prince Rasowmoffski et le comte Capo-d'Istria pour la Russie, lord Castlereagh et le duc
de Wellington pour l'Angleterre, le prince de
Hardenberg et le baron de Humboldt pour la
Prusse, le duc de Richelieu pour la France,
adoptèrent les bases qui allaient servir à la rédaction du second traité de Paris. Les voici :

« A la suite de plusieurs explications confi-
dentielles entre MM. les plénipotentiaires d'Autriche, de la Grande-Bretagne, de Prusse et de
Russie, d'un côté, et M. le duc de Richelieu,
nommé plénipotentiaire de S. M. le roi de
France, de l'autre côté, il a été convenu aujourd'hui que les rapports entre la France et

les puissances armées, pour maintenir et rétablir la paix générale, seront définitivement réglés sur les bases suivantes :

« 1° Les limites de la France telles qu'elles étaient en 1790, depuis la mer du Nord jusqu'à la Méditerranée, formeront la base de l'arrangement territorial, de sorte que les districts et territoires de la ci-devant Belgique, de l'Allemagne, de la Savoie, qui, par le traité de Paris de 1814, avaient été ajoutés à l'ancien territoire français, en resteront séparés.

« 2° En partant de ce principe, les limites de 1790 seront modifiées et rectifiées d'après les convenances et intérêts réciproques, tant sous les rapports administratifs, pour faire cesser les entraves et obtenir la rectification de territoire de côté et d'autre, que sous les rapports militaires pour fortifier quelques parties faibles des frontières des pays voisins.

« Conformément à cette base, la France cédera aux alliés les places de Landau, Sarrelouis, Philippeville et Marienbourg, avec les rayons et territoires spécifiés dans le projet de traité proposé le 20 septembre par les quatre cabinets réunis.

« Versoix, avec le territoire nécessaire pour mettre le canton de Genève en communication directe avec la Suisse, sera cédé à la confédération helvétique, et la ligne de douanes sera placée de la manière la plus convenable au système d'administration des deux pays.

« Les fortifications d'Huningue seront démolies. Le gouvernement français s'engage à ne pas les remplacer par d'autres à trois lieues de distance de Bâle.

« La France renoncera à ses droits sur la principauté de Monaco. De l'autre côté la possession d'Avignon, du Comtat-Venaissin, du comté de Montbelliard et de tout autre territoire enclavé dans les limites françaises, sera de nouveau assurée à la France.

« 3° La France paiera aux puissances alliées, à titre d'indemnité pour les frais de leurs derniers armements, la somme de sept cents millions de francs, et une convention particulière réglera le mode, les termes et les garanties de ce paiement.

« 4° Une ligne militaire basée sur les places fortes de Cambray, Valenciennes, Bouchain, Condé, le Quesnoy, Maubeuge, Landrécies, Avesnes, Rocroy, Givet, Mézières, Sédan, Montmédy, Thionville, Longwy, Bitche et la tête du pont de Fort-Louis, sera occupée par une armée de cent cinquante mille hommes que fourniront les puissances alliées. Cette armée, placée sous le commandement d'un chef choisi par ces puissances, sera complétement entretenue aux frais de la France; une convention particulière réglera tout ce qui regarde cet entretien de la manière la plus convenable aux besoins de l'occupation, et en même temps la moins onéreuse pour le pays.

« Le *maximum* du terme de cette occupation militaire sera fixé à cinq ans; cependant au bout de trois ans les souverains alliés, de concert avec S. M. le roi de France, après avoir mûrement examiné la situation et les intérêts réciproques, et les progrès que le rétablissement de l'ordre et de la tranquillité aura faits en France, se décideront, s'il y a lieu, à en raccourcir le terme.

« MM. les plénipotentiaires, après avoir définitivement adopté ces bases, se sont concertés sur la marche à suivre pour parvenir, dans le plus court délai possible, à un arrangement formel, et ont arrêté en conséquence :

« 1° Qu'un traité général sera rédigé sur les bases ci-dessus énoncées, en y ajoutant les articles qui, d'un commun accord, seront jugés nécessaires pour le compléter. Le gouvernement français désignera, de son côté, la personne qui doit se joindre à celles que les quatre cours ont chargées de la rédaction de ce traité.

« 2° Que la commission établie pour les affaires militaires procédera, conjointement avec le commissaire que le gouvernement français nommera à cet effet, à la rédaction d'un projet de convention, pour régler tout ce qui a rapport à l'occupation militaire et à l'entretien de l'armée chargée de cette occupation. La même commission déterminera aussi le mode et les termes de l'évacuation de toutes les parties du territoire français qui ne se trouveront pas comprises dans la ligne de l'occupation militaire.

« 3° Qu'une commission spéciale, nommée à cet effet par les parties contractantes, rédigera sans délai un projet de convention pour régler le mode, les termes et les garanties du paiement des sept cents millions stipulés par le traité général.

« 4° Que la commission, établie pour consigner et examiner les éclamations de plusieurs puissances relativement à la non-exécution de certains articles du traité de Paris, poursuivra son travail, sauf à en faire part le plus tôt possible à MM. les plénipotentiaires chargés de la négociation principale.

« 5° Qu'aussitôt que ces commissaires auront terminé leurs travaux, MM. les plénipotentiaires se réuniront pour en examiner les résultats, **pour arrêter l'arrangement définitif et pour si-**

gner le traité principal, ainsi que les différentes conventions particulières.

« Lecture faite de ce procès-verbal, MM. les plénipotentiaires l'ont approuvé et signé :

*Signé* RASOWMOFFSKI, CASTLEREAGH, RICHE-LIEU, WELLINGTON, WEISSEMBERG, CAPO-D'ISTRIA, HUMBOLDT, HAR-DENBERG. »

D'après l'acceptation d'un tel protocole, M. de Richelieu n'avait plus qu'à régler les conventions d'exécution. Les charges pécuniaires, qui en découlaient, étaient accablantes. En dehors des sept cents millions de contribution de guerre, chaque état se présentait, faisant valoir, au nom de ses indigènes, des pertes incalculables éprou-vées à la suite des occupations françaises. On faisait remonter ces pertes à l'année 1792, et elles s'élevaient au chiffre énorme de sept cent trente-cinq millions cinq cent mille francs.

Indépendamment des services ordinaires, cette fatale année de 1815 imposait à la nation plus de deux milliards de charges extraordi-naires; néanmoins ces engagements n'étaient pas tous obligatoires de suite. Les alliés avaient senti que le gouvernement français, obéré déjà par les six cents millions et plus que Bonaparte

dépensa depuis le 20 mars jusqu'à la bataille
de Waterloo, était dans l'impossibilité de satisfaire immédiatement à toutes leurs prétentions.
Il avait été décidé que l'impôt de guerre de sept
cents millions serait acquitté jour par jour, par
portions égales et dans le délai de cinq années.

Avec des conditions de paix aussi onéreuses il
y avait peut-être encore un spectacle plus déplorable pour l'orgueil national. En France les
questions d'argent passent toujours après la
question d'honneur : cette dernière était peut-
être plus gravement compromise que les autres.
L'on désirait affaiblir la nation ou du moins
donner à cette humeur belliqueuse, dont tant
de désastres successifs ne la corrigeaient pas,
une leçon qui porterait ses fruits.

En présence des événements, lorsque plus
d'une place du Nord ouvrait inutilement la tranchée sous le canon des armées alliées, maîtresses
du pays; lorsque ces résistances désespérées et
évidemment inutiles ne pouvaient que faire cou-
ler le sang et irriter les coalisés sans apporter le
plus léger changement à la position de la France;
lorsque dans un certain nombre de villes de
guerre les commandants s'opposaient par obstination ou par un patriotisme coupable à l'élan qui
précipitait les populations vers le roi, l'Europe
devait-elle croire à la durée d'une paix que tant

d'obstacles menaçaient? Ces luttes et l'exaspé-
ration qui les produisaient étaient sans but,
sans espérance même. Elles ne servaient qu'à
confirmer les puissances dans les excessives mesures de sûreté que les peuples eux-mêmes im-
ploraient contre la *furia francesce*, et M. ue
Richelieu, avec toutes ses concessions, ne put
se soustraire aux traités que les alliés le contraignaient à signer.

L'armée de la Loire était à peu près licenciée.
On avait brisé l'unité de l'armée vendéenne. La
royauté se trouvait donc sans forces organisées
en face de onze cent trente-cinq mille étrangers dont les réserves russes et autrichiennes,
s'ébranlant sur la rive du Rhin, menaçaient de
venir augmenter le nombre.

Après le camp de Vertus, en Champagne, les
alliés, li est vrai, avaient bien commencé l'é-
vacuation du territoire, et les cent cinquante mille
hommes d'occupation s'étaient concentrés dans
les cantonnements du Nord qui leur étaient assignés. Ce fut le 22 octobre 1815 que l'on prit
cette détermination. Le duc de Richelieu chargea des détails de l'évacuation le général de
Caux, qui se concerta pour cet objet avec le
général Grollmann, désigné par le prince Blücher et par le duc de Wellington. Mais cette retraite des troupes, qui ne s'éloignaient qu'à pe-

13

tites journées, ne paraissait pas au président du
conseil un acheminement à un traité digne de
la France et des souverains alliés. M. de Richelieu avait espéré de meilleures conditions ;
on les lui faisait impitoyables. Devant les dou-
loureuses impatiences de Louis XVIII que tant
de calamités effrayaient, il n'osa plus refuser sa signature à un acte qui de jour en jour
pouvait, selon lui, devenir plus funeste. Le 20 novembre 1815 le traité fut conclu d'après les bases
arrêtées le 2 octobre, et M. de Richelieu écrivit
cette noble lettre que le 19 novembre, par une
singulière préoccupation d'ancien gouverneur
d'Odessa, il post-datait du 11 du même mois,
suivant en cela même à Paris le calendrier russe.

« Ce 11 novembre.

« Tout est consommé ; j'ai apposé hier, plus
mort que vif, mon nom à ce fatal traité. J'avais
juré de ne pas le faire, et je l'avais dit au roi ;
ce malheureux prince m'a conjuré, en fondant
en larmes, de ne pas l'abandonner, et de ce moment je n'ai pas hésité. J'ai la confiance de croire
que sur ce point personne n'aurait mieux fait
que moi ; et la France, expirante sous le poids
qui l'accable, réclamait impérieusement une
prompte délivrance ; elle commencera dès de-

main, au moins à ce qu'on m'assure, et s'opé-
rera successivement et promptement.

« RICHELIEU. »

Peu de jours auparavant, par un protocole
secret du 6 novembre, les puissances s'étaient
partagé entre elles les sept cents millions que la
France devait acquitter jour par jour, par portions égales et dans le délai de cinq années, à
partir du 1ᵉʳ décembre 1815 jusqu'au 30 novembre 1820.

En 1817, le trésor éprouva des embarras mo-
mentanés. Il demanda de retarder les paiements qui s'étaient effectués jusqu'alors avec
régularité. Les alliés consentirent au retard,
mais cette complaisance ne fut point gra-
tuite. Dans un rapport présenté au roi de
Prusse le 28 février 1821, par M. Paris, son
conseiller d'état, délégué comme administra-
teur de la caisse générale de la commission des
cours d'Autriche, de Prusse, de Russie et de la
Grande-Bretagne, on lit que la France a été
forcée de payer pour intérêts de prolongation
des termes journaliers du 1ᵉʳ juin au 30 novembre 1817 une somme de six cent soixante-
dix-sept mille francs.

Les puissances avaient déterminé que le quart

des sept cents millions serait employé à la construction de forteresses sur les pays limitrophes. La Prusse reçut à cet effet vingt millions ; les Pays-Bas soixante ; la Sardaigne dix ; les provinces voisines du Rhin quinze ; l'Espagne sept et demi. Cinq millions furent destinés à achever les ouvrages de la ville de Mayence. On en consacra vingt à la construction d'une nouvelle citadelle fédérale sur le Haut-Rhin ; et en même temps on détermina que la forteresse de Sarrelouis était comprise dans cette évaluation pour cinquante et un millions.

Sur les cinq cent soixante-deux millions qui restaient, on en distribua douze et demi entre l'Espagne qui en toucha cinq, le Portugal deux, le Danemark deux et demi et la Suisse trois. La Suède se vit exclure de ce partage, et le protocole du 6 novembre en donne les motifs.

« La Suède, dit ce protocole, ayant été dispensée dès le commencement des opérations de coopérer d'une manière active, vu la difficulté de faire passer la Baltique à ses troupes, ne sera pas comprise dans la répartition des sommes. »

Vingt-cinq millions furent attribués à l'armée du duc de Wellington et autant à celle de Blücher.

Les hautes puissances prélevèrent chacune
cent millions. Il en restait encore cent autres : ils furent destinés aux états du second
ordre dont les troupes faisaient partie de l'armée d'invasion. Cependant, avant de publier le
tableau de cette répartition de l'impôt de guerre,
il faut dire que les rois de Sardaigne et des Pays-
Bas n'y sont portés que pour mémoire. L'Autriche et la Prusse se partagèrent les millions qui
leur revenaient, sous prétexte que le Piémont
était indemnisé par le recouvrement d'une portion de la Savoie, et la maison de Nassau par
l'adjonction à son territoire des places de Marienbourg et de Philippeville. Sur les cent millions à répartir entre les puissances du second
ordre :

| | |
|---|---|
| La Bavière reçut | 25,517,798 fr. |
| Les Pays-Bas | 21,264,832 |
| Le Wurtemberg | 8,505,932 |
| La Sardaigne | 6,379,449 |
| Bade | 6,804,745 |
| Hanovre | 4,252,966 |
| La Saxe | 6,804,746 |
| Hesse-Darmstadt | 3,402,373 |
| Hesse-Cassel | 5,103,559 |
| Mecklembourg-Schwerin | 1,616,127 |
| Saxe-Gotha | 935,652 |
| Saxe-Weimar | 680,474 |

| | |
|---|---|
| Nassau | 1,275,889 |
| Hambourg, Lubeck et Brême | 1,275,889 |
| Francfort | 318,974 |
| Hohenzollern–Hechingen | 82,507 |
| Hohenzollern–Siegmaringen | 164,164 |
| Lichtenstein | 42,529 |
| Saxe-Meinungen | 255,177 |
| Saxe-Cobourg | 340,237 |
| Saxe-Hildbourghausen | 170,114 |
| Anhalt | 680,474 |
| Schwarzburg | 552,885 |
| Reuss | 382,766 |
| Lippe | 552,885 |
| Waldeck | 340,237 |
| Oldenbourg | 680,474 |

Cette répartition dont le chiffre est exact, sauf les fractions de centimes, fut suivie d'une mesure qui frappait bien plus vivement au cœur la France que le partage même de sa fortune. Le duc de Wellington fut nommé commandant des forces coalisées qui devaient occuper le territoire. Une dépêche des ministres des quatre cours, à la date du 20 novembre 1815, investit le général anglais de leurs pleins pouvoirs : la dépêche est conçue dans les termes suivants :

« Les souverains alliés, nos augustes maîtres, ayant résolu de confier à votre excellence le

commandement en chef de leurs armées destinées à rester en France, nous ont ordonné de
transmettre à votre excellence les copies certifiées
des différents traités et conventions signés tant
entre eux-mêmes qu'avec Sa Majesté Très Chrétienne, afin que votre excellence ait une idée
claire et précise de l'ensemble des arrangements
qui ont été arrêtés à Paris pour la sûreté de l'Europe.

« Pour que la plus parfaite union continue à
régner dans les mesures des cabinets respectifs,
particulièrement dans tout ce qui regarde le
système politique à observer vis-à-vis de la
France, leurs majestés impériales et royales ont
chargé leurs ministres à la cour des Tuileries de
conduire conjointement la correspondance entre
le gouvernement français et votre excellence,
comme commandant en chef des troupes alliées.

« Il n'échappera pas à votre excellence que
nos augustes souverains, en plaçant un corps
de leurs troupes en France, ont eu principalement en vue deux objets :

« 1° D'assurer l'exécution complète et effec-
tive des arrangements européens, tels qu'ils
étaient établis par les traités ;

« 2° De protéger l'Europe non seulement
contre une attaque directe de la part de la

France, mais aussi contre le danger non moins redoutable d'être troublés et forcés de nouveau à recourir aux armes, par les convulsions révolutionnaires dont ce pays ne paraît encore que trop menacé.

« Quoique les souverains alliés considèrent le maintien du repos et des intérêts de leurs propres sujets comme le fondement de leur politique, ils attachent cependant la plus grande importance à la conservation du souverain légitime et de l'ordre des choses actuellement établi en France, non seulement par le respect que leur inspirent les vertus personnelles du roi, mais encore parcequ'ils regardent cet ordre des choses comme le meilleur moyen d'assurer la tranquillité de l'Europe.

« Par conséquent, jusqu'à l'époque où les troupes du roi de France seront suffisamment organisées, votre excellence voudra bien, de concert avec le gouvernement français, distribuer les forces qu'elle commande, de manière à assurer à la capitale et à la famille royale la protection nécessaire, et ne retirer ces troupes dans la ligne de démarcation, que lorsque Sa Majesté Très Chrétienne croira ne plus avoir besoin de leur présence.

« Nos augustes souverains, tout en répugnant à l'emploi de leurs troupes pour le maintien de la police et de l'administration intérieure du pays, ont cependant, en considération de l'intérêt majeur qui les porte à affermir le souverain légitime sur le trône de France, formellement promis au roi de le soutenir par leurs armes contre toute convulsion révolutionnaire.

« Les souverains ne se dissimulant pas que, dans cette variété de formes sous lesquelles l'esprit révolutionnaire pourrait se manifester en France, il peut y avoir des doutes sur la nature du cas qui exigerait l'intervention de la force étrangère, sentent la difficulté d'une instruction applicable à chaque cas particulier, et pour donner à votre excellence une nouvelle preuve de leur confiance, leurs majestés s'en remettent entièrement à votre discrétion pour juger quand et comment il sera convenable de faire agir les troupes sous vos ordres, en supposant que vous les instruirez toujours des motifs qui vous auraient fait prendre telle ou telle mesure. Mais comme, pour guider votre excellence dans le choix des mesures, il sera essentiellement important qu'elle connaisse avec exactitude, non seulement les événements qui se passeront en France, mais aussi le point de vue sous lequel ces événements sont envisagés par les agents diplomatiques des souverains respectifs à la cour de France, ces ministres recevront

l'ordre exprès de joindre à chaque réquisition
relative à des secours à prêter, que le gouvernement français adressera à votre excellence par
leur organe, l'exposé complet de leurs opinions,
soit pour, soit contre l'objet de la réquisition.

« Pour entretenir des communications vives
avec votre excellence pendant son absence de
Paris, les ministres recevront ordre de lui adresser, pour le moins une fois par semaine, une
dépêche concertée entre eux. Votre excellence
pourra compter sur leur exactitude à transmettre toute communication qu'elle jugerait à
propos d'adresser au gouvernement français par
leur intervention commune.

« *Signé* METTERNICH, WEISSENBERG, CASTLE-
REAGH, CAPO-D'ISTRIA, HARDENBERG,
HUMBOLDT. »

Ce n'était pas assez de porter un coup funeste
à la fortune de la France, les ministres des
quatre cours signèrent en dehors des plénipotentiaires de Louis XVIII un traité d'alliance
qui renouvelait ceux de Chaumont et de Vienne.
Seulement ils en donnèrent communication au
ministère Richelieu. C'était d'un côté la glorification de la charte constitutionnelle qui, dans
son essence même, renfermait de nouveaux fer-

ments de révolution, et de l'autre la pensée bien
arrêtée d'opposer les forces de l'Europe aux
mouvements révolutionnaires. Les alliés ne comprirent pas la fausse position qu'ils acceptaient.
S'ils la comprirent, ils voulurent laisser à la
France un cancer moral qui tôt ou tard devait
la dévorer à leur profit : ce fut dans tous les cas
une faute impardonnable. Ils di-aient dans cette
note, qui porte la même date que le traité du
20 novembre 1815 :

« Les soussignés, ministres des cabinets réunis, ont l'honneur de communiquer à son excellence le duc de Richelieu le nouveau traité
d'alliance qu'ils viennent de signer au nom et
par ordre de leurs augustes souverains, traité
dont l'objet a été de donner aux principes consacrés par les traités de Chaumont et de Vienne
l'application la plus analogue aux circonstances,
et lier les destinées de la France à l'intérêt commun de l'Europe.

» Les cabinets alliés trouvent leur première
garantie dans les principes éclairés, les sentiments magnanimes et les vertus personnelles de
Sa Majesté Très Chrétienne. Sa Majesté a reconnu avec eux que, dans un état déchiré pendant un quart de siècle par des convulsions
révolutionnaires, ce n'est pas à la force seule à

remener le calme dans les esprits, la confiance
dans les âmes, l'équilibre dans le corps social;
que la sagesse doit se joindre à la vigueur, la
modération à la fermeté, pour opérer ces changements heureux. Loin de craindre que Sa Majesté Très Chrétienne prêtât jamais l'oreille à des
conseils imprudents ou passionnés tendant à
renouveler les alarmes, à ranimer les haines et
les divisions, les cabinets alliés sont complète-
ment rassurés par les dispositions aussi sages
que généreuses que le roi a annoncées dans
toutes les époques de son règne, et notamment
à celle de son retour depuis le dernier attentat
criminel. Ils savent que Sa Majesté opposera à
tous les ennemis du bien public et de·la tranquillité de son royaume, sous quelque forme
qu'ils puissent se présenter, son attachement
aux lois constitutionnelles promulguées sous ses
auspices, sa volonté bien prononcée d'être le
père de tous ses sujets, sans distinction de classe
ni de religion, d'effacer jusqu'au souvenir des
maux qu'ils ont soufferts, et de ne conserver
des temps passés que le bien que la Providence
a fait sortir du sein même des calamités publiques. Ce n'est qu'ainsi que les vœux formés par
les cabinets alliés pour la conservation de l'autorité constitutionnelle de Sa Majesté Très Chrétienne, pour le bonheur de son pays et pour le

maintien de la paix du monde, seront couron-
nés d'un succès complet, et que la France, rétablie sur ses anciennes bases, reprendra la place
éminente à laquelle elle est appelée dans le système européen. »

D'après cette note, dont il faut, comme toujours en diplomatie, aller deviner la pensée sous
l'enveloppe de mots sonores destinés à mettre
l'intelligence en défaut, les princes de Metternich et d'Hardenberg, le comte Capo-d'Istria
et lord Castlereagh ses signataires, se réservent
bien évidemment un droit de conseil, un droit
de tutelle sur les affaires intérieures de la France.
C'était trop faire sentir au gouvernement du roi
la dépendance à laquelle on l'assujettissait et
offrir un aliment toujours actif aux déclamations de l'esprit de parti sans cesse à l'affût de
tout ce qui peut égarer l'opinion publique par
un excès de patriotisme. Le roi et son ministère
ne se montrèrent pas offensés de l'ostracisme
dont des souverains étrangers frappaient les
royalistes. La note officielle exaltait la charte
de 1814; la note entrait presque dans ce système
de bascule si cher à Louis XVIII, à M. Decases
et à tous ceux qui n'ont pas assez d'énergie pour
faire triompher leurs convictions ou assez de

conscience pour se retirer des affaires. Elle fut acceptée avec reconnaissance.

Nous avons dit les charges pécuniaires que le traité de 1815 faisait peser sur le royaume : il faut maintenant énumérer les partages de territoire qui s'opérèrent sans nous et contre nous.

En 1815 il n'y avait pas de neutres comme dans toutes les guerres passées, par conséquent point d'empire qui pût se porter médiateur. Aucun état de l'Europe n'était resté en dehors du débat; tous y avaient pris part contre la France. Leur intervention que personne n'avait intérêt à modérer n'était donc que l'abus de la fortune. Les alliés se sentaient victorieux; ils voyaient le royaume d'Henri IV et de Louis XIV abattu; ils s'efforcèrent de l'affaiblir à tout jamais et d'accroître leur territoire selon leurs convenances.

Par un acte diplomatique du 5 novembre 1815 l'Angleterre se fit donner le protectorat des îles ioniennes, de Corfou, de Céphalonie, de Saint-Maur, de Zante, de Paros, d'Ithaque et de Cérigo qui, avec Malte et Gibraltar, assuraient sa prépondérance dans la Méditerranée. Elle agrandit le Hanovre, et ramassa dans l'Océan toutes les îles qu'elle put ajouter aux anciennes possessions hollandaises dont elle conservait la propriété.

L'Autriche étendit sa domination sur la Lombardie et sur les états vénitiens dont elle formait un royaume. La Russie s'empara de la Pologne, et on laissa aux états limitrophes de la France le soin de lui disputer ses frontières.

Le 13 novembre un protocole régla les dispositions relatives aux territoires enlevés. La Prusse reçut les cantons détachés des départements de la Moselle et de la Sarre; la forteresse de Sarrelouis y fut comprise. L'Autriche acquit les cantons qu'on nous arrachait dans le Bas-Rhin ainsi que la ville de Landau; et le Piémont reprit le département du Montblanc que la convention de 1814 avait déclaré français.

Ce fut le 20 novembre que l'on ratifia un traité à jamais douloureux. Ce jour-là même le comte Lavalette comparaissait devant le jury de la Seine sous le poids d'une accusation capitale. Le lendemain, 21 novembre, par une déplorable coïncidence, la Cour des Pairs commençait le jugement du maréchal Ney. La condamnation du directeur général des postes impériales et celle du prince de la Moskowa étaient des actes conformes à toutes les lois humaines, et il faudrait être aussi débonnairement aveugles que les chefs du parti royaliste sous la Restauration et depuis la révolution de Juillet

pour reculer encore devant la responsabilité d'é-
vénements rigoureux mais nécessaires.

Nous allons en toute franchise expliquer notre
pensée.

En 1793, ainsi qu'aujourd'hui, il s'est partout
rencontré une faction puissante par la calomnie, encore plus puissante par l'influence qu'elle
a exercée sur les masses. Cette faction avait intérêt à peindre sous des couleurs patriotiques
les assassins de la Convention qui avaient cru
juger Louis XVI, et qui, sans preuves, sans accusation, sans mandat même, traduisaient un
roi à leur barre, et le faisaient périr par la seule
raison qu'il fallait intimider la France et jeter
un terrible défi à l'Europe.

Ces conventionnels, qui ont fait des choses
extraordinaires, comme en feront du reste tous
les hommes qui oseront se mettre au dessus des
lois et braver d'un seul coup la morale, les principes de liberté et d'humanité, ces conventionnels trouvèrent, ils trouvent encore de fervents
apologistes en faveur de nous ne savons quelle
nécessité de salut commun et de bien public.
Les uns votèrent la mort du roi, les autres, en
plus grand nombre, abandonnèrent à la crainte le
droit d'imposer silence à leur conscience.
Louis XVI était innocent. Coupable même, il
était inviolable par le fait même de la constitu-

tion adoptée. Cependant il mourut sur l'échafaud ; ses bourreaux ont été élevés aux honneurs
des grands citoyens. On prodigue encore à l'assemblée conventionnelle cette honteuse glorification.

Elle avait choisi dans son sein douze hommes
qu'elle investissait de tous ses pouvoirs usurpés,
et chaque jour elle assistait, impassible, à la
boucherie que son Comité de Salut Public dé-
crétait. La vertu, la gloire, le courage, la science,
la piété, le patriotisme, enfin toutes les splen-
deurs qui honorent un pays s'asseyaient sur la
sellette de ses tribunaux révolutionnaires. De là
à la mort il n'y avait qu'un pas. Malesherbes et
madame Elisabeth, Lavoisier et André Chénier,
Houchard et Custine, Barnave et Charlotte Cor-
day, l'archevêque d'Arles et les plus saints prêtres de France, la noblesse et la bourgeoisie, le
peuple et les grands artistes, tout cela passait
sur le fatal niveau de la Convention, qui se dé-
cimait elle-même. La Convention pourtant a
été réhabilitée par les historiens du libéralisme.
Ces mêmes écrivains ont eu besoin, pour sé-
duire les multitudes, de s'abriter derrière le
nom de Bonaparte, qu'après sa mort ils élevaient au rang des apôtres de la liberté. Bonaparte avait assassiné le duc d'Enghien ; il l'a-
vait assassiné sans jugement, sans forme de

14

procès, sans apparence de soupçon ou de culpa-
bilité. Les poèt s et les publicistes eurent des
éloges immodérés pour le bourreau; ils se tu-
rent sur la victime.

Un jour, un seul jour, à cette époque néfaste
de 1815, la Restauration sévit contre des trahisons avouées par leurs auteurs eux-mêmes. Ces
trahisons couvraient de ruines et de deuil la
France entière; ce n'est pas à ces trahisons que
s'en prend la révolution, ce n'est pas elles qu'elle
accuse. Ce sont les juges qui prononcèrent
dans la sincérité de leur conscience; c'est le
gouvernement qui fit exécuter la sentence. Ce
gouvernement n'avait été sévère que par accident; il n'avait puni de mort que ceux qui n'a-
vaient pas voulu user de toutes les ressources
mises à leur disposition pour se dérober par la
fuite à une justice qui leur offrait de l'argent et
des passeports. La révolution n'accusa pas les
traîtres ou les conspirateurs, elle les grandit outre mesure; mais elle réserva ses colères pour
flétrir ceux qui avaient rempli leur devoir.

C'est sous l'impression de ce sentiment que
nous allons retracer d'abord les divers jugements qui précédèrent et suivirent ceux de Lavalette et du maréchal Ney. Ce dernier seul
rentre, par les arguties que la défense fit valoir,
— arguties indignes d'une pareille cause, —

dans l'*Histoire des Traités de* 1815. Les autres
serviront à l'expliquer.

Le premier des conspirateurs du 20 mars qui
parut en justice fut le colonel Labédoyère. C'é-
tait un jeune homme d'un caractère impétueux
et qui, royaliste par tous ses souvenirs et ses alliances de famille, s'était pris à douter de la stabilité des Bourbons, en comparant leur faiblesse
à l'énergie de l'empereur. Quand Napoléon était
aux portes de Grenoble, où le 7ᵉ de ligne tenait
garnison, le comte de Labédoyère, à la tête de
ce régiment qu'il commandait, décida le mouvement en faveur de l'usurpation. Il combattit
à Waterloo. Après la défaite, il se présenta à la
Chambre des pairs pour essayer de donner un
peu de vie à ce corps politique, acceptant de
toute main, de la force ainsi que de la ruse,
l'ordre de choses qui triomphait. On discutait
au Luxembourg, dans la séance permanente du
22 juin 1815, l'abdication de l'empereur et la
reconnaissance de Napoléon II, proposée par
Lucien Bonaparte.

Le colonel Labédoyère s'élança à la tribune,
et, au milieu de ces hésitations caduques et de
ces dévouements à la fortune, il eut seul le courage de son crime politique. «J'ai vu, s'écriait-il,
j'ai vu autour du trône du souverain heureux les
hommes qui s'en éloignent aujourd'hui parce-

qu'il est dans le malheur. Ils sont prêts à recevoir la loi de l'étranger, à qui ils donnent le nom d'allié. Mais s'ils rejettent Napoléon II, l'empereur doit recourir à son épée et à ces braves qui crient encore : *Vive l'empereur !* Eh quoi ! nous forçons à l'abdication celui que nous avons juré de défendre, et nous ne respecterions pas sa dernière volonté ! Napoléon serait impunément abandonné par de vils généraux qui l'ont déjà trahi ? Ah ! plutôt que tout Français déserteur de son drapeau soit couvert d'infamie, que sa maison soit rasée, sa famille proscrite ! Alors plus de traîtres, plus de ces manœuvres qui ont occasionné les dernières catastrophes et dont peut-être les auteurs siégent ici. »

En faisant retentir ce dernier appel d'une cause perdue, Labédoyère avait porté un regard accusateur sur le maréchal Ney, qui bientôt allait se voir emporté comme lui dans la même tempête. Ces paroles si passionnées firent bondir sur leurs fauteuils tous les assistants.

« Vous vous oubliez, jeune homme, s'écria le maréchal Masséna, qui, dans ce véhément tableau de la trahison pouvait trouver une juste appréciation de la conduite militaire tenue par lui dans le midi lorsqu'avant les Cent-Jours il y commandait au nom du roi.

« Vous croyez-vous dans un corps-de-garde ?

ajouta M. de Lameth. — Écoutez-moi, reprenait le colonel, dont l'indignation n'avait plus
de bornes ; écoutez-moi. Il est donc décidé qu'on
n'entendra jamais dans cette enceinte que des
voix basses. »

Encore interrompu, il répéta avec une nouvelle fougue : « Oui, depuis dix ans, il ne s'est
fait entendre ici que des voix serviles. »

Le comte de Labédoyère avait raison ; mais
les événements étaient plus forts que sa loyale
témérité. Le 24 juillet il fut renvoyé devant les
tribunaux compétents. C'était lui qui avait donné
aux troupes le signal de la défection. Après la
retour du roi à Paris des passeports cependant
lui furent adressés. Le ministère mit vingt-cinq
mille francs à sa disposition pour gagner la frontière ; mais avant de s'exiler le colonel Labédoyère voulut revoir encore une fois sa femme et
sa jeune famille. Il partit de Clermont pour Paris, fut arrêté dans cette dernière ville et traduit devant un conseil de guerre formé par le
maréchal Gouvion Saint-Cyr. Condamné à mort,
il périt le 20 août 1815.

Ce fut la seule exécution qui eut lieu sous le
ministère Talleyrand. Les jugements auxquels
l'esprit de parti attacha un si déplorable retentissement sont le fait du ministère Richelieu et
Decazes.

Le comte Lavalette comparut devant la cour
d'assises de Paris, le 20 novembre 1815. Condamné à mort, il dut son salut au dévouement
conjugal de madame de Lavalette.

Le général Travot avait mis son épée au service de la monarchie légitime ; il était venu à
Angers le 15 mars 1815 offrir son expérience et
son courage au duc de Bourbon. Peu de jours
après il commandait les troupes de Napoléon
contre les Vendéens. Ces actes étaient patents.
Il passa devant le conseil de guerre de la 13e division militaire séant à Rennes. Le 20 mars 1816
il fut condamné à mort, mais le roi commua sa
peine.

Le 11 mai de la même année, un conseil de
guerre extraordinaire s'assemblait à Paris. Les
lieutenants-généraux Vallée, Haxo et Charbon-
nel en faisaient partie. Ce conseil frappait de la
peine capitale le général Lefèvre-Desnouettes,
contumax.

Le 9 juin 1816, le général Bonnaire et son aide-
de camp le lieutenant Mietton, comparaissaient
devant un autre tribunal militaire à Paris, accusés d'avoir donné des ordres pour faire mas-
sacrer le colonel Gordon. Cet officier supérieur
se présentait en parlementaire. Le 7 juillet 1815
il venait, au nom du roi Louis XVIII, som-
mer le général Bonnaire de reconnaître le gou-

vernement des Bourbons dans la place de
Condé, où commandait ce dernier. Le colonel Gordon, dont la mission ne paraissait
pas aux yeux du général avoir tous les caractères d'authenticité désirables, fut recon-
duit hors des lignes et massacré par les soldats qui lui servaient d'escorte. Le général
publia un ordre du jour où il semble assumer
sur lui la responsabilité du crime. On y lit :
« Un de ces traîtres ennemis de la patrie, déserteur de l'armée française, ayant été arrêté
aux avant-postes comme traître, espion et em-
baucheur, vient de subir le traitement qu'il avait
mérité. »

Mietton fut condamné à mort et son général
à la dégradation et à la déportation. Le 29 juin
cette double sentence fut exécutée. On fusilla
Mietton dans la pleine de Grenelle, on dégrada
le général sur la place Vendôme.

A Lyon un autre conseil de guerre condamnait, le 23 août 1816, le général Mouton-Duvernet, qui était fusillé le 26.

A Bordeaux, le 22 septembre 1816, les frères
Faucher, les jumeaux de La Réole, étaient tra-
duits devant un conseil de guerre. Après le débarquement de Bonaparte à Cannes, ils s'étaient
offerts au duc de Berri pour lui servir d'aides-de
camp. Ensuite, prenant parti pour l'empereur,

ils avaient tenu la campagne longtemps après la cessation des hostilités et fait feu sur les troupes royales. Le 27 septembre 1816 ils périrent tous deux.

Ces jugements, ces exécutions venus trop tard pour avoir l'excuse de la nécessité et qui alors étaient au moins inutiles, sont effacés par la mort du maréchal Ney. Le prince de la Moskowa, ainsi que tous les généraux de l'empire, avait salué avec joie la restauration. Il avait même à Fontainebleau hâté par ses conseils, d'autres diraient par ses menaces, l'abdication de Bonaparte. Adopté par le gouvernement royal, il s'était vu l'objet d'innombrables faveurs, et quand on lui annonça que Napoléon venait tenter une invasion sur le territoire français, le maréchal Ney se rendit aux Tuileries ; il se mit à la disposition de Louis XVIII. Devant plusieurs témoins il porta à ses lèvres la main de ce vieillard qui confiait son armée à la loyauté du brave des braves, et, dans un transport dont la reconnaissance n'excusera jamais la cruauté, Ney s'écria : « Sire, je vous amenerai Bonaparte dans une cage de fer. »

Ce dévouement de la veille, suivi par une subite défection du lendemain, défection qui donna l'exemple au corps d'armée dont le maréchal avait le commandement dans son gouvernement de la Franche-Comté, parut en 1815 et paraîtra toujours inexplicable. Nous ne croyons pas à la trahison préméditée du prince de la Moskowa. Ce n'était point un homme de conspiration, mais d'entraînement.

Sans portée politique dans l'esprit, sans intelligence des affaires ou des hommes, le maréchal n'était beau que le sabre à la main. La république avait enfanté des généraux. Napoléon ne voulait que de brillants officiers. Murat, Ney et Junot formaient le type le plus parfait de cette école militaire dont ne pouvait jamais sortir un rival pour l'empereur.

Le changement d'opinions du maréchal fut l'œuvre d'une impression soudaine. Il oublia ses serments, se livra à Napoléon, et ne sut pas mourir à Waterloo.

Quand Louis XVIII fut réinstallé aux Tuileries, la cour et le peuple désignèrent aux coups de la justice le maréchal Ney que rien ne pouvait sauver, rien que la clémence royale. Il avait compris sa position. Fouché lui-même l'avait engagé à mettre sa vie à l'abri des premières colères, et le 6 juillet le maréchal sortait de Paris sous un déguisement et avec des passeports que lui avait donnés le duc d'Otrante, président du gouvernement provisoire. Les généraux et les ambassadeurs étrangers, le comte

de Bubna entre autres, apposèrent leurs visas à
ces faux passeports. Ney allait toucher la frontière lorsqu'il fut frappé par l'idée qu'une condamnation infamante pouvait peser sur son
nom et sur sa famille. Il rentra dans l'intérieur,
et, sans s'inquiéter des suites de sa témérité, il
parcourut le Cantal, ne songeant même pas à
prendre les précautions les plus ordinaires pour
se cacher.

M. Locard, préfet de ce département, le rencontra et le fit prisonnier dans une auberge le
2 août.

Il fallait le juger, c'est à dire le condamner, car
sa trahison était aussi flagrante que l'exaspéra-
tion qu'elle excitait contre lui. Un conseil de
guerre composé de ses anciens frères d'armes,
des maréchaux Jourdan, Masséna, Augereau et
Mortier, des lieutenants-généraux Gazan, Cla-
parède et Villate lui fut donné. Il comparut le
9 novembre.

Le maréchal avait choisi pour défenseurs
MM. Dupin et Berryer. Sans vouloir sortir de la
sphère de leurs procédures ordinaires, et s'atta-
chant plutôt aux chicanes préjudicielles qu'à la
pensée que les maréchaux ne condamneraient
pas à mort, ces avocats firent de l'érudition de
barreau. Ils plaidèrent l'incompétence du conseil sous prétexte que Ney était pair de France.

Le conseil accepta ce moyen, et le prince de la Moskowa fut renvoyé devant la cour des pairs.

Le 21 novembre ce grand procès commença.

Nous n'avons point à entrer ici dans le détail de toutes les questions que souleva le procureur général M. Bellart. Ce n'est pas le lieu d'examiner avec quelles arguties de palais les avocats du maréchal Ney compromirent la dignité de leur client. Comme si toutes les hontes devaient signaler cette époque, M. Dupin aîné eut le triste courage, en face même de l'illustre accusé, de proposer à la cour des pairs un moyen exceptionnel ; il avança que le prince de la Moskowa n'était plus français depuis le traité de Paris qui cédait à la Prusse la ville de Sarrelouis où il avait vu le jour. A ces étranges paroles, le maréchal indigné s'écria :

« Non, monsieur, je suis français, et je mourrai comme tel. »

Le seul argument qui, dans ce débat judiciaire, pouvait avoir quelque portée fut souvent mis en jeu par les défenseurs ; il s'agissait de faire comprendre le maréchal Ney dans la capitulation du 3 juillet 1815. L'article 12 de cette capitulation était ainsi conçu :

« Seront pareillement respectées les personnes et les propriétés particulières ; les habitants et en général tous les individus qui se trouvent dans la capitale continueront à jouir de leurs droits et libertés, sans pouvoir être inquiétés ni recherchés en rien relativement aux fonctions qu'ils occupent ou auraient occupées, à leur conduite et à leurs opinions politiques. »

Mais dans cette convention aucune clause, aucun mot même de cet article 12 ne pouvait s'appliquer au maréchal. Ce sont les généraux seuls, le maréchal Davoust pour la France, le feld-maréchal Blücher pour la Prusse et lord Wellington pour l'Angleterre qui ont donné les pleins pouvoirs à leurs plénipotentiaires respectifs ; ce sont ces chefs d'armées seuls qui ratifièrent la capitulation ; aucun gouvernement n'y parut, pas même celui que la chambre des pairs et les représentants de 1815 avaient investi de l'autorité. La convention militaire du 3 juillet ne regardait que la place de Paris. Elle ne pouvait en aucun cas s'étendre aux actes commis dans d'autres parties du territoire et ne formait d'engagements que pour les généraux étrangers. Elle garantissait seulement aux personnes comprises dans ce traité provisoire qu'elles ne seraient exposées à aucune mesure de sévérité de la part des généraux qui allaient prendre possession de la ville, « mais jamais, dit lord Wellington, dans une lettre du 19 novembre 1815, en réponse à une communication qui lui fut faite de la part de la princesse de la Moskowa, jamais il n'a été dans l'intention des alliés d'empêcher le gouvernement français, dont le maréchal avait reçu mission, ni même tout autre gouvernement français qui aurait succédé à celui-ci, d'agir comme bon lui semblerait à l'égard des commandants de ses troupes.

« Rien, continue le général anglais dont nous résumons la dépêche, rien dans cette capitulation ne peut empêcher le roi de France de faire mettre le maréchal Ney en jugement, si Sa Majesté le juge à propos. C'est là une question politique qui n'a aucun rapport à une convention purement militaire. Les commissaires français qui l'ont signée déclarèrent que leur objet n'était d'entrer dans aucune discussion politique. M. le maréchal Ney est sorti de Paris déguisé et avec un passeport que lui délivra M. le duc d'Otrante le 6 juillet. Ce dernier surtout ne pouvait pas ignorer la teneur de l'article 12 de la capitulation dont on veut se prévaloir. Par ce subterfuge M. le duc d'Otrante voulait mettre le maréchal Ney à l'abri des mesures que le roi, alors à Saint-Denis, pourrait prendre contre lui. La meilleure preuve que cette capitulation ne pouvait pas empêcher le roi de France de sévir

contre les partisans de Napoléon Bonaparte, c'est
précisément l'ordonnance royale rendue sur la
provocation du duc d'Otrante lui-même, qui
ordonne qu'on traduise devant les tribunaux
certains coupables et qu'on en exile d'autres. »

Wellington était dans le vrai, et ses paroles
concordaient si bien avec l'esprit de la capitulation de Paris, qu'avant comme après le procès
du maréchal Ney personne n'avait songé ou ne
songea à en faire appliquer l'article 12 aux accusés ou aux bannis. Ainsi le colonel Labédoyère et ses conseils n'en arguèrent point devant le tribunal militaire. Le comte Lavalette
à la cour d'assises ne se retrancha point derrière
cette prétendue restriction imposée à la justice
du pays. Il y a plus, le comte Carnot, ministre
de l'intérieur, M. Boulay (de la Meurthe), le
duc de Bassano, Réal, Merlin (de Douai), qui,
comme plusieurs autres proscrits, avaient exercé
de hautes fonctions pendant les Cent-Jours, ne
conçurent pas la pensée d'évoquer contre l'ordonnance du 24 juillet une convention dont
mieux que personne ils devaient connaître la
portée, car ils étaient tous au pouvoir lorsqu'elle
fut discutée et acceptée. Cependant aucun de
ces hommes si expérimentés ne vint en réclamer le bénéfice. Les avocats seuls du prince
de la Moskowa le compromirent dans ces argu-

mentations d'avance condamnées à rester sans
effet.

Avant d'être nommé procureur général à la cour
royale de Paris et commissaire du roi près la
cour des pairs pour soutenir l'accusation contre
le maréchal Ney, M. Bellart avait été con-ulté
par la famille du prince, et, dans la *Relation d'un
voyage aux Pyrénées,* voici de quelle manière le
procureur général raconte cette particularité :

« Quand, en 1815, je revins d'Angleterre, où
m'avait forcé de me réfugier le décret du 12
mars, qui me proscrivait, Ney était traduit,
pour désertion en présence de l'ennemi, devant
un conseil de guerre. Il y proposa depuis, comme
on le sait, le déclinatoire, dont l'admission le
renvoya devant la chambre des pairs. Quoi qu'il
en soit, la procédure était encore à son commencement. Gamon, son beau-frère, qui avait été
préfet à Auxerre, et avec lequel j'avais eu quelques rapports de bienveillance, vint me trouver
aussitôt mon arrivée pour me demander de défendre son frère. Je lui répondis que je ne le
défendrais pas par deux raisons, dont la première était que, révolté de sa conduite, je ne
trouverais ni idées, ni expressions pour la justifier, et dont la seconde naissait de ma conviction
qu'il ne pouvait se sauver ni en chicanant sa vie,
ni en recourant à des moyens de palais. « J'ai

« horreur, lui dis-je, de la trahison du maréchal,
« et à cause de sa noirceur, et à cause de ses
« effets; mais j'ai pitié de voir tant de gloire
« périr sous une infâme condamnation. Il y a,
« je crois, un moyen unique de l'arracher à son
« destin; je suis l'ennemi de son crime, je ne
« suis pas l'ennemi de sa personne. J'éprouve
« donc quelque douceur à vous indiquer un
« moyen de salut. C'est le maréchal seul qui
« peut se défendre; il ne le peut qu'en s'aban-
« donnant. A sa place, je paraîtrais devant le
« conseil de guerre, et toute ma défense con-
« sisterait dans ce peu de mots :

« Soldats! en comparaissant devant vous je
« dois me souvenir que j'ai l'honneur d'être un
« soldat. La loyauté est notre première vertu;
« même contre nous-mêmes, nous devons la
« pratiquer toujours. Je ne viens donc pas im-
« plorer votre compassion, ni vous demander
« la vie. Je vous demande la mort! je l'ai mé-
« ritée. Mon sang a déjà coulé plus d'une fois
« pour l'honneur de mon pays, il faut que le
« reste s'épuise pour son salut! il faut qu'un
« exemple de justice et de sévérité nécessaire
« soit donné, qui apprenne que lorsque dans
« une occasion où il s'agit de la destinée de la
« patrie on a trahi ses intérêts, on doit périr!
« Je ne viens pas même justifier ma conduite;

« je viens l'expliquer. J'ai encouru votre blâme
« et mon sort; mais je ne veux point paraître
« plus coupable que je ne le suis. En convenant
« de mon crime, je ne dois pas le laisser exagé-
« rer. J'ai été faible et non perfide. Quand je
« quittai le roi, qui avait reçu mes serments, je
« voulais le sauver; je ne le trompais pas. J'allai
« jusqu'à Grenoble dans ce dessein. Là je reçus
« un émissaire de celui qui longtemps fut mon
« ami et mon maître. En son nom, on me rap-
« pela notre ancienne fraternité d'armes, tant
« de périls que nous avions partagés, tant d'oc-
« casions d'une gloire commune, nos communs
« drapeaux, nos communes victoires. Je l'avais
« aimé, je lui devais tout : des derniers rangs de
« la société il m'avait fait monter au faîte des
« grandeurs humaines; mon cœur fut séduit; je
« ne vis plus que la reconnaissance et l'amitié :
« ce fut là mon vrai forfait. Il est grand, puisque
« j'y sacrifiai ma patrie. Que ma patrie se venge,
« cela est juste ! Mais quand cette justice sera
« accomplie, que mes anciens camarades, en
« détestant ma dernière action, ne la jugent pas
« plus atroce qu'elle ne le fut, et qu'ils réservent
« quelques pleurs à ma mémoire. »

« Gamon se retira comme persuadé. Un mois
s'écoula : je fus nommé procureur général.
Gamon alla chercher d'autres conseils. Ils ne

15

virent dans le procès de Ney qu'un procès ordinaire : ils lui soufflèrent des arguties ; Ney les adopta, et périt. En voilà trop sur ce sujet. »

Tel est le récit de M. Bellart. En suivant les avis que cet homme de courage et de probité donnait au maréchal le prince ne périssait certainement pas sous des balles françaises. Il n'en fut pas ainsi. Les partis ont besoin de martyrs ; ils aiment à spéculer sur le sang dont l'effusion a été commandée par de terribles circonstances. C'est une arme qu'ils se refusent rarement, et la faction révolutionnaire alors abattue ne crut pas devoir se priver de cette ressource qu'elle préparait aux éloquences de sa future opposition.

L'attitude prise à la cour des pairs par les défenseurs et celle encore plus hostile qu'on chercha à donner à l'opinion publique rendaient difficile, impossible peut-être tout usage de la prérogative royale. La clémence de Louis XVIII fut invoquée. Elle ne put s'exercer, car on l'aurait taxée de faiblesse. Le maréchal s'était perdu par une trahison insensée ; on l'acheva par des moyens de droit qui durent bien répugner à la franchise et à la noblesse de son caractère.

Le 6 décembre, à onze heures et demie du soir, la cour des pairs prononça son arrêt. Il condamnait le maréchal Ney à être fusillé. Neuf heures après, cet arrêt, juste mais rigoureux, recevait son exécution sous les murs mêmes du jardin du Luxembourg. Ney mourut comme il avait vécu, en soldat.

Ce funèbre récit terminé, revenons aux négociations.

Le traité de 1815 enlevait à la France une partie des avantages territoriaux que lui accordait celui de 1814. Ses frontières furent rétablies à peu près telles qu'avant 1790. Dans le premier traité les alliés adoptaient celles de 1792, et l'on a vu qu'ils s'étaient prêtés sans trop de résistance à une délimitation moins imparfaite. Les fortifications d'Huningue étaient condamnées à la démolition. Le territoire acquis sur le royaume de Sardaigne et sur le département du Mont-Blanc, dont Chambéry était le chef-lieu, faisaient retour à la maison de Savoie. Chaque puissance exigeait un sacrifice. Le royaume dut rester occupé pendant un certain nombre d'années par cent cinquante mille hommes qui tiendraient garnison dans des places fortes déterminées.

Ces précautions militaires, que le misérable état de la France déchirée par les partis semblait autoriser et nécessiter, n'étaient pas les seules garanties prises contre elle. Les puissances, qui la frappaient dans le souvenir de ses conquêtes, voulaient par dessus tout l'affaiblir dans ses ressources pécuniaires. Tous les peuples du continent avaient des réclamations à faire valoir, des comptes à liquider; tous se plaignaient de l'inexécution des articles du traité de 1814 relatifs aux créances contractées par la France envers les habitants des pays qui cessaient de faire partie de son territoire. Le gouvernement convint avec les ministres des quatre cours que cet objet serait déterminé par deux conventions séparées, l'une pour les puissances continentales, l'autre pour l'Angleterre. Ces questions étaient très difficiles à résoudre. Déjà même pour le réglement des créances de nombreuses conférences avaient été tenues sans amener aucun résultat.

L'Angleterre avait chargé M. Mackensie, son ancien consul général à Lisbonne, d'entrer en pourparlers avec le commissaire français baron Dudon. M. Dudon, qui, par une activité au moins égale à sa courageuse intelligence, disputait pied à pied le territoire envahi et la fortune publique mise au pillage, avait été chargé de traiter avec le plénipotentiaire britannique.

Enfant que la révolution avait fait orphelin, jeune homme que l'empire avait élevé au sein de son conseil d'état comme l'une des espérances et des gloires administratives du pays, on

l'avait vu, avant l'âge de trente ans, gouverner
au nom de l'empereur les provinces conquises.
A la suite de l'abdication de Fontainebleau,
M. Dudon, dégagé de ses serments, s'était loya-
lement rallié à la cause des Bourbons, à celle de
la France. Intendant général en Espagne, longtemps maître des requêtes sous Napoléon, il
avait par sa fermeté rendu de grands services
à la Restauration naissante, que le fils et petit-
fils des procureurs généraux au parlement de
Bordeaux saluait comme une ère nouvelle.

A ce profond jurisconsulte, que les luttes de
la tribune allaient bientôt révéler puissant orateur, la Restauration devait de la reconnaissance : elle s'acquitta envers lui par une destitu-
tion inexplicable, et à la place qu'il remplissait
au conseil d'état on appela Paul Didier, le futur conspirateur de Grenoble.

Une ingratitude, même royale, ne pouvait
pas écarter M. Dudon de la voie droite : il resta
fidèle en 1815. Le prince de Talleyrand, qui
appréciait ses hautes capacités diplomatiques,
le baron, Louis qui connaissait la portée financière de cet esprit si lucide et si positif en affaires,
crurent devoir se reposer sur lui de toutes les
négociations que la seconde occupation entraînait. M. Dudon se mit à l'œuvre ; nous l'y
avons déjà vu. Le duc de Richelieu lui continua

la confiance du gouvernement, et. quoique toujours l'âme de la commission formée pour veiller
aux intérêts des départements envahis, M. Dudon accepta la nouvelle charge qui lui était
imposée.

Au mois d'octobre il n'y eut entre lui et
M. Mackensie que trois conférences, ces deux
plénipotentiaires ne pouvant s'entendre sur un
point fort important. Ce point tenait à l'interprétation du traité de 1814 dont celui de 1815
n'était et ne devait être que la simple exécution.
M. Mackensie demandait le remboursement des
dépenses faites par l'Angleterre pour les prisonniers français. Au nom de son gouvernement il
présentait un compte d'environ quatre-vingt-
trois millions de francs. A ce chiffre exorbitant le
baron Dudon opposait en compensation tout ce
qui avait été payé par la France, non seulement
pour les prisonniers anglais, mais encore pour
tous les prisonniers faits dans les corps auxiliaires à la solde de la Grande-Bretagne.

Il soulevait en outre une autre question également épineuse pour l'Angleterre. L'article additionnel du traité de 1814 décidait que l'on
donnerait main-levée du séquestre apposé par
la république ou par l'empire sur toutes les propriétés appartenant aux citoyens de la Grande-
Bretagne, et qu'on leur rendrait la valeur des

biens meubles ou immeubles confisqués depuis cette époque. En conséquence M. Mackensie exigeait que la France restituât intégralement à ses compatriotes les rentes qu'ils avaient sur le grand-livre de notre dette publique.

M. Dudon démontrait que le traité de 1814 n'assujettissait la France qu'à la restitution des objets confisqués sur les Anglais à cause de leur qualité de sujets de sa majesté britannique. Quant aux pertes, disait-il, que ces derniers ont pu essuyer par l'effet des lois qui ont également diminué la fortune des citoyens français, leur restitution ne peut être comprise dans le traité. Il se refusait donc à rembourser les deux tiers de la créance. Ces deux tiers étaient compris dans la banqueroute consommée en l'an VI à l'égard de tous les créanciers de l'État, de quelque pays qu'ils fussent. En effet, une banqueroute n'est jamais un de ces dommages causés par la guerre survenue entre deux peuples.

La conviction du commissaire français était trop bien arrêtée et les instructions de lord Castlereagh à M. Mackensie trop précises pour qu'ils pussent s'entendre sur une question d'argent dont le cabinet anglais faisait une affaire capitale. M. Mackensie se sentait appuyé par l'omnipotence de lord Castlereagh et du duc de Wellington. M. Dudon était seul, n'ayant pour tout soutien qu'un gouvernement sans énergie. Il déclara qu'en cédant aux prétentions du cabinet de Saint-James il croirait outrepasser les stipulations du traité de 1814.

C'était annoncer à M. de Richelieu que le ministère pouvait nommer un nouveau commissaire. Le choix du gouvernement tomba sur le baron Portal. M. Mackensie alors obtint tout ce qu'il désirait. Seulement il abandonna l'excédant des réclamations que l'Angleterre se croyait en droit de faire valoir pour la nourriture des prisonniers français.

Les créances appartenant aux sujets des pays cédés par le gouvernement du roi offraient, par leurs diverses natures, des difficultés beaucoup plus compliquées. Il s'élevait de partout d'incalculables prétentions. Presque de chaque point de l'Europe on arrivait au ministère Richelieu avec des titres plus ou moins fondés. Ces titres étaient toujours apostillés par une des grandes puissances, et les réclamants se faisaient un bouclier de cette intervention qui ne s'épargnait guère, car c'était susciter de nouveaux embarras à la France pressurée.

Cependant il fallut bien soumettre tant de créances à une commission qui en discuterait la validité. Des conférences furent établies. Les alliés choisirent pour leurs plénipotentiaires le baron de Humboldt, le baron d'Altenstein, le baron de Bulow, le comte de Hardenberg, ministre d'état d'Hanovre, le comte de Grote et le conseiller d'état hollandais Canneman. MM. Dudon et Portal y représentèrent la France. Schœll, l'historien et le continuateur de l'*Histoire des traités de paix*, tenait la plume dans ces conférences, qui commencèrent à Paris le 5 novembre. Elles préparèrent le traité de 1815.

A peine furent-elles ouvertes que M. de Humboldt s'aperçut de l'avantage que les commissaires du gouvernement français allaient tirer de la diversité des opinions manifestées entre tant d'interlocuteurs. Il n'y avait qu'à savoir les mettre en jeu. Le Prussien n'ignorait pas que M. Dudon saurait s'emparer avec habileté de ces dissidences nées dans le sein même de la majorité. M. de Humboldt fit comprendre à ses collègues qu'il ne fallait pas s'exposer à un semblable conflit. Il n'y vint plus qu'accompagné du baron d'Altenstein. Il soumetttait à la commission les propositions écrites que lui transmettaient les négociateurs que par prudence il écartait du débat oral.

Dans la conférence du 6 novembre, MM. Dudon et Portal déclarèrent, au protocole n°2, « qu'il ne pouvait point être fait de distinction entre les créanciers ; que les principes du traité de

1814 s'appliquaient à la nature des créances et non pas aux personnes. » Le baron de Humboldt répondit : « MM. les commissaires alliés ont déclaré que, tout en admettant ce principe, ils réservaient cependant à la discussion future la question de savoir s'il ne fallait pas accorder un traitemeut plus favorable à trois créanciers ; savoir : la banque de Hambourg, le comte de Bentheim et le duc d'Aremberg. »

Cette triple réclamation fut ajournée sur la demande de MM. Dudon et Portal, qui refusaient de s'expliquer à cet égard sous prétexte d'insuffisance de renseignements spéciaux.

Le traité définitif de 1815 que précédaient ces protocoles réserva la réclamation du sénat de Hambourg, objet d'une convention particulière. Mais les demandes du comte de Bentheim et du duc d'Aremberg furent accueillies. Celle de Bentheim était soutenue par toute l'Allemagne, qui y prenait un vif intérêt. La perfidie et le manque de parole du gouvernement de Napoléon à l'égard de ce petit prince avaient toujours été un des plus grands griefs reprochés à l'empereur. Nous allons en quelques mots faire l'historique de cette créance.

Un comte de Bentheim avait, en 1752, engagé ses états à l'électeur de Hanovre pour un laps de trente années, moyennant une somme de

huit cents mille francs, qu'il devait restituer en
reprenant l'investiture de sa principauté. Ce
comte de Bentheim ne put jamais se libérer envers le Hanovre, qui retint ses terres. En 1804,
Louis de Bentheim-Steinfurt, devenu héritier
du dernier comte de Bentheim-Bentheim, sol-
licita l'intervention de la Prusse et du Danemark auprès du premier consul, dont les troupes occupaient le Hanovre. Il demanda à être
réintégré dans ses possessions en offrant de verser à la caisse d'Hanovre la somme de huit cents
mille francs, prix de l'engagement de ces mêmes domaines.

Le premier consul agréa cette offre. Il autorisa M. de Talleyrand à signer une convention
conforme avec le comte Louis de Bentheim. Le
12 mai 1804, les huit cents mille francs, que
des juifs de Francfort lui avaient avancés, furent payés, mais Bonaparte refusa de mettre
Louis de Bentheim en possession. Il garda la
somme, et continua de faire percevoir les revenus de ce pays pour son propre compte.

A ces huit cents mille francs, réclamés à si
juste titre, venaient se joindre divers articles
qui faisaient monter la créance à quatre millions
deux cent quarante-sept mille francs. Le traité
de 1815 la réduisit à un million trois cent dix
mille francs.

L'affaire du duc d'Aremberg n'offrait qu'un très minime intérêt, et ne méritait guère l'honneur d'une convention séparée. Voici à quels termes elle se réduisait :

Vers la fin de l'année 1810 l'empereur Napoléon s'était emparé d'une partie des états du duc d'Aremberg. Il réunit au territoire français le comté de Meppem et une portion de celui de Dulmen. Le comté de Reckinghausen fut joint au grand-duché de Berg, que l'empereur administrait comme tuteur d'un de ses neveux, fils de Louis Bonaparte et de la reine Hortense. Une rente de cent six mille sept cent deux francs, inscrite au grand-livre du duché de Berg, et une autre, de cent trente-quatre mille francs sur le grand-livre, avec jouissance du 1er janvier 1811, furent accordées à la famille d'Aremberg en dédommagements ou en indemnités.

Mais les décrets qui règlent ces indemnités sont du 14 avril 1815, c'est à dire pendant les Cent-Jours, alors que Bonaparte signait de toutes mains pour se faire bien venir de l'Europe. Il n'existait à cette époque aucun crédit sur lequel il fût possible d'imputer cette rente : on ne l'inscrivit donc pas.

Après le retour du roi, le duc d'Aremberg ne consentait plus à être remboursé en rentes sur l'état de ses quatre cent deux mille francs d'arré-

rages, mais en numéraire. La France représenta
que la prise de possession de la principauté d'A-
remberg était une de ces usurpations dont la monarchie légitime ne pouvait pas être solidaire.
Le décret du 14 avril 1815 n'était qu'un titre
incomplet ; le paiement des intérêts ne devait
donc s'effectuer qu'après l'inscription.

Cette demande pourtant était fondée en
équité. Le gouvernement en reconnaissait la justice ; mais il ne voulait pas, disait-il par l'organe
de M. Dudon, offrir au duc d'Aremberg un avantage que les puissances de premier ordre pourraient plus tard invoquer en leur faveur. Il fut
convenu que cette somme serait payée, mais
de la même façon que les autres créances
réservées par la convention du 20 novembre
1815 , c'est à dire en rentes au cours de 60.

Par l'acte de paix du 20 novembre la France
obtenait quelque adoucissement partiel sur les
clauses du traité de 1814. Il était stipulé que le
prix de toutes les fournitures faites aux armées
de l'empereur Napoléon, ainsi que toutes les
contributions de guerre, ne seraient acquittées qu'en vertu de preuves faites d'une promesse spéciale des autorités françaises compé-
tentes. L'entretien même des malades dans les
hôpitaux civils ne pouvait être ordonnancé qu'a-
près que le créancier aurait rapporté un enga-

gement formel. Les indemnités réclamées par
des particuliers, pour démolition de leurs de-
meures ou pour occupation de terrains joints
aux fortifications des villes de guerre, ne devaient être soldées que dans le cas où il y aurait eu préalablement un acte de la France portant promesse de solder cette prise de possession.

Dans des prévisions d'avenir, les commissaires
français avaient pendant les conférences sollicité avec ardeur l'adoption de cet article, qui réduisait à néant mille prétentions exagérées. Ils
avaient été bien inspirés, car lorsqu'il s'agit de
l'exécution du traité de 1814 les commissaires
étrangers vinrent demander pour la seule ville
de Harbourg, qui est en face de Hambourg, une
somme de quinze millions de francs. Tous les
ouvrages de défense et les démolitions d'édifices
particuliers, ordonnés et entrepris autour de
cette ville, étaient l'œuvre de la nécessité du moment, un fait de guerre imprévu. M. Dudon refusa constamment d'admettre une réclamation
qui pouvait en susciter tant d'autres de même
nature. Ce ne fut qu'au congrès d'Aix-la Cha-
pelle que la ville de Harbourg la fit passer, et
pour une partie seulement.

Si l'on s'en était référé au texte précis des conventions de 1814, la distinction des dettes, distinc-

tion résultant d'engagements formels, n'eût
point été admise Alors après la guerre à coups de
canon il aurait fallu en soutenir une nouvelle
à coups de protocoles. Dans l'état où les Cent-
Jours laissaient le pays, il n'était pas plus possible de songer à l'une qu'à l'autre. Aux termes du
même traité de 1814, les remboursements devaient s'effectuer de suite et en argent comptant.
L'invasion de Bonaparte et les préjudices de
toute sorte que cette invasion portait à la France
ne permettaient plus de tenir cette promesse
qu'avec de l'économie dans les finances et une
sage administration il n'eût pas été très pénible
de réaliser auparavant.

A cette époque de 1815 il y avait impossibilité matérielle. L'escompte du meilleur papier
de commerce était à plus de 9 pour cent par an.
Il fallut donc chercher un autre mode de paiement.

On convint que les remboursements s'opéreraient en inscriptions de rente ; mais, afin d'être
à l'abri de toutes les fluctuations du cours de la
Bourse, un minimum fut fixé. La nation s'o-
bligeait à compléter la différence au dessous de
ce même minimum.

Il y avait des créances que les commissaires
acceptaient comme privilégiées. Il fut stipulé
qu'on leur garantirait un meilleur sort. C'étaient

les dépôts judiciaires, les consignations et les cautionnements fournis en numéraire. Pour celles-là on déclara que le cours conventionnel serait porté à 75. On ne devait bonifier la différence des autres que dans le cas où le cours réel ne s'éleverait pas à 60. Le gouvernement du roi, pour l'exécution de ces engagements, créait une rente de trois millions cinq cents mille francs en faveur des créanciers sujets des puissances continentales. Une autre rente de même somme était inscrite au nom des créanciers particuliers de l'Angleterre.

Soit par l'élimination des créances que les traités eux-mêmes repoussaient, soit par les compensations qu'au nom de la France MM. Dudon et Portal ne se lassaient point d'opposer, les états de compte que présentaient les commissaires étrangers, MM. de Humboldt et d'Altenstein, avaient subi une heureuse réduction. Ces états se trouvaient fixés à un chiffre de soixante-dix millions. Là s'arrêtaient définitivement les réclamations de ce genre ; cependant — et c'est pour l'histoire un problème à résoudre — au congrès d'Aix-la-Chapelle on en admit de nouvelles. Elles s'elevèrent à plus de quatre cents millions.

Pour que la France ne laissât pas traîner en longueur une liquidation qui l'obérait, les com-

missaires étrangers firent stipuler par le ministère que les créances porteraient intérêt à 4
pour cent à dater du jour de la signature des
conventions jusqu'à celui du remboursement.

Tous ces arrangements, qui ne se décidaient
qu'après les luttes les plus savantes, précédèrent
le traité de 1815. Lorsque le 20 novembre le
duc de Richelieu, *plus mort que vif*, eût apposé
sa signature, il fallut s'occuper du réglement
des créances réservées. Celle de Hambourg était
la première en ligne. Les puissances alliées y
attachaient un vif intérêt : on procéda donc à
sa discussion par acte distinct.

A la date du 10 janvier 1816 la commission formée le 9 juillet 1815 pour veiller aux intérêts des
départements envahis et pour régulariser toutes
les réquisitions avait cessé d'exister. Ses services
avaient été presque aussi grands que nos malheurs, et la lutte engagée par elle contre la cupidité des étrangers n'avait jamais faibli. Les
coalisés commençaient à reprendre leurs cantonnements. On pensa que les opérations qui
restaient à suivre devaient rentrer dans les attributions des ministres de l'intérieur, des finances
et des affaires étrangères ; mais le gouvernement
s'était trop bien trouvé de l'activité de M. Dudon
pour ne pas lui confier une nouvelle mission
encore plus importante. Après avoir pourvu aux

16

besoins des armées d'occupation tout en pro-
tégeant la fortune publique et celle des particuliers, il fallait maintenant faire exécuter les
diverses dispositions du traité de 1815 sur les
réclamations des puissances.

Une seconde commission fut nommée le 18
janvier 1816 : elle se composa de MM. Dudon,
Colonia, conseillers d'état, et Schiaffino, maître des requêtes. Au dessus de cette commission il en était établi une autre devant laquelle
les intéressés avaient la faculté de se pourvoir.
MM. le baron Pasquier, de Blaire, conseiller
d'état, et Brière de Surgy y représentaient la
France.

Afin de satisfaire aux créances dont les droits
seraient reconnus par MM. Colonia, Dudon et
Schiaffino, un fonds de rentes avait été créé.
L'inscription de ces rentes était au nom des
commissaires dépositaires. Le baron Mounier
et le conseiller d'état Becquey furent désignés
par le gouvernement français. Ce fut cette double commission qui eut la charge de discuter
toutes les demandes et de prononcer en dernier
ressort sur leur admissibilité.

La créance de Hambourg avait pour origine l'enlèvement d'environ quinze millions
extraits successivement de la banque depuis
le 11 novembre 1813 jusqu'au 17 avril 1814.

C'était le maréchal Davoust qui avait ordonné cet enlèvement. A la première paix de Paris les ministres des quatre cours affirmaient que les quinze millions, détournés de leur destination primitive par la force, n'avaient pas été consacrés aux besoins de l'armée française. Ils allaient plus loin, ils prétendaient qu'une partie de cette somme était encore récelée.

Devant des assertions qui entachaient l'honneur d'un de nos généraux, le prince de Talleyrand joignit à la convention du 23 avril 1814 un article secret par lequel le gouvernement s'obligeait à restituer ce qui, à cette époque, existait des fonds provenant de la banque de Hambourg. Un second article secret annexé au traité du 30 mai était ainsi conçu :

« Le gouvernement ayant offert par l'article secret de la convention du 23 avril de faire rechercher et d'employer tous ses efforts pour retrouver les fonds de la banque de Hambourg, promet d'ordonner les perquisitions les plus sévères pour découvrir lesdits fonds et poursuivre tous ceux qui en pourraient être les détenteurs. »

Malgré les doléances des Hambourgeois accusant d'étranges gaspillages, toutes les recherches que l'on fit prouvèrent que l'argent avait été régulièrement employé. Il fut constaté qu'au 23 avril 1814 il ne restait plus en caisse qu'une somme de dix-huit cent mille francs. Cette somme avait servi à la solde des troupes postérieurement au jour où elles avaient arboré la cocarde blanche dans la ville de Hambourg.

S'en tenant à la lettre des conventions, MM. Dudon et Portal ne consentaient à reconnaître qu'une créance de dix-huit cent mille francs, et M. Schœll, le secrétaire des conférences, s'exprime ainsi dans son *Histoire des Traités*, page 525, tome XI :

« Le gouvernement français soutint avec raison que la lettre des traités ne l'obligeait à autre chose qu'à la restitution de dix-huit cent mille francs qui avaient été employés pour le service des troupes depuis qu'elles s'étaient soumises à l'autorité royale. »

Avoir raison en présence de l'Europe victorieuse et campée sur notre territoire ce n'est pas assez, il faut encore pouvoir dominer l'incurie ou la peur des ministres et leur persuader de montrer de l'énergie contre des empiétements ruineux.

Afin de satisfaire à l'article de la convention du 20 novembre relatif à Hambourg on fit une transaction sur le montant de cette créance.

Le sénateur Griès avec M. Abel, ministre plénipotentiaire des villes Anséatiques à Paris, et le
baron Dudon pour la France, stipulèrent.
Après quelques débats on convint que le gouvernement du roi paierait à la banque de Hambourg une rente de trois cent vingt-cinq mille
francs.

Dans la discussion du budget de 1816 cette
transaction fut annoncée aux Chambres, et
parmi les états joints à ce budget on lit encore :
« *Rente à inscrire pour la ville de Hambourg*
*325,000 francs.* »

Comme toutes les négociations diplomatiques
celle-ci portait la clause d'usage et déclarait
qu'elle serait soumise à la ratification des gouvernements respectifs. Le sénat de Hambourg
refusa de la ratifier, et il donna pour prétexte
qu'il désirait recevoir l'assentiment individuel
de chaque propriétaire des fonds enlevés. La
plus grande partie d'entre eux ne cachèrent pas
leur mécontentement et désapprouvèrent à haute
voix la conduite de MM. Griès et Abel qui,
disaient-ils, n'avaient pas su défendre leurs intérêts avec assez d'obstination.

Les arrangements pris étaient donc annulés
par le fait. Le sénat de Hambourg, dans cette occurence, se décida à envoyer à Paris un nouvel
agent spécial avec ordre d'obtenir des conditions

meilleures que celles que MM. Dudon et Portal
avaient su faire accepter à MM. Griès et Abel.
Ce fut sur le sénateur Syllem que le choix de
la ville de Hambourg s'arrêta.

A peine arrivé à Paris, M. Syllem se met en
relation avec les commissaires français. Des notes
sont échangées. MM. Portal et Dudon soutien-
nent que la transaction acceptée par MM. Griès
et Abel est définitive et qu'elle ne peut plus être
modifiée. Ils disent que le plénipotentiaire Abel
était muni de tous les pouvoirs de son gouvernement, que les faits et les calculs reproduits
par le sénateur Syllem ont tous été appréciés
dans les conférences précédentes et que rien de
nouveau n'est venu changer leur conviction.

De leur côté les intéressés à la banque de Hambourg chargèrent deux négociants, MM. Nicolas
Pehmöler et de Chapeau-Rouge, de se rendre à
Paris pour assister M. Syllem. Ces trois envoyés
faisaient valoir bien haut leurs sacrifices. MM. Dudon et Portal répondirent :

« Les soussignés ne peuvent admettre que,
dans l'arrangement qu'ils ont fait avec MM. Griès
et Abel, la banque de Hambourg ait fait aucun
sacrifice sur les droits qui lui auraient été reconnus par des actes publics , car la convention
du 23 avril et l'article secret du traité de Paris

sont les seuls qui contiennent la reconnaissance
de la créance de la banque. Or ces actes ne font
mention que des fonds existant en nature au
23 avril, c'est à dire de dix-huit cent mille
francs. La convention du 20 novembre n'a point
augmenté cette créance ; elle a seulement posé
en principe qu'un arrangement particulier en
réglerait le mode de remboursement. Sa Majesté
très chrétienne, par des considérations qu'il est
superflu de rappeler, avait voulu traiter plus favorablement la ville de Hambourg. Les soussignés, d'après les ordres de leur gouvernement,
avaient conclu avec MM. Griès et Abel une transaction dont le résultat était d'accorder à Hambourg une rente qui, au cours du jour, représentait environ quatre millions. »

La résistance des commissaires français tour-
mentait le duc de Richelieu. Le 14 juin 1816 le
baron Dudon lui adressa une lettre dont l'original se trouve aux archives des affaires étrangères. Ce document développe avec une telle
lucidité les motifs que chaque état faisait valoir
à l'appui de ses prétentions, que l'histoire doit
l'enregistrer comme le plus éloquent démenti
donné par les faits à une calomnie sans fondement.

Il y a des hommes rares qui prennent dans

le maniement des affaires publiques ou dans le
sein des partis toujours égoïstes, toujours personnels comme les enfants, une attitude tellement
prononcée que, par la double crainte qu'ils inspirent, ils deviennent, sans y avoir jamais fourni
le moindre prétexte, l'objet de vagues incriminations. Ces incriminations ne sont d'abord
qu'un soupçon informe, qu'une velléité d'en-
quête sur leur vie ou sur leur fortune. On les
répand à petit bruit comme le Basile de Beau-
marchais conseillait de mettre en mouvement le
levier de la calomnie. Bientôt, s'appuyant sur
deux sentiments toujours actifs dans les passions humaines, la haine politique d'un côté,
la jalousie de l'autre, on arrive à persuader aux
masses, ignorantes ou distraites, un mensonge
que l'on ne prend pas même la peine d'étayer
sur une probabilité ou sur une vraisemblance.

Pour des adversaires tout est de mise, tout est
bon. Devant ce tribunal hostile par intérêt et
n'usant de la calomnie que contre les caractères et les talents dont il redoute l'énergie ou
l'éclat, la preuve n'est pas plus possible que la
discussion. Les partis cherchent à tuer avec de
misérables armes. Ils connaissent le néant de
leur accusation, ils se l'avouent dans l'intimité
de la coulisse politique ; mais il faut que la co-
médie se joue jusqu'au bout, et le rideau ne doit

tomber que le jour où l'homme d'état poursuivi dans sa retraite par les derniers échos de tant d'injustices calculées, expire abreuvé d'amertumes.

Cela s'est toujours ainsi pratiqué à l'égard des hommes supérieurs qui ne balancent point à sacrifier la popularité conquise par leur mérite à des vérités dont plus d'une opinion doit s'émouvoir ; mais ce qui ne se verra sans doute plus, c'est un parti magnifiquement vengé par l'éloquente probité d'un orateur, et ce parti acceptant de prime abord, sans réflexion, les accusations de ses ennemis, puis les corroborant par la plus niaise des crédulités. Les royalistes ont offert ce triste exemple que, dans l'intérêt de la morale publique, la révolution aurait dû à si bon droit se condamner à suivre et qu'elle a dédaigné, essayant, comme les fils de Noë, de cacher à tous les regards les actes déshonnêtes, les crimes ou l'ivresse de ceux qu'elle acceptait pour ses pères ou pour ses chefs.

Dans l'esprit des royalistes qui se tenaient par l'intrigue aux aguets du pouvoir, cette persistance fut l'œuvre d'une spéculation ambitieuse ; chez les autres, une espèce de pudeur entêtée, une mauvaise honte, ne revenant jamais sur un tort qu'on leur a fait commettre.

La liquidation de Hambourg, a été contre le

baron Dudon une source d'injustes préven-
tions que l'étude même la plus superficielle de
ce débat diplomatique suffit pour réduire à
néant.

La révolution, en calomniant un de ses plus
audacieux adversaires, était dans son droit d'i-
niquité : elle en a usé souvent et même à la tribune de la chambre des députés. M. Dudon
répondit toujours victorieusement ; il n'eut pas
de peine à convaincre ses ennemis d'imposture
ou tout au moins d'erreur. A-t-il été possible à
la vérité et à de grands services rendus de porter
cette même conviction chez tous les royalistes,
dont une fraction bien minime, il est vrai,
mais toujours crédule, toujours en défiance des
autres, aime à étouffer la voix qui la défend
ou à nier la gloire qui rejaillit sur elle.

Le 14 juin 1816, M. Dudon écrivait à M. de
Richelieu :

« Votre excellence m'a ordonné de prendre
communication du mémoire présenté au ministère et de remettre mes observations : je viens
exécuter vos ordres. L'enlèvement des fonds de
la Banque a été l'objet d'une transaction entre
les commissaires français et les chargés d'affaires de la ville de Hambourg, qui étaient M. Abel,

résident près la cour de France, et M. le sénateur Griès, qui avait pour mission spéciale
de faire valoir les droits de la Banque auprès des
souverains réunis. Cette convention a eu tous
les caractères d'une transaction politique ; elle
doit être considérée comme une annexe aux
conventions générales du 20 novembre 1815.
Dans ces conventions les souverains ont transigé
sur les intérêts de leurs sujets. Le sénat de Hambourg exerçait le même droit ; c'est donc avec
lui qu'on a traité. La demande avait été formée
en son nom. C'est à lui qu'était réservée la ratification. Jusqu'à ce jour il ne l'a point donnée ;
mais aucun acte authentique n'a fait connaître
qu'il l'ait refusée.

« Si les souverains eussent consulté leurs sujets créanciers de la France, ceux-ci n'auraient
voulu faire aucune concession de leurs droits :
l'intérêt personnel ne cède point aux considérations politiques. Le gouvernement de Hambourg devait imiter l'exemple des autres puissances : il a paru s'y conformer en envoyant auprès des ministres des cours alliées deux agents
diplomatiques. La contestation ne peut donc se
suivre que vis-à-vis du sénat : c'est à lui de faire
connaître les motifs pour lesquels il refuse sa
ratification. Si ces mandataires ont outrepassé
leurs pouvoirs, il peut les désavouer ; mais, s'ils

n'ont point excédé les bornes de leur mandat , ils ont engagé valablement le gouvernement hambourgeois, et la France doit insister pour que le contrat soit maintenu.

« Je crois que dans les négociations politiques , la dignité des gouvernements ne leur permet pas de négliger les formes qui assurent des égards réciproques. Cependant , comme le député du sénat de Hambourg s'est joint aux députés de la Banque , sans néanmoins faire connaître s'il agit en sa qualité de sénateur ou d'intéressé dans la Banque , je pense que le mémoire qui a été remis à votre excellence ne doit pas rester sans réponse.

« J'en veux faire l'analyse. Je ne suis pas d'accord sur tous les faits avec les députés de la Banque, et je ne tire pas la même conséquence qu'eux des faits avérés entre nous.

« Les ministres stipulant au nom des monarques alliés, disent les députés, ont transigé sur une foule d'intérêts généraux..... mais ils ont considéré la position de la banque de Hambourg comme étant d'une nature particulière; ils ont voulu que les parties intéressées pussent discuter leur cause elles-mêmes... D'accord avec les négociateurs français, ils ont fait admettre d'avance par l'article 3 de la convention du 20 novembre la légitimité de nos réclamations sans que la France stipulât aucune réserve. »

« Les conventions annexées au traité du 20 novembre doivent être constamment envisagées comme une transaction portant abandon de part et d'autre d'une portion des prétentions de chacun : ce n'est pas un acte qui règle dans les termes d'une stricte équité les droits des intéressés. Il est très important de ne pas laisser attribuer un autre caractère aux conventions du 20 novembre. Après les convulsions qui ont agité toute l'Europe, les choses n'ont pas pu être remises dans leur ancien état : tous les maux ne pouvaient pas être guéris instantanément ; toutes les injustices complétement réparées. Le sort de la banque de Hambourg devait être réglé d'après les mêmes considérations. Il n'est pas exact de dire qu'il a été fait une exception en sa faveur, et surtout il ne l'est pas que les commissaires français y aient acquiescé. Les députés de Hambourg fondent leurs allégations sur le protocole de la conférence du 6 novembre : cependant on y voit que loin que la discussion ait été ouverte sur cette affaire, les négociateurs français ont déclaré qu'ils ne pouvaient la traiter faute de renseignements suffisants.

« Dans cette conférence on régla le mode de remboursement des différentes natures de créance ; on les divisa en trois classes. Les commissaires des puissances alliées déclarèrent que tout en admettant, (je copie ici littéralement le protocole,) trois classes de créanciers, ils réservaient à la discussion future la question de savoir s'il ne fallait pas accorder un traitement plus favorable que la troisième classe à trois autres créanciers savoir, la banque de Hambourg, le comte de Bentheim et le duc d'Aremberg, sur lesquels MM. les commissaires français attendent encore des renseignements. »

« Ces dernières expressions témoignent assez que de la part de la France il n'y a eu aucune reconnaissance de la validité de la réclamation de la banque de Hambourg ; encore moins y a-t-il eu consentement à régler sa condition sur des bases différentes que celles adoptées pour les autres créanciers. Si on l'eut fait, tout était terminé et les commissaires français n'avaient plus à se procurer de renseignements ultérieurs. Ainsi tenons pour constant que les droits de la banque de Hambourg n'ont été ni fixés ni avoués dans les conférences dont argumentent MM. les députés.

« Les souverains, disent-ils, ont voulu que les parties intéressées pussent discuter leur cause elles-mêmes. »

« C'eût été déroger à tous les usages reçus sans

avantages pour les parties privées, car elles eussent été sans appui auprès du gouvernement français, sans qualité pour se faire reconnaître, la banque de Hambourg n'étant pas un établissement privilégié ayant une existence politique. Non seulement les ministres des souverains alliés n'ont pas appelé les individus à venir discuter leurs droits, mais ils ont déterminé, par l'art. 3 de la convention, « que la réclamation du sénat serait l'objet d'une convention entre les commissaires du gouvernement de Hambourg et les commissaires de Sa Majesté Très Chrétienne.

« Cette supposition des députés de la Banque méritait une réponse, parcequ'elle tend à établir que MM. Abel et Griès, ne tenant leurs pouvoirs que du sénat, étaient sans qualité pour signer la convention qu'on refuse aujourd'hui de reconnaître.

« Je continue l'examen du mémoire.

« Le sénat, est-il dit, en donnant pour instruction à ses agents diplomatiques de réclamer les fonds enlevés de la Banque, ne leur a conféré aucun autre pouvoir. Il n'a pu leur déléguer celui de transiger sur les intérêts d'un tiers. La convention du 19 novembre ne peut être considérée que comme une offre emportant reconnaissance de la dette. Nous demandons, en exécution de l'art. 3 , à entrer en négociation. »

« La première partie de ce raisonnement n'est qu'une critique des conventions signées par les souverains alliés. Ils ont transigé sur les intérêts de leurs sujets, parcequ'un gouvernement, traitant avec un autre gouvernement, ne considère pas ses sujets comme des tierces personnes, mais comme ses pupilles. Il n'est aucun traité qui n'affecte des intérêts individuels. Le sénat de Hambourg a donc pu transiger sur la réclamation de la Banque comme sur celles de tous les autres établissements placés sous sa domination. Si la Banque prétendait pouvoir agir sans l'intervention du gouvernement, on demanderait aux députés de quel acte ils tirent leur mission, car les intéressés ne forment pas une association; ils ne se connaissent pas entre eux. Tout individu ayant droit de bourgeoisie peut être inscrit à la Banque ; il en est un des intéressés tant qu'il y a un compte en crédit. Les paiements journaliers changent la situation de ce compte. Il n'y a que six jours dans l'année, du 25 décembre au 1er janvier, où les véritables intéressés ont une existence certaine. Les individus, se disant députés de la Banque, viennent donc aussi stipuler les intérêts des tiers, mais en noms collectifs. Le sénat de Hambourg était donc obligé comme souverain et tuteur de ceux qui sont sans moyen d'action directe de traiter en leur lieu et place. La convention a tout terminé : elle n'a point reconnu la dette intégralement. Comme dans toute transaction, on s'est moins arrêté à discuter l'étendue du droit qu'à chercher les moyens de terminer à l'amiable. Certes le ministère du roi ne croira pas sa conscience engagée à réparer tous les ravages occasionnés par vingt ans de guerre ; ce n'est pas lorsque la France rentrait dans ses anciennes limites qu'on a pensé qu'elle devait payer tout ce qu'avait coûté son fol agrandissement.

« On veut faire entendre que la convention particulière à la banque étant du 19 novembre, et la convention générale signée le lendemain portant, article 3, que les réclamations du sénat seraient l'objet d'un arrangement particulier, on veut faire entendre, disons-nous, que cet acte n'a pas été connu des ministres des souverains alliés.

« Il faut rétablir les faits. La convention du 20 novembre était terminée plusieurs jours avant celui de la signature ; elle était connue de MM. Griès et Abel : ils savaient que les ministres des quatre cours trouvant leurs prétentions exagérées leur avaient laissé le soin de traiter directement avec le gouvernement fran-

17

çais. C'est ce qu'ils firent. Nous eûmes plusieurs conférences. Des articles furent arrêtés
entre nous. On les *parapha* seulement, MM. Abel
et Griès ne voulant les convertir en arrangement
définitif et les signer qu'après avoir consulté lord
Castlereagh et M. d'Humboldt. Ils en reçurent
sans doute le conseil de terminer d'après ces
bases. Or l'arrangement fut conclu le surlende-
main. Il est fait en connaissance de la convention générale, car il commence ainsi : « Par l'article 5 de la convention du... novembre 1815,
il a été stipulé que les réclamations du sénat de
Hambourg, à l'occasion de l'enlèvement des
fonds déposés à la banque de cette ville, seraient
l'objet d'un arrangement particulier entre les
commissaires de Sa Majesté très chrétienne et
les commissaires de la ville de Hambourg; les
soussignés, désirant procéder immédiatement à
l'exécution de cet article, ont dit et arrêté ce qui
suit : »

Vient ici la convention et la fin de la dépêche
du baron Dudon.

Un document si puissant de logique devait
porter la conviction dans l'esprit du président
du conseil : M. de Richelieu pourtant n'osa pas
le mettre à profit. Les coalisés s'étaient pronon-

cés en faveur de la ville de Hambourg contre la
France. Il donna ordre à MM. Dudon et Portal
d'en finir selon le vœu du sénat de Hambourg.
Après plus de six mois d'insistance de la part
des commissaires français on termina ce débat.
Le 27 octobre 1816, MM. Portal, Dudon et Syllem signèrent une nouvelle convention. La
France s'obligeait à payer dix millions au moyen
d'une inscription de rente 5 pour cent sur le
grand-livre de la dette publique, plus une somme
de deux cent cinquante mille francs en numéraire pour intérêts arriérés. Le sénat ratifia le 2
novembre 1816.

Dans la séance du 25 février 1822, M. de
Corcelles, député de l'opposition libérale, et
l'un des cinq dictateurs de la future république
rêvée dans les ventes secrètes, porta à la tribune
du Palais-Bourbon les allégations contre le
baron Dudon, qui y retentirent encore en
1824; car le libéralisme si riche en calomnies ne savait pas condamner au silence celles
qui étaient démasquées. M. de Richelieu était
encore président du conseil : il était assis au
banc des ministres avec M. Pasquier, qui tenait le portefeuille des affaires étrangères ; et
M. Dudon disait d'après le *Moniteur* :

« Je reçus l'ordre de terminer pour cinq cent

mille francs de rente. Je conviens toutefois que ce serait une assez mauvaise raison pour un fonctionnaire public, placé au rang où j'étais alors, de prétendre qu'il n'a agi que sur l'ordre d'un ministre, parceque cela pourrait ressembler à un moyen de se mettre à couvert de toute responsabilité en la rejetant sur ce ministre. Je crois donc que ce serait la plus pitoyable des excuses que celle qui consisterait à dire que je n'ai agi que par les ordres du ministre. J'ajoute maintenant que si la chambre veut demander de plus amples vérifications, elle verra que, dans tous mes rapports, j'ai examiné la question de savoir si le sénat de Hambourg pouvait, dans les règles du droit public, désavouer ses plénipotentiaires. J'ai soutenu qu'il ne fallait pas céder d'une obole ; j'ai toujours dit que sur la créance réclamée par le sénat de Hambourg, qui se montait à une somme de quatorze millions, il y avait une partie qui ne devait pas être à la charge de la France. M. de Richelieu en a pensé autrement, et l'affaire a été décidée différemment que je ne l'avais proposée ; mais je dois dire qu'elle a été examinée avec le plus grand soin dans le conseil des ministres, et que c'est après une longue délibération que l'ordre m'a été donné ; la décision n'est pas émanée de M. de Richelieu seul.

« Je me suis servi jusqu'à présent, Messieurs, de l'expression *je*; j'aurais pu dire *nous*, car j'étais adjoint à un ministre, qui est aujourd'hui membre de la chambre des pairs (le baron Portal). Je n'ai pas voulu parler de lui dans toute cette explication. Il s'agissait d'une accusation; j'ai cru qu'il valait mieux prendre sur moi le soin de la justification, j'aurais craint de paraître chercher à diminuer la responsabilité en la partageant avec un autre. »

Un geste approbatif de M. de Richelieu fut sa seule réponse.

Ce que nous venons de faire en rappelant les actes officiels et les discours de M. Dudon injustement, niaisement accusé, était un devoir pour tout écrivain consciencieux. Ce que nous avons dit est une leçon dont les partis doivent profiter. Poursuivons maintenant le récit des négociations de 1815.

# CHAPITRE VI.

Créance de la Hollande. — Sa dette publique. — Commission
extraordinaire instituee pour prononcer sur les difficultés.
— Mémoire de MM. Dudon et Canneman. — Jugement en faveur de la France. — Prétentions diverses de la Suisse.
— Elles sont rejetées sur la proposition de M. Dudon. — Affaire
des bâtiments hanovriens, poméraniens et hambourgeois
détruits en mer par l'amiral Allemand. — Créance de Dantzick. — Affaire des munitions navales de Hambourg. — Des
juifs ou des agents d'affaires français achètent les créances
litigieuses ou douteuses. — Décret de Nossen. — Réclamations de la ville de Cologne.

Une affaire encore plus épineuse que celle
de Hambourg avait été réservée par l'article 8 de
la convention annexée au traité du 20 novembre
1815 ; il s'agissait d'une demande de plus de
vingt millions.

La Hollande prétendait que la France était
tenue d'acquitter les intérêts de sa dette publique pour l'année 1813. Au milieu des conféren-

ces préparatoires, MM. Dudon et Portal n'avaient jamais consenti à céder ou à transiger sur cette réclamation. Le gouvernement des Pays-Bas en référa au congrès des quatre cours. M. Dudon y fut appelé ; il y débattit les droits toujours lésés, toujours méconnus de la France.

La question était si ardue et si compliquée, le commissaire français apportait tant de motifs de déchéance contre la Hollande que, malgré toute leur bonne volonté en faveur de la maison de Nassau, les ministres des quatre cours n'osèrent rien décider. Le prince de Metternich ouvrit l'avis de soumettre l'affaire au jugement d'un tribunal arbitral composé de sept membres, deux au choix de la France, deux au choix des Pays-Bas, et les trois autres pris dans des royaumes qui restaient complétement en dehors de ce litige.

La France et la Hollande avaient la nomination d'un de ces trois arbitres qu'il fallait prendre hors de leur territoire; le troisième était désigné par les deux autres déjà élus. Le prince de Castelcicala, ambassadeur de Naples, fut indiqué par la France, le marquis de Marialva, ambassadeur de Portugal, par la Hollande. MM. de Castelcicala et de Marialva s'adjoignirent le général Waltersdorff, ministre de Danemark. Les commissaires français étaient le baron Pasquier, ministre d'état, et M. Brière de Surgy, président de la cour des comptes ; ceux des Pays-Bas le général Fagel et M. de Bye, conseiller à la cour de cassation de La Haie. Le tribunal arbitral prit pour greffier le jeune Ruffo, fils du prince de Castelcicala.

La question fut débattue par des mémoires écrits. M. Dudon rédigea celui que la France produisit; le conseiller d'état hollandais, M. Canneman, fut chargé par son roi d'entrer en lice au nom des Pays-Bas. C'était une chose insolite dans les fastes diplomatiques qu'un pareil tribunal ; aussi le commissaire hollandais commence-t-il son memorandum par témoigner un étonnement que chacun partagera.

« L'existence d'une commission réunie pour prononcer souverainement sur la question qui va lui être présentée n'est pas, dit-il, un des moindres phénomènes de l'époque où nous vivons. Nos neveux seront étrangement surpris un jour en voyant dans l'histoire qu'il a fallu rassembler de divers points de l'Europe des personnages éminents par leur dignité, leur caractère et leur sagesse pour décider si un état acquittera envers un autre la dette la plus légitime et la plus sacrée. En effet il s'agit de savoir si, après avoir perçu pendant les dix premiers mois de l'année

1813 tous les revenus de la Hollande, la France
paiera aujourd'hui à la nation hollandaise les
intérêts de sa dette qui ont couru pendant cet
intervalle, et qui étaient essentiellement hypo-
théqués sur ses revenus. On croira difficilement
qu'une pareille question ait pu être agitée, et
dans tous les temps les véritables amis de la
France s'affligeront qu'elle ait été élevée. Lorsque dans le rêve fastueux de sa délirante ambition Bonaparte réunit la Hollande à la France, il
apprit au monde entier, par un décret du 18 octobre 1810, que la dette hollandaise était conser-
vée dans son intégrité, mais que l'intérêt en serait payé au tiers. »

Entrant alors dans le fond de son sujet avec
un incontestable talent, M. Canneman développait tous les moyens à l'appui de sa cause.
Le baron Dudon faisait valoir de plus puissantes
considérations. Ces deux écrits sont déposés aux
archives des affaires étrangères. De celui qui
fut présenté au nom du gouvernement de
Louis XVIII nous extrayons les passages suivants :

« Dans l'impossibilité d'assurer la réparation
complète de tous les maux causés par vingt ans
d'une guerre qui a désolé tour à tour les diverses

parties de l'Europe, dans la conviction que le
gouvernement de Sa Majesté très chrétienne,
borné au territoire que possédaient les rois ses
prédécesseurs, ne pouvait être rendu responsable de malheurs que déploraient ses fidèles
serviteurs, bien persuadé que pour le bonheur
du monde, pour la tranquillité de ses voisins il
faut éviter de réduire le peuple français à ce degré de misère où les conseils du désespoir sont
les seuls écoutés, les ministres des quatre cours
alliées ont signé à Paris avec les ministres de
Sa Majesté très chrétienne une grande transaction politique. On a réglé les prétentions des
souverains; on a statué sur les intérêts de leurs
sujets. Les charges que devait supporter la France
ont été déterminées; on a placé à côté les droits
qu'elle pourrait faire valoir contre les nouveaux
possesseurs des pays qu'elle abandonnait. Après
la division des territoires on a fait les arrangements pécuniaires; pour ce dernier objet, il s'a-
gissait d'établir en quelque sorte les éléments
d'un compte. Dans quelques articles du traité on
a rendu la France débitrice, dans d'autres créan-
cière. Il semble que ces deux conditions sont assez différentes pour que l'on ne puisse jamais
confondre les articles d'un traité qui se rapportent à chacune d'elles. Cependant on a éprouvé
le contraire, et la Hollande croit voir un droit de

créance contre la France dans un des articles. ou
plutôt dans le seul article du traité de 1814 qui
ait réglé les droits actifs, les reprises de cette
dernière puissance. Une pareille interprétation
du traité a dû exciter les réclamations des commissaires français; aussi ont-ils constamment
déclaré qu'elle leur paraissait opposée à l'esprit
et au texte du traité. On en a référé aux ministres des quatre cours réunies qui, pressés de
conclure la convention principale, et voulant
conserver toute leur impartialité, ont préféré
renvoyer la décision à des arbitres spéciaux. La
question est importante quant à la somme; il
s'agit de plus de vingt millions. En droit, elle
se réduit à des termes fort simples, et peut être
posée ainsi : La France est-elle obligée par le
traité du 30 mai 1814 à payer les intérêts de la
dette publique en Hollande jusqu'au 31 décembre 1813? L'analyse du traité sera la meilleure
réponse. »

Ici M. Dudon continuait à discuter l'esprit et
la lettre de la convention , et sans borner le point
du débat à la simple interprétation des traités,
il prenait corps à corps l'argument principal de
M. Canneman. Cet argument consistait à dire
que Napoléon ayant palpé tous les revenus de
la Hollande pour l'année 1813, le gouverne-

ment du roi devait supporter les dépenses de la
dette publique. M. Dudon prouvait qu'il restait
à recouvrer sur la Hollande une somme considérable d'impôts. La Hollande devait sur l'exercice
1812-1813 six millions cinq cent mille francs de
contributions directes, cinq millions sept cent
mille francs sur l'enregistrement. Là ne s'arrêtaient pas les répétitions. Trois millions huit cent
mille francs étaient dus sur les droits de douane;
dans les contributions indirectes, les droits exigibles pour les mois de novembre et de décembre pouvaient être évalués à quatre millions huit
cent mille francs, en prenant pour base la re-
recette des dix premiers mois de la même année qui avait dépassé vingt-quatre millions cinq
cent mille francs.

' Les titres de la France étaient établis d'une
manière si péremptoire que, le 20 juin 1816,
le duc de Richelieu écrivait au baron Dudon :

« Je vous remercie de la communication que
vous m'avez faite de votre mémoire. J'ai l'honneur de vous annoncer qu'il m'a paru contenir
et présenter de la manière la plus convaincante
toutes les raisons en faveur de la France. Il ne
laisse rien à désirer. »

Après plusieurs séances la cour arbitrale se

rangea à l'opinion du commissaire français. Mais,
avant de prononcer sa sentence, qui était sans
appel, elle voulut savoir à combien se montait
la dette hollandaise. M. Canneman déclarait,
au bénéfice de son pays dont il était l'avocat,
que les dettes hollandaise et française avaient
été réunies dans un même grand-livre, et il ajoutait « Puisque la convention du 20 novembre
porte que la France continuera à payer les intérêts de la dette inscrite dont les puissances étrangères lui rembourseront le capital pour ce qui
concerne leurs états, la Hollande ne doit-elle
pas être dans la même position, et dès-lors ne
lui doit-on pas le paiement de tous les intérêts
antérieurs au 30 décembre 1813 ? »

L'argument était captieux. M. Dudon répliqua : « Cette stipulation des traités de Paris s'ap-
plique à notre grand-livre seulement, parceque
ses rentes étant passées de main en main ; il est
impossible de reconnaître celles qui à l'avenir
doivent être acquittées par les puissances étrangères ou rester à la charge de la France. Mais
pour la dette de Hollande, il n'en est pas ainsi.
La dette de ce royaume a toujours été distincte :
il y avait même sous l'empire une administration différente, une caisse particulière, un livre
spécial. Les cours de rente étaient inégaux. A
Paris, on stipulait en francs ; à Amsterdam, en

florins. Un décret de l'empereur Napoléon et la
loi du budget de 1811 annonçaient bien qu'il
serait pris ultérieurement des mesures pour confondre les deux dettes, mais cela n'a jamais été
exécuté. »

De part et d'autre on fit valoir les raisons qui
militaient en faveur de son pays. On rédigea de
volumineux écrits dont l'analyse est aujourd'hui
sans importance réelle. Le tribunal enfin jugea
cette contestation, et la France obtint gain de
cause. En 1815, ce fut à peu près la seule fois
que la justice se fit jour. La réclamation de la Hollande, qui s'élevait au chiffre de vingt millions,
fut déclarée non recevable par deux voix désintéressées contre une. MM. de Castelcicala et de
Marialva se prononcèrent en faveur de la France,
M. de Waltersdorff pour la Hollande.

Ce que venaient de tenter le sénat de Hambourg et les Pays-Bas devait nécessairement
pousser d'autres nations à des exigences impossibles à satisfaire. Le laisser-aller du ministère
ne disputant qu'avec mollesse à l'étranger la fortune publique semblait autoriser toutes les réclamations. Après avoir été examinées et le plus souvent rejetées par M. Dudon, elles revenaient
plus fortes que jamais et tout à la fois appuyées
par les ministres des quatre cours et par M. de
Richelieu lui-même. Les puissances qui, dans

leur histoire ou dans les déficits de leurs budgets, découvraient quelques faits analogues à la créance de Hambourg se présentaient à la commission. Elles demandaient des indemnités dont elles laissaient à la France le soin de rechercher les titres ; elles lui disaient : « Nous affirmons que vous nous devez. En nous dispensant de prouver, nous attendons que vous fassiez la preuve contraire, et si elle n'est pas concluante, nous avons la force qui vaut mieux que le droit. »

Le royaume était dans cette situation. Le sénat de Hambourg avait emporté de haute lutte l'objet de sa demande. La Suisse espéra qu'elle pourrait être aussi bien partagée.

M. de Haller, commissaire fédéral, vint solliciter la restitution des trésors de Berne, Zurich et Soleure. Il affirmait que ces trésors étaient formés par un dépôt de fonds appartenant à des particuliers ou à des communes, et que sur l'ordre du citoyen Rapinat, commissaire du directoire exécutif français, la violence avait été employée pour les enlever. M. Dudon n'atténuait point au nom du roi les excès que Rapinat, homme si digne de son nom, s'était permis en cette circonstance. Ces excès, M. Dudon les déplorait avec M. de Haller ; mais, tout en disant qu'il fallait les éloigner comme de pénibles souvenirs, il contestait l'origine de la créance, et se bornait à examiner le tort matériel que ces détournements de fonds firent éprouver à la Suisse.

Ces trésors n'avaient point été grossis à l'aide de dépôts d'argent, propriété des particuliers : selon M. Dudon ils étaient en grande partie le résultat des économies faites par les cantons sur les revenus ou impôts publics. La question ainsi placée, ainsi démontrée, soit qu'on agît avec les représentants de la confédération helvétique, soit qu'il fût procédé isolément au nom de chaque canton, il restait avéré que ces derniers étaient autant de souverains indépendants les uns des autres. En conséquence leurs réclamations étaient annulées par les renonciations réciproques du traité de 1814 concernant les prétentions d'état à état. C'était demander le désistement de cette affaire; le baron Dudon l'obtint.

A peine ce succès était-il remporté que la Suisse revenait à la charge sur un autre point. Elle avait été, il est vrai, victime de nombreuses déprédations; mais dans le cruel état de la France lui était-il possible de réparer tous les maux? Fallait-il se ruiner pour indemniser les autres des pertes que la guerre faisait éprouver à tous les peuples que la conquête ou l'occupation avait pressurés? La Suisse réclamait plus de vingt-quatre millions pour objets d'équipement, vivres

18

ou munitions fournis aux armées républicaines.

Le traité offrait de larges moyens de recours aux états ayant des créances à revendiquer; mais ces moyens eux-mêmes avaient un terme. En s'en tenant à sa lettre étroite, les commissaires français refusaient de rembourser, sous prétexte qu'il n'y avait pas eu promesse du gouvernement. Au nom de la confédération helvétique, M. de Haller affirmait que cette promesse existait, et que l'empereur s'était même engagé à payer un à compte de trois millions.

A cette proposition ainsi établie il se présentait une réponse très simple à faire : elle fut donnée. M. Dudon déclara dans une note, déposée aux archives, que deux rapports des ministres de la guerre, l'un signé par Milet-Mureau le 27 floréal an VII, et l'autre par le général Berthier, le 7 messidor an IX, parlent bien de faire solder cet à compte; mais le premier consul n'a jamais approuvé ces deux rapports, qui dans ce cas ne doivent pas être admis comme formant un titre à la charge du gouvernement du roi.

M. de Haller ne se rebute point; il porte devant la commission divers emprunts faits au cantons par le général Masséna; il communique des lettres du directoire exécutif de France adressées au directoire helvétique, et d'autres lettres de Ramel, ministre des finances. Leur

contenu se résumait dans une assurance de remboursement de toutes les sommes avancées pour
le bien de l'armée. En présence de tant de réclamations diverses, M. Dudon, obligé de s'en
tenir judaïquement à la lettre des traités, basa
son refus sur la convention de Paris qui contenait renonciation absolue à toute répétition
d'état à état. « Cette énonciation générale comprend, disait-il, les avances faites volontairement ou celles arrachées par la force. Il est donc
inutile d'examiner par quels moyens le commissaire républicain Rapinat a fait rentrer les fonds
dans la caisse de l'armée. »

Sur cette réponse la demande de la confédération suisse fut rejetée.

La pénurie du trésor et l'honneur national
faisaient un devoir de lutter contre des exigences
injustes ou mal établies. Il fallait plus que jamais que le gouvernement restât attaché au
texte des traités. S'en départir sur un point c'é-
tait céder sur tous, et M. Dudon insistait fortement pour que le ministère ne fît pas acte de
faiblesse. Le commissaire français refusait de
discuter les considérations d'équité par le motif
que la transaction avait pour principal objet de
les éloigner en précisant les cas où la France
serait tenue de rembourser.

Il s'offrit bientôt plus d'une question où il eut

à faire valoir et à appliquer son système. La première fut soulevée par le commissaire hanovrien M. Ruman.

L'amiral Allemand avait, dans l'année 1805, détruit ou brûlé tous les navires marchands amis, neutres ou ennemis par lui rencontrés en pleine mer. L'amiral Allemand n'avait songé en agissant ainsi qu'à dérober sa marche et à empêcher les communications de ces navires de commerce avec la flotte anglaise. La réclamation du Hanovre tendant à faire payer la valeur des vaisseaux incendiés était passée entre les mains de ces nombreux agents d'affaires qui, après avoir acheté des créances véreuses, assiégent la porte de tous les cabinets ministériels, et par leurs importunités forcent la main au pouvoir.

Le vicomte Dubouchage, ministre de la marine, écrivit le 7 mai 1816 au baron Dudon pour lui adresser les pièces relatives à l'affaire du Hanovre. Le 10 mai le commissaire français répondit par une lettre déposée aux archives de la marine : « Je ne crois pas, disait-il, que d'après le traité du 30 mars 1814, et surtout d'après l'interprétation qui lui a été donnée par celui du 20 novembre 1815, que le gouvernement du roi soit tenu de réparer de tels désastres. La France est chargée de l'exécution de tous les engagements *résultant d'obligations légales.* Cette expression n'a de sens que mise en opposition avec *obligations naturelles.* Nous entendons par obligations légales celles résultant d'un contrat écrit ou de la disposition d'une de ces lois qui régissent les actes journaliers de l'administration. Il est équitable qu'un gouvernement répare les ravages causés par ses troupes envers des amis ou des neutres; mais ce n'est là qu'une obligation naturelle et non une de celles qui dérivent d'un engagement formel. Dès lors les indemnités ne peuvent être réclamées du gouvernement du roi, puisque le traité n'y oblige pas. »

Cependant comme un système si fondé en droit pouvait ne pas concorder avec les projets du ministère de la marine, M. Dudon en référa à M. de Richelieu : il désirait que le président du conseil vînt confirmer ses doctrines en les appuyant. Pour l'engager à soutenir ses résistances le commissaire français ne lui cachait pas que la note du Hanovre serait suivie de plusieurs autres de la part des Villes Anséatiques et de la Prusse.

« Nous avons différé, ajoutait-il, de nous expliquer jusqu'à ce que nous ayons reçu vos ordres. Si vous ne partagez pas notre opinion, nous ferons connaître vos intentions aux commissaires étrangers. »

Le duc de Richelieu n'écouta pas cet avis. Il voulut que la réclamation du Hanovre fût favorablement accueillie. Alors M. Ruman demanda non seulement la valeur des bâtiments et de leurs cargaisons, mais encore une indemnité pour les bénéfices éventuels qu'ils auraient pu faire sur leur retour dans les ports expéditionnaires. Le baron Dudon s'opposa avec fermeté à ces concessions. Il n'adopta ni les bases proposées par le Hanovre, ni même celles qu'avait formulées une commission établie à Rochefort, par décret de Napoléon à la date du 3 janvier 1806. Cette commission devait procéder au réglement de l'indemnité, et elle soumit son travail au gouvernement impérial. M. Dudon réduisit d'un sixième les chiffres des commissaires de Rochefort, et pour déterminer ses évaluations il prit celles qu'avait posées sur cette même affaire la section de la marine au conseil d'état en 1807 et en 1808.

Le rapport de la commission de Rochefort était plus favorable au Hanovre que celui de M. Dudon. Les étrangers ne pouvaient en avoir connaissance ; mais ils se voyaient puissamment aidés par cette nuée de brocanteurs dont la résistance du commissaire français froissait les avides calculs. Le secret du travail fait à Rochefort fut révélé par eux aux alliés. Les alliés dès lors se montrèrent intraitables.

La divulgation de cette pièce confidentielle entraînait pour la France un grave préjudice ; elle n'est pourtant pas le seul fait odieux qui se rencontre dans tous les marchés clandestins que des Français passaient contre la France avec les puissances étrangères. Ces dernières leur servirent tour à tour de chaperons, de commanditaires ou d'exécuteurs. Les agents d'affaires, espèces de loups cerviers se jetant sur les misères du pays comme sur une proie depuis longtemps convoitée, ont exercé une coupable influence sur les résolutions des commissaires ou des ministres coalisés.

Quand ils eurent consolidé, achevé ou refait leur fortune dans ce naufrage de toutes les gloires et de toutes les richesses du pays, la plupart d'entre eux vinrent emprunter au libéralisme un peu de popularité. Ils ensevelirent leurs scandales de 1815 sous une triple cuirasse de patriotisme, et à la revolution de juillet un assez grand nombre se trouvèrent tout naturellement portés aux honneurs ou aux fonctions publiques.

Le duc de Richelieu ne s'était pas rendu aux conseils de M. Dudon ; il en reconnut bientôt la justesse. Ainsi que le commissaire français l'avait pressenti, la Prusse et les Villes Anséatiques arrivèrent, au même titre que le Hanovre, pour faire valoir leurs droits. L'amiral Allemand leur avait détruit plusieurs navires de commerce, *le Postdam*, *le Romulus* et *la Fortuna*, bâtiments poméraniens ; *l'Andréal* et *la Diana* du port de Hambourg, *le Gluckeliche-Georg* et *le Welvaren* à la ville de Lubeck, ainsi que quelques autres dont MM. Crull et Abel pressaient la restitution en argent.

A l'exception de la cargaison du *Postdam*, appartenant presque en totalité à des Français ou à des Portugais, et dans laquelle les sujets prussiens n'étaient intéressés que pour trente mille francs qu'on leur alloua, toutes les sommes réclamées par ces états furent payées. Elles enrichirent les traitants qui, par une spéculation que l'histoire doit flétrir, avaient acheté ces créances, et se faisaient un bouclier de la bonne volonté des puissances étrangères pour amener de guerre lasse le ministère à composer avec eux.

Dans une autre affaire presque identique le président du conseil refusa encore de s'en tenir strictement à la lettre des traités, et il déclara existante une dette que M. Dudon soutenait éteinte par voie de compensation.

Ce n'est point ici un procès que nous intentons à la mémoire du duc de Richelieu. Sa probité et son honneur sont hors de toute atteinte; son patriotisme était grand, presque aussi grand que sa faiblesse. L'un lui persuadait qu'il fallait faire tous les sacrifices imaginables pour obtenir la libération de la France, l'autre ne lui permettait pas de résister aux demandes des alliés. Celle dont il va être question le prouvera jusqu'à l'évidence.

Le général Rapp, étant gouverneur de Dantzick, avait fait passer plusieurs marchés pour l'entretien de la garnison ; il avait même levé sur les habitants un emprunt forcé de trois millions. Le commissaire prussien, M. Crull, en sollicitait le paiement ; M. Dudon s'y opposait ; mais, sans repousser le texte de la convention, qui semblait autoriser cette réclamation, il disait que, si elle était accueillie, ce serait restituer à la Prusse les obligations alors échues.

Par un arrangement signé à Paris, le 24 février 1812, la Prusse s'était engagée à livrer une certaine quantité de denrées dans diverses places de guerre et notamment à Dantzick. Ce même arrangement portait que les valeurs de ces denrées seraient admises en déduction de traites payables à échéance fixe, mais dont la France s'engageait à ne point exiger le solde jusqu'au réglement des fournitures. Les marchés et les emprunts faits sur des territoires dépendant de la Prusse n'étaient-ils pas la compensation de ces obligations? Les acquit-

ter serait donc vouloir reconnaître à ces mêmes
obligations une valeur qu'elles n'auraient pas
eue dans les mains du gouvernement de Napoléon, puisque la Prusse lui aurait opposé avec
justice ses fournitures et ses emprunts.

Les obligations particulières à Dantzick con-
sistaient en seize millions de traites souscrites
par la ville. Cinq millions seulement étaient devenus exigibles dans le cours des guerres. M. de
Richelieu hésita longtemps; il n'osait se décider à ordonner un paiement aussi contraire à
toutes les règles. Enfin le comte de Goltz, ministre plénipotentiaire de Prusse, triompha des
répugnances du président du conseil.

Nous avons déjà montré la main rapace des
agents d'affaires français s'immisçant dans les
liquidations et cherchant à les rendre le plus
possible onéreuses à la patrie. Il faut dire avec
quelle ardeur les juifs d'Allemagne suivirent
l'exemple qui leur était donné.

Le commerce de Hambourg s'était vu à peu
près ruiné par le décret de Berlin, qui établissait le blocus continental. Les négociants de
cette ville avaient énergiquement protesté contre un pareil état de choses; Napoléon leur en-
voya le maréchal Davoust pour les châtier. Les
opérations de 1813 le surprirent à Hambourg et
l'isolèrent de l'armée française, refoulée sur les

frontières. Le maréchal Davoust fut obligé de concentrer ses troupes dans la ville de Hambourg et de les faire vivre aux dépens du pays. La nécessité vint donc ajouter aux rigueurs même de sa mission.

Davoust usa sans pitié du droit de la guerre. Il força le commerce à lui fournir des vivres ; nous avons dit de quelle manière il s'était procuré de l'argent. Les Villes Anséatiques, frappées solidairement d'une contribution, dont l'épuisement de leurs ressources ne permettait pas la réalisation, proposèrent de se libérer en livrant des marchandises qui serviraient à l'approvisionnement de nos arsenaux. Le maréchal donna son assentiment à ce plan.

Parmi les objets acceptés ou saisis à ce titre se rencontraient des munitions navales pour une somme de seize à dix-sept millions : c'étaient des mâtures, des chanvres, des goudrons, des métaux, etc. L'évaluation en avait été arbitrée et la livraison consentie. De toutes ces richesses, en grande partie dirigées sur les ports de France, rien n'était encore parvenu à sa destination. Dans les premiers mois de 1814 les communications furent interceptées par les armées ou par les flottes étrangères. Le reste ne sortit pas des magasins où la saisie s'était opérée. Les alliés surprirent en route, les autorités locales retinrent, confisquèrent, reprirent ou pillèrent toutes ces munitions maritimes.

En 1815, les Villes Anséatiques en faisaient l'objet d'une réclamation spéciale contre la France. On réunit, on apprécia, on présenta à la commission de liquidation toutes ces deman des. M. Dubouchage, ministre de la marine, fut consulté. M. Louis Révelière, directeur du matériel de ce département, fit un rapport sur l'affaire. Dans ce document, déposé aux archives de l'amirauté, M. Louis Révelière établit péremptoirement que la France n'a rien reçu, et que par conséquent elle ne doit rien restituer. « Ces valeurs, ajoute-t-il, ne sont que le montant d'une contribution de guerre. Elles se compensent naturellement par la contribution générale dont le gouvernement est frappé à son tour, contribution à laquelle participent les Villes Anséatiques. »

Brême, Hambourg et Lubeck étaient complétement désintéressées dans ce recouvrement dont les titres se trouvaient entre les mains d'un juif, acquéreur ou prêteur nominal : ce n'était donc plus qu'une spéculation introduite à la faveur de la confusion qui régnait dans les pouvoirs de l'état. Le sénat de Hambourg fut consulté. Il refusa d'intervenir directement; il reconnut même avec loyauté que M. Dudon était

en droit de repousser une pareille créance. Mais
le juif porteur des titres, se sentant fort de
l'appui des commissaires anglais et prussien,
assiégeait le ministère de la marine afin d'obtenir une décision favorable. Là il faisait des
insinuations et des demi-confidences qui four-
nirent à M. Révelière de nouveaux arguments
contre sa créance.

« Le solliciteur, raconte-t-il dans un grand
travail inédit sur la Restauration, affectait plus
de sécurité qu'il n'en avait réellement. Il m'a-
vait déjà fait entendre qu'il se passerait de l'avis
de la marine si nous persistions à lui être contraires, et il me dit : « J'aurais déjà fait admettre ma réclamation sans l'opposition de M. Dudon, qui est intraitable. »

« Plus tard il réussit, continue M. Révelière,
et c'est le juif lui-même qui vint m'annoncer
que M. Dudon s'étant retiré de la commission,
il était sûr à présent de ne plus rencontrer d'obstacles sur sa route. »

Dominé par l'idée fixe de l'évacuation du territoire, et importuné des discussions tendant à contester la validité de tous les contrats ou titres produits, négociés, ravivés sous des noms allemands
ou anglais, M. de Richelieu craignait d'aigrir

encore davantage les esprits et de troubler les conférences. Le juif l'emporta. La France se vit contrainte de payer deux fois des munitions dont elle n'avait pas usé, et qui n'étaient jamais entrées dans ses arsenaux.

La convention du 20 novembre avait, par son article 4, stipulé le paiement des denrées coloniales saisies en vertu d'un ordre de l'empereur Napoléon du 8 mai 1813. Pour faire comprendre les motifs de cette stipulation il faut tracer l'historique de cette créance dont l'appurement définitif n'eut pas pour la France de résultats plus heureux que les premiers.

Au mois de mai 1813 l'empereur fut informé que des vaisseaux anglais venaient d'opérer des débarquements considérables sur les côtes de la mer du Nord. Il apprit que dans deux cantons du grand-duché de Berg une insurrection avait éclaté contre les douaniers français. En ce moment son quartier-général était à Nossen, à six lieues de Dresde. Ce fut de là que le 8 mai il rendit un décret par lequel le séquestre et la confiscation étaient ordonnés contre toutes les denrées coloniales entrées frauduleusement dans les états de Berg. Les ministres du grand-duc affirmaient bien que la contrebande n'avait pu introduire dans le pays aucune de ces denrées prohibées; mais Napoléon, qui voyait surgir tant

d'opposition à son idée favorite du blocus continental, ne jugea pas à propos de s'en rapporter à cette déclaration. Par son ordre les denrées furent vendues publiquement.

Plus tard des procès-verbaux fort en règle dé-
montrèrent jusqu'à l'évidence qu'une grande
partie de ces marchandises n'avaient point été in-
troduites par le débarquement que tentèrent
les Anglais en 1813. Les procès-verbaux au contraire constataient qu'elles provenaient d'une
vente faite à Francfort et ordonnée par le gouvernement de Napoléon lui-même ; de sorte que
les denrées furent saisies et vendues deux fois
avec l'estampille, le plomb et les marques même
de la douane française. Les employés de cette
administration étaient parfaitement instruits de
l'erreur commise par Napoléon ; mais il avait su
si bien façonner ses agents à une obéissance
passive que tous reculèrent devant la tâche de
lui faire sentir qu'il se trompait et qu'il devenait
injuste à l'égard des populations conquises.

Trente-sept mille kilogrammes de coton étaient
compris dans cette saisie. Par exception à la règle ces cotons ne subirent pas le sort réservé aux tissus anglais ; on ne les brûla pas.
Les propriétaires furent admis à payer les droits
qu'imposait le décret de Trianon du mois d'octobre 1810, et les ministres du grand-duc de

Berg laissèrent la matière première à la disposition des fabricants. C'était une mesure toute politique et favorable à Napoléon. Elle évitait
la fermeture des ateliers, et donnait de l'ouvrage
à plus de sept mille artisans qui auraient pu,
faute de travail, se joindre aux alliés ou troubler
la paix intérieure.

A peine, en 1814, Louis XVIII fut-il assis sur
le trône que la chambre de commerce de Cologne chargea un jurisconsulte distingué, M. An-
toine Keil, de se rendre à Paris. Il devait solliciter réparation de cette iniquité. Aux Cent-
Jours M. Keil n'avait encore rien obtenu. Après
Waterloo la question se représenta.

Les états fournis par M. de Saint-Cricq, directeur général des douanes, faisaient monter
les sommes perçues par son administration à
un million trois cent soixante-quatre mille deux
cent sept francs.

Il n'y avait aucune objection fondée à émet-
tre, mais la créance de Cologne n'était pas comprise dans les dispositions du traité de 1814. Au
milieu des négociations MM. Dudon et Portal
avaient justement refusé de la reconnaître; on
les contraignit à l'accepter. M. Dudon crut
avoir assez fait en en remboursant le capital. Le
commissaire prussien, M. Crull, prétendit qu'il
était dû en outre une indemnité d'un pour cent

par mois pour la valeur des objets confisqués et depuis le jour de la saisie.

Une loi du 9 floréal an VII assure en effet une aussi forte indemnité à tout négociant dont la douane arrête illégalement les marchandises. C'est une compensation des avaries ou de la baisse qui peut survenir lorsque les produits bruts ou fabriqués sont illégalement retenus. Cette exigence rencontra un contradicteur en M. Dudon, qui, à l'appui de ses inébranlables refus, disait qu'une saisie faite par ordre d'un gouvernement ne devait pas être confondue avec l'opération inique ou tortionnaire d'un préposé aux douanes.

Cette question fut pendante jusqu'au mois de mai 1817 ; mais, comme nous le dirons en son lieu, M. Dudon avait alors cessé de se charger de ces sortes d'affaires. Le baron Mounier, pair de France, MM. Paulze d'Ivoy, de Malartic, Hély d'Oissel, anciens préfets et maîtres des requêtes au conseil d'état, M. Bessières, ancien préfet aussi, et depuis conseiller-maître à la cour des comptes, le remplaçaient dans ses fonctions. Ils ne crurent pas devoir partager l'opinion de leur prédécesseur. Le 10 septembre 1817 ils ordonnancèrent quatre cent mille francs en espèces pour cette prime d'un pour cent toujours refusée par M. Dudon.

19

« Ainsi, dit le Prussien Schœll dans son *Histoire des Traités de paix*, page 529 du tome XI, la France paya l'intérêt de douze pour cent par an à dater de l'époque de l'exécution du traité de Nossen. »

La position prise par le duc de Richelieu en face des cabinets étrangers s'explique par cet ensemble de faits que nous venons de coordonner et d'établir sur les documents officiels. Cette position, qu'il subissait avec effroi, mais qu'il avait acceptée sans en connaître les amertumes, ne pouvait que donner un nouvel encouragement aux prétentions des coalisés. Elles s'augmentaient toujours à raison même de l'accueil favorable qui les attendait à la présidence du conseil.

———

# CHAPITRE VII.

Intérêts accordés aux alliés. — Faiblesse du ministère Richelieu. — Convention secrète qui reconnaît la dette de
Pologne. — Réclamation de l'université de Turin. — Les diamants de la couronne de Sardaigne en gage à Amsterdam.
— Ils sont saisis en 1794. — La duchesse d'Angoulême. —
Dettes de Louis XVIII payées par sa liste civile. — Dette du
roi de Bavière compensée ou niée. — Exagération financière
des puissances. — Résistance de M. Dudon. — Les héritiers
du dernier grand-maître de Malte. — Le prince de Monaco.
— Le grand-duc de Bade. — Compensations que le baron
Dudon veut faire admettre. — Discussions financières et
diplomatiques. — Les alliés demandent que M. Dudon ne
fasse plus partie de la commission. — Schœll et l'*Histoire des
Traités*. — Intentions de M. de Richelieu. — Emprunts contractés. — La nouvelle commission. — M. Dudon se retire.
— Attitude de la nouvelle commission. — Le baron Mounier,
son président. — Les juifs algériens Busnach et Bacri.

Dans la convention du 20 novembre 1815, il
avait été stipulé qu'un intérêt de quatre pour cent
serait accordé à toutes les créances : cet intérêt
prenait date du jour de la signature du traité

jusqu'au jour du paiement. Le paiement devait
être réalisé en inscription avec jouissance du
22 mars 1816 ; mais il est de règle que les inscriptions sur le grand-livre de la dette publique s'opèrent toujours avec jouissance du semestre courant : les arrérages antérieurement
échus se soldent argent comptant. En conséquence, M. Dudon accorda les quatre pour cent à
toutes les créances qu'il fut possible d'inscrire
avec jouissance du 22 mars 1816 ; mais, cette
époque passée, il ne voulut plus l'allouer que
du jour de la convention jusqu'au 22 septembre. Le créancier, en effet, touchait au trésor les intérêts de sa rente pour le premier
semestre, et si, indépendamment de ce semestre, l'intérêt de quatre pour cent lui était
payé, la France se trouvait avoir à supporter,
pour toute inscription postérieure au 22 mars,
un dividende de 9 pour cent.

Une ténacité s'appuyant sur des arguments
si bien déduits, et disputant à l'étranger les trésors de la France, ne devait pas convenir aux
ministres des quatre cours. Par malheur ils ne
rencontraient pas assez de contradicteurs ou
d'adversaires dans les hautes fonctions gouvernementales. Ces ministres remirent au duc de
Richelieu un mémoire dans lequel ils combattaient l'opinion émise par M. Dudon ; M. Du-

don en avait fait l'objet d'une note qu'il leur communiqua ; le duc de Richelieu en eut connaissance, et cependant, le 1ᵉʳ août 1816, il écrivit au commissaire français :

« L'examen attentif du mémoire des commissaires étrangers, que j'ai l'honneur de vous adresser ci-joint, m'a effectivement fait partager l'opinion qui y est soutenue, et je crois en conséquence devoir vous inviter, monsieur le baron, à faire droit à la réclamation des commissaires étrangers en calculant les intérêts attachés aux créances jusqu'au moment de la liquidation et non pas seulement jusqu'au 22 mars. »

Tandis que le commissaire français insistait avec tant de persévérance auprès du duc de Richelieu pour qu'on ne s'écartât point de l'esprit des traités, celui-ci, se laissant entraîner de concessions en concessions, arriva bientôt à perdre de vue le texte même des actes diplomatiques. Le 9 septembre 1816, il signa avec la Russie une convention secrète par laquelle il annula, en faveur de cette puissance, les renonciations réciproques faites entre les gouvernements relativement à toutes les créances d'état à état.

L'article 2 de la convention secrète oblige la France à tenir compte des sommes qui ont été

versées au trésor impérial par le roi de Saxe,
grand-duc de Varsovie. Cette créance avait été
l'objet d'une transaction particulière, signée à
Bayonne, au mois de mai 1808, par M. de
Champagny, ministre des relations extérieures,
au nom de la France, et pour la Saxe, par les
sénateurs palatins du duché de Varsovie, comte
Stanislas Potocki, comte Pierre Bielenski et Xa-
vier, comte Dzialynski. Là Napoléon avait fait
dresser le compte de tout ce que le gouvernement polonais devait à la France. Ce compte se
montait à quarante-sept millions. L'empereur
en fit cession au roi de Saxe ou plutôt il réduisit
cette somme première à vingt millions. Le roi
grand-duc souscrivit des bons à échéances suc-
cessives de 1809 à 1811.

Par sa position de lieutenant-général encore
sur les cadres de l'armée russe, et surtout par le
besoin qu'il éprouvait d'étayer ses vacillations
gouvernementales auprès d'une puissance amie,
M. de Richelieu n'avait rien à refuser aux plénipotentiaires du czar. Un commissaire spécial,
le comte Hédouville, se rendit sur les lieux,
chargé de la liquidation du grand-duché de
Varsovie; mais cette mission n'était que pour la
forme. M. de Richelieu consentit, sans examen,
à faire allouer par la France des sommes
ainsi remboursées, oubliant que, par le traité

de 1814, toutes les répétitions d'état à état devaient être annulées.

Il ne songea pas que, lors des conférences préliminaires du traité de 1815, la question de Pologne avait été soulevée, et que M. de Talleyrand avait répondu : « Depuis l'établissement du roi de Saxe, comme grand-duc, les Français n'occupaient plus le pays par le droit de la guerre, mais y étaient employés seulement comme auxiliaires : toutes les dépenses faites pour l'armée avaient eu lieu par les ordres et par les soins des autorités du pays. Le traité de 1814 ne pouvait donc être applicable à ces fournitures, puisqu'il ne parle que de celles exigées par les ordres des autorités françaises. »

Le duc de Richelieu devait s'en tenir à cet acte : il ne l'osa point. Il accorda à la Russie une restitution que rien ne rendait exigible, et qui devenait d'autant plus extraordinaire que, par l'article séparé du traité du 20 novembre 1815, on déclarait « qu'il ne serait pas donné suite à la convention de Bayonne. »

Ainsi les sommes déjà payées par le roi de Saxe, en sa qualité de grand-duc de Varsovie, étaient restituées à la Russie, et la France ne pouvait obtenir l'allocation d'environ douze millions, prêtés au roi de Saxe pour partie d'un

emprunt qu'il avait contracté et hypothéqué
sur les mines de Viska.

Tout alors était arbitraire. Cette restitution
du 9 septembre 1816, qui fut longtemps tenue
secrète, le démontre jusqu'à l'évidence. Si, par
le motif que le grand-duché de Varsovie avait
payé vingt millions, la France, aux yeux des
ministres de l'empereur Alexandre, en était responsable, pourquoi l'Autriche, et même la
Prusse, qui recevaient en partage des portions de territoire détachées de ce grand-duché,
n'avaient-elles pas aussi le droit de réclamer
leur quote-part proportionnelle? L'Autriche et
la Prusse ne faisaient point de grâce à la
France; mais le prince de Metternich et le
baron de Humboldt n'élevèrent jamais de pareilles prétentions, et cependant la Prusse se
voyait dans un cas semblable. En vertu du
traité signé à Paris, le 17 septembre 1808, par
M. de Champagny pour la France et le baron
de Brockhausen pour la Prusse, ne pouvait-elle
pas demander le remboursement des contributions de guerre exigées de ses sujets? La Russie
seule les fit valoir; seule elle obtint une satisfaction qui ne lui était pas due. Nous avons indiqué
les causes qui engagèrent le ministère à consacrer cette injustice.

Dans ce pêle-mêle d'ordres contradictoires ou

de concessions arrachées par des ménagements qui ruinaient la France et compromettaient sa dignité, les exigences des commissaires étrangers ne se réduisaient plus même à la stricte exécution des traités. M. de Richelieu n'avait pas soutenu M. Dudon dans sa résistance toute nationale : les alliés profitèrent de cette divergence dans la manière de voir du président du conseil et dans celle du commissaire français pour présenter des demandes inadmissibles. La Prusse poussa même les choses à l'extrême. M. Crull, son commissaire, sollicitait la liquidation d'emprunts faits en exécution de la loi du 19 frimaire an IV. Ces emprunts avaient été contractés en assignats, et on avait délivré aux prêteurs des bons admissibles en paiement des domaines nationaux. Par une série de lois la valeur de ces bons s'était trouvée successivement réduite, puis enfin annulée ; ce n'était plus, même pour les Français, que des titres inutiles. Dès lors les créanciers sujets de la République ou de l'Empire, mais habitants des territoires que la guerre venait d'en détacher, ne pouvaient pas prétendre que les mêmes titres annulés pour nous reprenaient dans leurs mains une nouvelle force par le seul effet des changements de souverains.

Et pourtant M. Crull soutenait imperturba-

blement cette thèse. Elle était grave, car elle
rentrait dans la question des déchéances, dont
le commissaire français se servait avec succès pour rejeter un grand nombre de créances.
Ce motif, que les plénipotentiaires étrangers
ne voulaient pas reconnaître, était néanmoins
fondé en droit. D'après deux décrets de l'empereur du 15 février 1808 et du 13 décembre 1809,
décrets rigoureusement appliqués aux citoyens
français, M. Dudon prétendait que la déchéance
frappait par la même raison les habitants des
pays qui faisaient partie intégrante de l'empire
lorsque ces décrets avaient été rendus. Ils n'a-
vaient pas été insérés au *Bulletin des Lois*, ils
étaient peu connus; cependant ils faisaient la règle de conduite des administrations impériales.
Injustes en principe comme dans l'application,
ils anéantissent des dettes dont la légitimité ne
peut être contestée.

Lorsque M. Dudon les leur opposa les étrangers ne cachèrent pas leur étonnement. M. Dudon se gardait bien d'en soutenir l'équité, mais
il disait qu'aucun traité ne pouvait avoir pour
objet de placer les créanciers des pays cédés par
la France dans une meilleure condition que les
regnicoles eux-mêmes. Dans le paragraphe 2
de l'article 7 de la convention du 20 novembre
on avait déclaré qu'il n'était point dérogé aux

lois ou actes du gouvernement prononçant des
prescriptions et des déchéances ; le duc de Richelieu lui-même avait espéré se faire une arme
contre les étrangers de cette loi qui devenait
une espèce de sauvegarde.

Dans sa lettre adressée le 5 décembre 1815 à
la commission des liquidations, on lit les instructions suivantes :

« En étudiant attentivement la convention vous
reconnaîtrez que le gouvernement a eu soin de
se réserver l'effet de la législation rendue depuis
vingt ans sur les confiscations, les liquidations
et les déchéances. Vous n'avez pas à considérer
si ces lois étaient justes dans leur principe : elles
ont existé ; elles ont réglé les propriétés de l'état
et des particuliers ; elles doivent vous servir de
règle. Vous consulterez ces décrets, et notamment celui du 13 décembre 1809, qui n'ont point
été rendus publics, et qui contiennent des dispositions importantes sur la déchéance des créanciers. C'est en souvenir de ces lois et de ces décrets qu'ont été stipulées les réserves énoncées
en faveur de la France à la fin des articles 7 et
9 de la convention. »

C'était une porte de salut, M. Dudon l'ouvrit

comme M. de Richelieu, et la France continua
la discussion des dettes mises à sa charge.

L'Autriche, par l'organe du baron de Barbier,
vice-président de son conseil des finances, élevait ses réclamations à cent cinquante-six millions. Examen fait de cette créance hyperbo-
lique, M. Dudon ne la reconnaissait valable que
pour deux millions cinq cent quatre-vingt mille
francs. Jusqu'en 1817 M. Barbier, qui était à
la tête de la commission étrangère, ne put
tomber d'accord avec lui sur une somme de
cent trente-un millions six cent neuf mille francs
pour fournitures faites par des communes autrichiennes à l'armée de Napoléon.

M. Dudon déclarait que c'était là une de ces
charges militaires dont la France se trouvait
exonérée par le traité, une longue série de faits
qui ne constituent point une réparation. Les
preuves à l'appui, il démontrait que ces fournitures ou prestations avaient eu lieu en vertu de
réquisitions, et, ajoutait-il, « il n'y a que celles
accompagnées de contrats ou d'arrêtés soit des
généraux, soit des autorités administratives françaises renfermant promesse de paiement, que le
trésor est tenu d'acquitter. Toutes les fois que
ces circonstances ne se trouveront pas énoncées
dans la réquisition, disait-il en terminant, le
remboursement n'est pas dû, aux termes mêmes

du paragraphe Iᵉʳ de l'article 2 de la convention du 20 novembre 1815. »

L'exemple donné par l'Autriche avait fait naître bien des imitateurs dans les puissances secondaires. La Bavière exigeait en totalité quatre-vingt-quatorze millions. L'étude approfondie de toutes ces créances ainsi surfaites avait prouvé au baron Dudon leur cupide exagération. Il les discuta d'abord, il les réduisit ensuite à leur valeur. Celle de la Bavière fut arbitrée par lui à douze cent mille francs. Comme pour l'Autriche, la principale difficulté portait sur les fournitures faites par les communes aux armées de l'empereur Napoléon. Sur ce seul chapitre les Bavarois élevaient le chiffre de leurs réclamations à quarante-cinq millions six cent mille francs. M. Dudon n'en pouvait reconnaître que pour trois cent mille.

On avait fixé un terme passé lequel aucune réclamation ne devait être admise : c'était le 26 février 1817. Vers cette époque, les commissaires étrangers ne mirent plus aucune borne à leurs réclamations. Ils ne prirent même plus la peine d'examiner la validité des titres. Il fallait à tout prix éviter la forclusion et par conséquent les faire tous enregistrer par le commissaire français. Ces créances qui arrivaient de tous les points de l'Europe se montèrent à treize cents millions.

Quelques exemples seuls suffiront pour indiquer l'âpreté, le ridicule peut-être de semblables
exigences.

La ville de Hambourg demandait trente-sept
millions huit cent mille francs, afin d'indemniser les particuliers dont les terrains ou les bâtiments avaient été employés pour le service des
places fortes. Au compte de M. Dudon, il fallait réduire cette créance à dix-huit cent mille francs,
car on ne devait payer que dans les cas où la loi
de juillet 1791 accorde une indemnité, et en outre lorsqu'il y a un engagement de solder, résultant d'un acte des autorités françaises, ainsi que
le déclarent les traités.

Dans ce bilan général des nations que nous
relevons sur documents officiels, les dettes personnelles des rois ne doivent pas plus être omi-
ses que celles de peuple à peuple. Ce spectacle
de débiteurs et de créanciers royaux laissant protester la foi que chacun se croyait obligé d'avoir
en leur parole, ou s'acquittant sans examen, est
trop instructif pour ne pas le mettre en lumière.

La renonciation des créances d'état à état
semblait entraîner nécessairement l'extinction de
toutes les dettes des souverains envers la France
et de celle-ci envers eux. Il n'en fut cependant
pas ainsi. La Prusse gagnait quelque chose à ce
que cette renonciation ne comprît pas les em-

prunts contractés par les princes avant leur avénement au trône, et, pour trancher la question,
elle réclama de Louis XVIII le remboursement
de deux millions. Cette somme lui avait été prê-
tée par Guillaume à divers intervalles pendant
qu'il résidait à Brandebourg ; le prince l'avait
consacrée à faire vivre les débris de l'armée de
Condé.

Les commissaires français refusèrent d'admettre la distinction faite par la Prusse ; on en
référa à Louis XVIII, qui de suite ordonna d'a-
bandonner toute discussion sur ce sujet. Le roi
déclara en même temps que cette dette, à lui personnelle, ne pouvait être acquittée sur les fonds
de l'état, mais bien par la liste civile. C'était
une noble initiative. Le 22 avril 1816 une convention spéciale fut signée à Paris, et le 24 juin
de la même année le roi fit remettre à son frère
de Prusse quatre bons dont voici la teneur :

« En vertu de l'autorisation contenue dans
l'ordonnance royale du 15 mai dernier, il est
reconnu que le roi doit à Sa Majesté le roi de
Prusse pour les causes énoncées dans la convention conclue à Paris le 22 avril dernier entre
M. Rivière, maître des requêtes au conseil d'é-
tat, stipulant pour Sa Majesté d'une part, et
M. Jean Frédéric Pâris, conseiller de Sa Majesté

prussienne de l'autre, convention qui a été ap-
prouvée et signée par M. le duc de Richelieu,
président du conseil des ministres, et M. de
Goltz, envoyé extraordinaire et ministre plénipotentiaire de Sa Majesté le roi de Prusse près
Sa Majesté très chrétienne, munis à cet effet des
pouvoirs de leurs cours, la somme de cinq cent
mille francs, payables en argent comptant ou en
effets de même valeur à la personne qui présen-
tera cette obligation par la caisse de l'intendant
du trésor de la liste civile à Paris, le 22 avril
1817, avec les intérêts sur le pied de 5 pour cent,
exigibles de six mois en six mois, à compter du
21 avril dernier; ladite somme de cinq cent
mille francs faisant partie de la somme totale
dont ladite Majesté très chrétienne s'est recon-
nue débitrice par la susdite convention.

« A Paris, ce 24 juin 1816, au nom et par
ordre du roi, pour le ministre de la maison du
roi.

« *Signé* RICHELIEU. »

Trois autres bons pareils furent signés aux
échéances du 22 avril 1818, 22 janvier 1819
et 22 avril 1819. Ce dernier était de sept cent
trois mille quatre cent vingt-six francs.

Interpréter ainsi les conventions de 1815 avait
sans doute quelque chose de fort rationnel, mais

il fallait maintenir la réciprocité de l'interprétation; M. Dudon proposa de la faire adopter.
Appuyé sur ce principe, il vint réclamer à la
Bavière le paiement des sommes qu'en 1785
Louis XVI avait avancées au grand-père et au
père du roi actuel de Bavière. Il existait deux
créances : la première était un emprunt de six
millions contracté à Gênes par le duc Charles de
Deux-Ponts, sous la garantie de la France; la seconde remontait à la même année. C'était un
prêt d'un million vingt-cinq mille francs fait par
le roi au prince Max pour favoriser son mariage
avec la princesse de Hesse-Darmstadt.

La France n'insistait guère sur le remboursement des six millions. M. Vanrecum, commissaire du roi Maximilien, autrefois si connu à
Paris sous le nom de prince Max, faisait valoir
un décret de l'empereur du 13 janvier 1806, qui
les admet en compensation des frais de guerre
dus à la Bavière; mais ce décret ne faisait aucune mention de la seconde créance. Pour prouver que Napoléon avait bien entendu réserver
cette créance, le baron Dudon produisit deux décisions du gouvernement impérial à la date des
années 1810 et 1811; elles autorisaient le ministre des finances à en remettre le titre contre une
inscription de cinquante mille livres de rente sur
le trésor de Bavière, remboursable à la volonté

du débiteur. Le plénipotentiaire de Bavière à Paris, comte de Cetto, reçut à cette époque communication des décrets non publiés. Afin d'empêcher l'empereur d'adopter la mesure proposée, il adressa aux ministres un mémoire sous forme de correspondance. Son principal argument se réduit à dire qu'en 1786 Louis XVI avait fait remise de ce million vingt-cinq mille francs au prince Max à l'occasion de la naissance de son fils aîné, Louis, souverain actuel de Bavière, dont le roi de France fut le parrain.

Dans les papiers de l'ancien contrôle général, ainsi que dans les archives des affaires étrangères, nous n'avons trouvé aucune preuve écrite de l'allégation de M. de Cetto. Seulement nous avons vu la quittance signée le 22 août 1785 par M. de Pfeffel, en vertu de la procuration donnée par le prince Max le 8 mai 1785. Mais ce qui peut faire douter de la véracité des allégations de M. de Cetto, c'est qu'on rencontre plusieurs quittances faites au nom du prince Max en 1786 et 1787, chacune de quarante mille francs. Ces quittances, venant après l'abandon, détruisent les raisons apportées par la Bavière, car sans aucun doute elles sont ou le complément de la somme promise en 1785 ou un nouveau titre. Il est notoire en effet que le roi donnait au prince Max un secours annuel de quarante mille francs.

C'était une affaire de peu d'importance, mais qui cependant pouvait avoir de graves résultats. La dignité de la France conseillait de la suivre et d'appliquer la réciprocité du système concédé à la Prusse. Le baron Dudon reçut ordre du duc de Richelieu de ne point insister : la créance fut mise à l'écart.

Les états de premier ordre avaient tous un mémoire à faire liquider ; les petits ne consentirent pas à demeurer en arrière. L'on vit même les héritiers du dernier grand-maître de Malte, le seul chevalier de la langue allemande qui eût obtenu cette dignité, venir solliciter la récompense de la honte et de la trahison.

Jusqu'ici la conduite de ce lâche successeur des Gozon, des Villiers de l'Isle-Adam et des Lavalette était restée une énigme historique. Dans la masse des demandes plus ou moins extraordinaires que le traité de 1815 a fait naître, demandes qui se rattachent toutes aux événements politiques ou militaires de la Révolution et de l'Empire, la capitulation de Malte est sans contredit le plus étrange.

Au nom des héritiers du baron Ferdinand de Hompesch, dernier grand-maître de Malte, le commissaire prussien, M. Crull, présentait une réclamation de trois millions cinq cent mille francs. Elle était motivée sur une convention

conclue le 24 prairial an vi (12 juin 1798) entre un certain nombre de chevaliers et Bonaparte, général en chef de l'armée d'Egypte.

Dans un rapport déposé aux archives des affaires étrangères, M. Dudon, sans se préoccuper
de cette glorieuse histoire de Malte dont la dernière page se résumait en une ignoble addition
de chiffres, posait ainsi l'affaire : Le traité est-il
obligatoire pour la France?

Partant de cette question, le commissaire
français prouvait que Hompesch n'avait point
concouru à l'acte invoqué : il avait même protesté contre l'usurpation d'autorité que les chevaliers s'arrogèrent lors de la capitulation. Le
gouvernement républicain ne crut pas devoir la
ratifier; et d'après la législation en vigueur le
corps législatif seul pouvait la sanctionner, à
l'exception des articles secrets, aux termes de la
constitution de l'an iii.

Cependant en l'an vii le traité de capitulation
fut communiqué au corps législatif, qui valida
seulement l'article concernant les chevaliers de
l'ordre nés français. L'acte en lui-même, disait
M. Dudon, n'a jamais été approuvé par le gouvernement et a toujours été en apparence rejeté
par le grand-maître au nom duquel on en demande l'exécution.

Mais, répondait M. Crull en faveur des héri-

tiers, le baron de Hompesch, qui, pour la conservation de ses droits de souveraineté, avait os-
tensiblement refusé d'acquiescer à ce pacte,
l'exécutait et l'avait exécuté dans toute sa teneur.
Cette exécution ne doit-elle pas être regardée
comme équipolente à une ratification écrite?
Le traité promettait au grand-maître une
rente annuelle de trois cent mille francs.
Il en avait sollicité le paiement à diverses reprises, et la France avait refusé de le lui allouer
aussi longtemps qu'il séjournerait en pays
étrangers.

Le 19 octobre 1804 le baron de Hompesch
arriva en France. Ce jour là même il entra en
jouissance d'un brevet de pension de trois cent
mille francs, sous la seule condition commune à
tous les pensionnaires de l'Etat de résider sur le
territoire. Hompesch reçut à Paris même le prix
de sa lâcheté; il le toucha jusqu'au jour de sa
mort. Ce fut à Montpellier le 12 mai 1805 qu'il
expira âgé de soixante-deux ans; mais en 1815
la cupidité qui travaillait toutes les têtes poussa
ses héritiers à une démarche que la plus affreuse
indigence elle-même ne devait jamais conseiller.
Ils vinrent, par l'entremise du commissaire
prussien, réclamer la somme qui aurait dû
être comptée au grand-maître depuis le 12
juin 1798, jour de la capitulation, jusqu'au 19

octobre 1804, date qui régularisait son sa-
laire.

Tous ces détails sont bien opposés à ceux que
l'histoire a recueillis et que la *Biographie universelle*, à l'article *Hompesch*, par M. Michaud jeune,
son directeur, a enregistrés. La *Biographie universelle* fait mourir ce grand-maître en 1803; elle
le représente comme n'ayant reçu de l'Empire
qu'un modique secours; et cependant voilà les
pièces officielles. Par la bouche de ses héritiers,
celui qui avait livré l'île de Malte, et anéanti dans
une infamie le corps religieux et militaire le plus
chevaleresque et le plus nécessaire à la chré-
tienté, osait redemander de l'argent au pays dont
les enfants avaient porté si haut et si loin le nom
de l'ordre de Malte. C'était un opprobre sans
aucun doute.

Sur la proposition de M. Dudon, la France
monarchique refusa d'y prêter les mains; mais
ne fallait-il pas qu'alors l'esprit de lucre se fût
bien tristement emparé des âmes pour que les
étrangers vinssent à la barre des nations apporter le bilan de leur honte secrète.

Cette réclamation mise à néant, d'autres moins
affligeantes pour la dignité de l'homme se pro-
duisirent.

Le prince de Monaco exigeait trois cent dix
mille francs, réduits par M. Dudon à vingt-deux

mille francs, ainsi répartis : vingt mille francs
pour cautionnements saisis et deux mille francs
pour traitements arriérés.

Le prince d'Anhalt-Dessau était plus modeste :
il réclamait six mille deux cents francs. La principauté de Reuss se contentait d'un peu moins :
elle ne parlait que d'une créance de cinq mille
six cent cinquante-un francs.

Mais un certain nombre de ces petits états
perdus sur la carte d'Allemagne ne consentirent
pas à suivre l'exemple de réserve que Reuss et
Anhalt-Dessau leur donnaient. Le grand-duché
de Bade, encouragé dans ses prétentions par les
ministres des quatre cours, arriva avec une première demande d'un million trois cent cinquante
mille francs. Elle n'était pas encore à jour lorsque le grand-duché apporta une masse de réclamations fabuleuses.

Indigné de l'oubli de tous les principes adoptés jusqu'à ce jour dans la direction de ces affaires contentieuses, le baron Dudon ne put
contenir le sentiment que provoquaient tant
de pygmées accourant à la curée du grand empire. Il avait plus foi dans la susceptibilité de la
France outragée que dans les résistances d'un
ministre qui l'abandonnait au plus fort de la
lutte. En présence de tous les commissaires
étrangers il s'écria :

« Vous en ferez tant que je vous paierai par un coup de tocsin. »

Le tocsin peut-être n'eût pas été entendu à Paris, où les escompteurs et les usuriers d'affaires spéculaient si tristement sur toutes ces créances ; mais en province il aurait évoqué de formidables échos. La menace de M. Dudon retentit aux oreilles des négociateurs étrangers : à partir de ce jour ils résolurent d'amener le duc de Richelieu à nommer d'autres commissaires.

Cette exagération de la part des alliés avait été pressentie dans les protocoles préparatoires de la conférence générale qui ratifia le traité de 1815. Les alliés s'y étaient bornés à exiger de la France une inscription de rente de trois millions cinq cent mille francs, et lorsque le budget de 1816 fut proposé aux Chambres on déclara que si ce fonds était insuffisant, le supplément nécessaire ne dépasserait guère deux millions.

Ainsi la totalité des créances n'était évaluée qu'à un capital de cent trente-neuf millions, et à la suite de concessions humiliantes ces créances s'élevaient, une année après, au chiffre impossible de treize cent millions.

Dans le chapitre relatif aux états sardes il s'élevait une difficulté qu'il faut mentionner. Le gouvernement de Sardaigne réclamait une

rente de trois cent mille francs inscrite au
grand-livre de France sous le nom de l'université de Turin. La convention du 20 novembre conservait les droits des individus ou des
établissements particuliers ; or, disait le commissaire piémontais Fornari, cette rente représente les biens dont jouissait l'université antérieurement à la réunion du Piémont à la
France.

Toujours sur la brèche, toujours armé d'arguments péremptoires pour défendre les intérêts
de son pays, M. Dudon refusait d'adhérer à
cette proposition. L'université était un établissement public dépendant du gouvernement et
salarié sur les revenus de l'état. Elle ne pouvait
donc pas rentrer dans la catégorie des établissements dont les droits étaient réservés ainsi
que ceux des individus. La rente pour elle était
une allocation et une assignation de fonds ; le
décret qui en ordonnait l'inscription datait du
18 prairial an XIII, et déjà le Piémont faisait
partie de l'empire français. Depuis trois ans,
et par le seul fait de l'incorporation, les biens
de l'université avaient été, en conformité de la
loi du 18 mars 1793, réunis au domaine de l'état
comme toutes les propriétés des établissements
d'instruction publique. Lorsque la Sardaigne
était sous la domination de ses rois légitimes

l'université de Turin ne possédait pas ces terres : ce n'était qu'un don gratuit fait par la commission exécutive chargée d'administrer le
royaume depuis l'abdication de son souverain.
Les biens que M. Fornari disait être représentés
par ce titre de trois cent mille francs provenaient de la sécularisation des ordres monas-
tiques. Ils étaient dans le domaine public lorsque la rente avait été inscrite : l'état ne se
voyait donc par obligé de la donner en paiement de ces biens dont la possession lui était
acquise.

On se rendit à l'argumentation du commissaire français , et la rente fut rayée.

Ce n'était pas au reste la seule demande de
la Sardaigne qui offrît quelques particularités remarquables ; il s'en rencontrait une autre qui
intéressait vivement la cour de Turin. Nous allons exposer brièvement cette affaire dans laquelle les princes eux-mêmes prirent parti.

Le chevalier de Goisson avait été spécialement
chargé par la cour de Sardaigne de réclamer
auprès du roi Louis XVIII les diamants de la
couronne de Piémont , qui étaient devenus
propriété de celle de France. Ces diamants se
trouvaient, avant la révolution de 1793 , déposés
à la Banque d'Amsterdam pour garantie d'un
prêt de deux millions cent mille francs. Deux

cent mille florins seulement ( à peu près quatre
cent cinquante mille francs) avaient été avancés sur ce gage. Après la conquête de la Hollande par Pichegru , les conventionnels en mission à l'armée républicaine saisirent ces pierreries ; toutefois ils offrirent d'en laisser à la banque d'Amsterdam pour la valeur de deux cent
mille florins. La municipalité de cette ville refusa de se charger du dépôt ainsi fractionné ;
alors les conventionnels confisquèrent le tout.

Les diamants existaient encore en nature ; la
Sardaigne paraissait donc fondée à en exiger la
restitution , car, aux termes de l'article secret
de la capitulation militaire du 23 avril 1814, la
France s'engageait à restituer les valeurs mobi-
lières et immobilières tirées des pays occupés
par ses armées , et qui au jour du traité pouvaient exister en nature.

Sans en connaître l'origine révolutionnaire,
madame la duchesse d'Angoulême faisait quelquefois usage de ces parures, qui avaient déjà
servi aux impératrices Joséphine et Marie-Louise.
La duchesse était, ainsi que toute la famille royale,
en rapports d'affection et de parenté avec la cour
de Turin. Ce fut donc à elle que M. de Goisson
eut ordre de s'adresser tout d'abord ; il lui remit
un mémoire où les faits sont judicieusement et
très clairement expliqués. La princesse le lut ;

il devait évidemment la frapper. Cette lecture achevée, elle dit au chevalier de Goisson : « Ces diamants seront rendus à leur véritable propriétaire, ou je ne les porterai jamais. » Le mémoire fut renvoyé au duc de Richelieu et appuyé de la haute protection de la fille de Louis XVI. M. de Richelieu crut qu'il n'y avait rien de mieux à faire que de réparer le plus promptement possible cette spoliation. Pour la forme il demanda un rapport à M. Dudon.

Mais des difficultés sérieuses s'élevèrent. M. Dudon répondait au mémoire de la cour de Turin qu'il était bien malaisé de reconnaître les diamants faisant autrefois partie des joyaux de la couronne de Sardaigne ; il disait que les procès-verbaux d'expertise du Garde-Meuble indiquent bien le poids ainsi que la forme des pierreries, et ne relatent que très rarement leur origine. Cet argument n'était pas concluant. D'autres surgirent de l'arsenal des traités ; ils rendirent la réclamation des états sardes complétement inadmissible.

La cour de Turin ne pouvait pas revendiquer la stipulation de l'article secret du 23 avril 1814 ; cet article, ajoutait le commissaire français, ne comprend que les objets dont la France s'est emparée à la suite de ses conquêtes, et les joyaux dont il s'agit ont été abandonnés à la France par le

traité du 30 floréal an IV (19 mai 1796.)
En effet, d'après l'article 9 de cet acte signé
par le chevalier de Revel et le chevalier de Tonso,
plénipotentiaires piémontais, et par Charles La-
croix, ministre des relations extérieures de
France, Victor Amédée stipule que la république restituera tous les biens saisis et confisqués sur les sujets piémontais, mais il ne
comprend point ce qui appartenait à sa couronne. Bien au contraire, par l'article 6 de
la même convention, Victor - Amédée « re-
nonce à toute répétition ou action mobilière
qu'il pourrait avoir à exercer contre la république pour des causes antérieures au traité. »

La clause était formelle. Devant une semblable renonciation évoquée si à propos la Sardaigne retira sa demande ; mais la duchesse
d'Angoulême persista dans la résolution de ne
jamais porter cette parure, qui fait encore partie des diamants de la couronne.

Au mois de mai 1816 la France songea pourtant à faire, elle aussi, valoir les droits que les
actes diplomatiques lui réservaient. Ces actes lui accordaient des compensations, entre autres le montant des dettes inscrites sur
le grand-livre et provenant des dettes particulières aux pays qui, pendant un temps plus
ou moins long, avaient été réunis à la Ré-

publique ou à l'Empire. Les traités de paix de Campo-Formio, 26 vendémiaire an IV (18 octobre 1797), et de Lunéville, 20 pluviôse an IX (10 février 1801) stipulaient :

« Les pays cédés, acquis ou échangés par le présent traité porteront à ceux auxquels ils demeureront les dettes hypothéquées sur leur sol. »

Cet article était aussi clair que possible ; un autre de la convention du 30 mai 1814 le corroborait en le développant. On lit en effet dans cette convention :

« Art. 21. Les dettes spécialement hypothéquées dans leur origine sur les pays qui cessent d'appartenir à la France, ou contractées par leur administration intérieure, resteront à la charge de ces mêmes pays. Il sera tenu compte en conséquence au gouvernement français, à partir du 22 décembre 1813, de celles de ces dettes qui ont été converties en inscriptions de la dette publique de France. »

Fort de toutes ces clauses, dont la violation manifeste devenait une impossibilité morale, le ministère pouvait démontrer — la commission

en avait fait le tableau — qu'il y avait plus de
six millions de rente dont le capital était, pour
ainsi dire, compensable. Des états furent même
remis au duc de Richelieu et aux ministres des
quatre cours. Ces états portaient la dette inscrite pour la Belgique à quatre millions de rente ;
pour les départements de la rive gauche du Rhin
à quatre cent huit mille francs ; pour le Piémont
à quatre-vingt-dix mille francs ; pour Gênes à
trois cent cinquante-trois mille francs ; pour
Parme et Plaisance à soixante-deux mille francs,
et pour diverses principautés d'Italie à cent
soixante-treize mille francs.

L'article seul de la Belgique n'est énoncé sur
ce tableau que pour aperçu ; les autres sont tous
dressés sur des états nominaux dont l'exactitude ne peut être contestée.

Il était donc rationnel de croire que les compensations s'opéreraient en même temps que les
demandes de remboursement. Il n'y avait pas
d'obstacle légal. Les commissaires étrangers,
dont par malheur on laissait accroître chaque
jour les prétentions financières, élevèrent bientôt
d'innombrables objections ; ils adressèrent même
une note en forme de mémoire au président du
conseil. M. de Richelieu voulut que les délégués
de la France y répondissent : dans leur mémoire, rédigé par le baron Dudon et déposé aux

archives des affaires étrangères, on lit ce passage :

« La demande des commissaires français n'est
point contestée en principe ; on la reconnaît
juste et conforme aux traités ; on n'y oppose
que des arguties sans exemple dans des relations
entre gouvernements amis. L'intention des traités n'est pas équivoque ; on n'essaie pas même
de la révoquer en doute ; mais on croit qu'en
établissant une dispute de mots on parviendra à
frustrer la France des stipulations faites en sa
faveur. Les commissaires français ont très raison de ne pas accéder à la prétention des commissaires étrangers de se faire considérer comme
une réunion de négociateurs discutant les intérêts de leurs gouvernements ; car il n'est aucun
souverain qui ne trouvât sa dignité et son honneur compromis dans cette manière de défendre ses droits. »

Les deux mémoires furent communiqués aux
ministres des quatre cours et aux souverains.
La commission française avait tenu tête à l'o-
rage ; M. de Richelieu ne sut pas lui donner un
encouragement : il laissa les choses aller à tout
hasard. Les commissaires étrangers, assurés de
l'appui de leurs monarques et de l'insouciance
du cabinet de Paris, ne tinrent plus compte des

graves arguments qu'on leur opposait ; ils voulurent savoir ce que l'on entendait par dettes
hypothéquées sur le sol des pays rétrocédés.

M. Dudon déclara que sous ces termes si positifs il comprenait seulement les dettes contractées par les souverains ou par les états des pays
cédés, et dont le sol passait sous une autre domination. Il consentait, au nom de la France, à ne
point réclamer les créances hypothéquées sur
les biens ecclésiastiques ou sur des propriétés
particulières confisquées, et qui n'avaient été
inscrites au grand-livre de la dette publique
qu'après la vente de ces domaines, dont le prix
capital était entré dans le trésor.

Se raidissant devant cette explication, les
commissaires étrangers témoignèrent le désir de
voir passer sous leurs yeux le titre original et
constitutif qui avait servi à chaque créancier pour
obtenir son inscription. C'était exiger l'impossible. En effet, conformément à une loi spéciale
du mois d'août 1793 et à un décret du 15 février 1808, sur la liquidation de la dette publique, les titres primordiaux avaient dû être détruits. Le commissaire français soutenait avec
raison que l'origine de la créance étant énoncée
dans les arrêtés de la comptabilité générale ordonnant l'inscription, la preuve se trouvait suffisamment établie, et qu'il n'était pas décent de

21

contester l'authenticité de registres faits dans
un temps où la France était débitrice.

Mais, répondaient les commissaires étrangers
essayant d'affaiblir cette objection, la France
exige toujours le dépôt du titre original
sur lequel se fonde la réclamation de chaque individu qui a des droits à répéter contre
elle. M. Dudon répliquait : Il y a une grande
différence entre les allégations d'un simple
individu dont la parole peut toujours être soup-
çonnée, et les écrits consignés dans les archives d'un gouvernement, puis produits sous
le sceau de sa loyauté, et qui, jusqu'à preuve
contraire, font foi dans les actes diplomatiques.

Une question presque aussi importante, mais
beaucoup plus compliquée pour des négociateurs usant et abusant du droit que la force
donne, s'offrit ensuite; car cette discussion
commencée en mai 1816 se poursuivait encore
avec activité dans les premiers jours de 1817. Il
s'agissait de fixer le mode de partage de semblables dettes.

Lorsqu'une portion du territoire serait restée
propriété française trois moyens se présentaient pour résoudre les difficultés que cet état
de choses soulevait. Ces trois moyens étaient
l'étendue du sol, la population ou le registre du
cadastre. M. Dudon proposait d'adopter cette

dernière base, parcequ'en énonçant la richesse
de chaque partie du sol elle offrait en même
temps la voie la plus équitable pour apprécier
la portion de dettes qui restait à la charge de
chaque possesseur du territoire. Ainsi pour
l'évêché de Cologne la commission française
prenait pour base ce qu'on appelle dans le
pays *Simpel Buch*, espèce de registre qui répond à l'ancien compoix de nos provinces mé-
ridionales.

Ces questions étaient épineuses ; elles embar-
rassaient les commissaires alliés ; mais elles ne
devaient pas faire naître la moindre hésitation
dans l'esprit du duc de Richelieu qui avait pour
garantie l'expérience du baron Dudon : M. de
Richelieu cependant n'osa pas prendre un parti
décisif. L'incertitude du cabinet, jointe à la lenteur apportée dans ces débats par les étrangers,
retarda le réglement des compensations, réglement qui, conçu avec équité et exécuté avec
prudence, pouvait délivrer la France d'une dette
énorme. Il fallait forcer les coalisés à s'expliquer sur le mode d'évaluation des compensations dues à la France. Le commissaire liquidateur tendait à ce but ; mais dans un rapport
qu'au mois d'août 1816 il adresse au président
du conseil, la commission va jusqu'à faire pressentir qu'elle doute de la fermeté de M. de Ri-

chelieu et de son désir de la soutenir dans ces principes, qui alors, comme plus tard, doivent toujours former loi. N'est-ce pas en effet sur de tels débats que se fonde le droit public des gouvernements.

« Nous nous sommes énoncés en termes assez incertains, disent les commissaires, pour que votre excellence puisse nous désavouer si elle croit que notre résistance doive la contrarier pour des opérations plus importantes. Vous pourriez, dans ce cas, dire que la commission a parlé sans avoir reçu vos instructions. »

Toutefois cette insinuation produisit l'effet qu'en attendait le baron Dudon. L'état des balances admises n'est pas sous nos yeux, mais, par une dépêche du 2 octobre 1816, nous voyons que le plénipotentiaire du roi de Sardaigne tient compte à la France de cent vingt-cinq mille neuf cent sept francs de rente qui n'avaient point été dénaturés par des transferts, et la radiation en est faite sur le grand-livre de la dette publique. Seulement le plénipotentiaire sarde fait insérer au procès-verbal sa réserve pour les arrérages échus au 22 décembre 1813. M. Dudon ne reste pas en arrière, et à la suite de son rapport au duc de Richelieu, il ajoute :

« Nous avons fait nos contre-réserves un peu pour la forme, car ces intérêts sont dus ; mais ce n'est plus aux titulaires des inscriptions qu'ils doivent être payés. Cet article entrera dans le réglement du compte à faire entre la France et la Sardaigne. »

Des discussions qui portaient la lumière avec elles devaient déplaire aux puissances étrangères. Dans leurs vœux l'éloignement de M. Dudon était arrêté. Sa profonde science des affaires litigieuses, sa connaissance des traités et des lois qui régissent le droit public en Europe, ses indomptables refus que ne décourageaient ni les hésitations ministérielles, ni les incessantes tracasseries des commissaires étrangers, effrayaient leur avidité ; mais, soutenu par son gouvernement, M. Dudon pouvait y mettre un frein. Dans son *Histoire des Traités de paix,* tome XI, page 599, le Prussien Schœll nous révèle, sans s'en douter, les honorables motifs qui firent écarter le commissaire français de ces conférences. Il parle de la commission que présidait le baron de Barbier, et qui était formée des plénipotentiaires d'Autriche, d'Anhalt, de Bade, de Bavière, de Brème, de Danemark, d'Espagne, des États romains, de Francfort, de Hambourg, du Hanovre, de la Hesse électorale et grande-ducale, d'Holstein-Oldembourg, de Lubeck, de Mecklembourg, de Parme, des Pays-Bas, de Portugal, de Prusse, de Reuss, de Sardaigne, de Saxe, de Schwarzburg et de Toscane, plénipotentiaires auxquels M. Dudon seul répondait, avec lesquels il discutait seul.

« Cette réunion entièrement libre, dit M. Schœll, et que la convention n'avait ni instituée, ni prévue, acquit une plus grande influence encore, et prit un caractère vraiment imposant lorsque les contestations que la commission française eut l'imprudence d'élever forcèrent les commissaires liquidateurs en corps d'implorer l'intervention de la conférence ministérielle chargée de veiller à l'exécution des traités. La sagesse et la modération qui distinguaient les démarches de l'assemblée inspirèrent aux ministres une telle confiance que, quoique étrangers par leur mission aux questions qu'on agitait devant eux, ils ne purent refuser leur appui aux réclamations que l'unanimité ou la grande majorité des commissaires réunis leur représentait comme fondées. Non seulement ces ministres se mirent en correspondance directe avec l'assemblée, mais aussi les commissaires français, qui refusèrent d'abord de traiter avec elle, eurent ordre de leur gouvernement de suivre cette marche.

« Après avoir vainement lutté pendant plusieurs mois contre les interprétations que le commissaire liquidateur donnait à plusieurs stipulations des traités qui ne paraissaient pas susceptibles de litige, l'assemblée des commissaires réunis réduisit tous ces griefs à six principaux chefs, et réclama par une démarche solennelle, l'intervention des quatre ministres auprès du gouvernement français pour les faire cesser. »

L'intervention du comte Pozzo di Borgo, du comte de Goltz, du baron de Vincent et de lord Stuart, ambassadeurs des quatre cours à Paris, produisit son effet. Cela devait être. Les hautes puissances prenaient encore parti contre la France, et venaient tout naturellement favoriser leurs alliés. Le commissaire liquidateur français auquel M. Schœll adresse des reproches si honorables pour son patriotisme était le baron Dudon. Il n'avait pas voulu consentir à faire passer la logique des chiffres et des conventions diplomatiques sous les fourches caudines d'une cupidité immodérée ; il se vit adjoindre la commission dont nous avons déjà fait mention, et qui fut présidée par le baron Mounier.

A la première séance qu'elle tint les commissaires étrangers arrivèrent sous la présidence de M. de Barbier : MM. Crull pour la Prusse, Grotte et Ruman pour le Hanovre, Canne-

man pour les Pays-Bas, Van Recum pour
la Bavière, Karcher pour la Toscane, Poggi pour
Parme et Plaisance, Fornari pour la Sardaigne,
Oërthling pour le Mecklembourg, de Starck pour
la Hesse électorale, Panvini-Rosati pour les
États romains, Hoppe pour le Danemark, Abel
pour les villes Anséatiques, de Haller pour
la Confédération helvétique, Treitlinger pour
Oldembourg, et Fabricius pour le duché de
Nassau.

Par un calcul fondé sur l'expérience des affaires et des hommes M. Dudon avait toujours
refusé de discuter les titres en litige au milieu
de tant de commissaires réunis. Une conférence
était établie pour chaque état, et, comme
il est toujours moins difficile d'avoir raison d'un
homme isolé que d'une assemblée tumultueuse
ou passionnée, la France se trouvait bien de ce
système. Cette séance solennelle rompait l'usage
qu'il avait fait adopter. Plusieurs points relatifs
à l'exécution du traité de 1815 furent remis en
question. M. Dudon prit la parole, mais il s'a-
perçut bientôt que MM. Mounier, Paulze d'Ivoy,
de Malartic, Hély d'Oissel et Maine de Biran ne
lui étaient adjoints que pour agir contrairement
à tout ce qu'il avait fait jusqu'alors. A partir de
ce jour, 25 janvier 1817, il cessa d'assister aux
conférences, renonçant volontairement à pren-

dre part à des actes financiers ou politiques pour lesquels la discussion n'était plus permise.

Le 27 janvier 1817 le *Moniteur*, dans sa partie non officielle, annonça ainsi la victoire que les commissaires étrangers venaient de remporter sur le ministère Richelieu.

« C'est maintenant M. le baron Mounier qui préside la commission mixte des créances étrangères à Paris près du ministère des finances à la place de M. le baron Dudon. »

Cette note, conçue en termes si ambigus et qui semble donner à M. Dudon une présidence qu'il n'exerça jamais que par l'autorité de sa parole et par la fermeté de son caractère, contient au moins l'énonciation peu exacte d'un fait ; mais M. de Richelieu, que les ministres alliés forçaient à se montrer injuste envers un homme qui avait rendu à son pays des services de la plus haute importance, ne voulut pas priver le gouvernement des lumières de M. Dudon. Le 27 janvier il n'était plus membre de la commission de liquidation ; le 8 mars de la même année il fut cependant nommé, sur la présentation du président du conseil, commissaire du roi chargé de soutenir à la chambre des pairs, avec ce même président du conseil, la discussion des lois de finances.

En apportant aux chambres le budget pour
l'année 1816, le ministère Richelieu avait cru
pouvoir, avec le produit des impôts, faire face
aux besoins de tous les services. La chambre
des députés, plus prévoyante ou se faisant
moins d'illusions, introduisit dans la loi des
finances un amendement qui accordait au ministère un crédit de six millions de rente pour
subvenir aux dépenses de toute sorte que néces-
sitaient l'occupation, les désastres de la guerre
et la disette des récoltes : ils furent négociés
avec lenteur et prudence : on en fit passer une
forte partie sur le marché d'Amsterdam. Ces
rentes se négocièrent au taux moyen de cin-
quante-huit francs cinquante centimes.

Un premier essai aussi heureux donnait la
preuve que le crédit du gouvernement français se rétablissait à l'intérieur comme à l'exté-
rieur; mais M. de Richelieu ne sut pas développer ces favorables symptômes. Il se laissa
entraîner par des gens d'affaires fort adroits, mais
beaucoup trop avides. Ils lui persuadèrent que
c'était un grand triomphe pour lui que d'avoir
obtenu d'une maison anglaise de se charger de
ces mêmes rentes au taux de cinquante francs.
M. Ouvrard, le fameux munitionnaire, fut l'intermédiaire du président du conseil avec les maisons Hoppe et Baring, de Londres.

Deux traités furent conclus. Le premier, en date du 10 février 1817, pour neuf millions quatre-vingt-dix mille neuf cent neuf francs de rente, au taux de cinquante-deux francs cinquante centimes; mais la jouissance de ces valeurs remontait au mois de septembre précédent, ce qui établissait une diminution de près de deux francs cinquante centimes. En échange de ces titres livrés à l'instant même, MM. Hoppe et Baring ne remettaient au trésor que leurs engagements payables par douzième. Ainsi ils pouvaient négocier leurs rentes longtemps avant d'être obligés d'en solder le prix. Le cours de la bourse était à soixante francs soixante centimes. Aux bénéfices opérés sur la vente il était donc bien facile d'ajouter celui de la jouissance des fonds jusqu'aux échéances de leurs obligations.

Ce premier traité contenait encore une seconde clause plus défavorable au trésor. Les banquiers se réservaient la faculté de prendre une autre somme de neuf millions de rente, au prix de cinquante-cinq francs cinquante centimes, sans qu'on pût cependant les y contraindre. Ainsi le ministre des finances ne pouvait pas profiter de l'élévation des cours de la place au dessus de ce prix, et si au contraire une baisse arrivait, les banquiers n'étaient point obligés de courir cette chance.

Le second traité, signé le 11 mars 1817, montait à huit millions six cent vingt mille six cent
quatre-vingt-neuf francs de rente avec jouissance
du 25 mars suivant. Le prix de la rente était fixé
à cinquante-cinq francs cinquante centimes,
et cependant ce jour-là même son cours était
à soixante-et-un francs soixante centimes.

Par deux autres conventions du 22 et du 30
juillet 1817, le trésor livra neuf millions de rente
au taux de soixante-et-un francs cinquante
centimes, et alors même le cours de la bourse
était de soixante-huit francs vingt centimes.

En résumé les ventes de ces divers marchés
montèrent à vingt-six millions sept cent onze
mille cinq cent quatre-vingt-dix-huit francs de
rente au cours moyen de cinquante-six francs
cinquante centimes, et le prix moyen de la bourse
dans le même espace de temps revient à soixante-
quatre francs.

Ces grandes opérations se faisaient pendant la session des chambres. Le gouvernement regardait comme un triomphe pour lui
d'avoir pu amener les maisons Hoppe et Baring
à traiter avec la France; mais il mit un soin extraordinaire à tenir secrètes les clauses de ces arrangements que tous les hommes d'affaires de
Paris connaissaient longtemps d'avance, ainsi
que le prouve une brochure de Casimir Périer,

publiée au mois de janvier 1817, sur ces emprunts, dont le premier ne fut signé que le 10 février.

Dans la discussion du budget on en demanda vainement la communication; les députés de la droite insistèrent à diverses reprises pour les connaître. Le ministère sollicitait des chambres un crédit de trente millions de rentes. La rumeur publique leur apprenait qu'une partie de ces rentes était déjà vendue : il était donc tout naturel qu'ils désirassent approfondir les conditions mises à des emprunts aussi importants que ceux-là.

Un des commissaires du roi, M. Dudon, répondit qu'il n'avait pas encore été fait de communication à la tribune, parceque jusqu'à ce jour rien n'était signé; mais qu'aussitôt qu'il y aurait quelque chose de définitif la chambre en serait instruite. M. de Richelieu blâma le baron Dudon de cette promesse, et l'obligea de la rétracter ou de l'expliquer de manière à différer la communication au moins d'une année. Le lendemain 8 février 1817, M. Dudon vint annoncer que le ministère ne ferait connaître par quels moyens les rentes avaient été négociées que dans la prochaine session.

A ces paroles MM. de Villèle et de Corbière se récrièrent vivement contre la prétention de dis-

simuler aux pouvoirs législatifs des actes devenus le sujet de tous les entretiens dans le monde
politique et commerçant. M. Laffitte approuva
cette réserve, qui aujourd'hui nous paraîtrait fort
peu constitutionnelle. On n'en peut saisir les
motifs qu'en supposant que M. Corvetto, ministre des finances, avait la main forcée. Il devait s'avouer que le traité au bas duquel
il allait apposer sa signature n'était pas fait à
des conditions satisfaisantes pour l'opinion publique.

Nous vivons dans un temps où les opérations
des banquiers ont une influence déterminante
sur celles des diplomates. Il y a entre certains
représentants de l'Europe et les hommes d'argent une échange de bons procédés et de services rendus qui est passé dans les mœurs diplomatiques. Cet échange explique assez clairement les fortunes rapides des ministres, des
ambassadeurs et de ceux qui font métier de
l'usure au service des gouvernements.

Afin de vaincre les résistances du ministre des
finances, l'ambassadeur de Russie, comte Pozzo
di Borgo, lui fit entendre que si l'on acceptait
les offres des maisons Hoppe et Baring, les ministres des quatre cours useraient immédiatement de la faculté que leur laissait le traité du

20 novembre 1815, et qu'ils réduiraient l'armée d'occupation.

M. Pozzo di Borgo remit, en effet, à M. de Richelieu une note par laquelle les ministres des quatre cours déclarent qu'à dater du 1ᵉʳ avril suivant l'armée d'occupation sera diminuée de trente mille hommes, et que le nombre des rations de vivres à fournir journellement restera fixé à cent soixante mille. Le comte Corvetto était bien forcé d'accepter les conditions proposées par l'ambassadeur de Russie ; mais, afin de mettre sa responsabilité à couvert, il voulut que le document diplomatique énonçât que les contrats passés avec les maisons de banque donnaient aux puissances alliées la certitude que la France remplirait ses engagements à leur égard. Le duc de Richelieu s'opposa d'abord à ce désir. M. Corvetto insista, et on lit dans la note du 10 février 1817 : « Le gouvernement du roi, en ajoutant aux ressources de l'état celles d'un crédit garanti par les maisons de banque les plus considérables en Europe, a fait disparaître toute difficulté. »

Laisser ainsi cautionner un grand royaume par deux particuliers a quelque chose d'humiliant. M. de Richelieu le comprenait ; mais M. Corvetto, dans sa rigide probité, ne consentit à donner son adhésion à des marchés qu'il n'ap-

·prouvait pas que lorsqu'on put les excuser par des considérations politiques.

De vives, de très justes réclamations s'élevèrent surtout parmi les banquiers de Paris. M. Casimir Périer avait publié une brochure sur cet objet (1). Elle ne contenait point une critique raisonnée des emprunts. M. Périer semblait ne vouloir faire de ces transactions financières qu'une spéculation personnelle. Il se réduisait à des plaintes égoïstes ; il accusait le ministère d'avoir eu recours à des marchands d'argent étrangers au lieu de s'adresser au commerce français ; mais lui qui parlait au nom de la banque de Paris, il ne disait point qu'elle offrirait des conditions meilleures ; il se bornait à des regrets en voyant d'immenses bénéfices tomber dans des mains anglaises.

Ce n'était point là envisager la question sous le rapport qui importait aux contribuables, Ce que M. Périer cachait avec soin, et ce qu'il ne fallait pas oublier c'est que les maisons Hoppe et Baring avaient distribué le cinquième des rentes qui leur étaient cédées aux principales maisons de Paris.

(1) Cet opuscule, qui avait pour titre *Réflexions sur le projet d'emprunt*, produisit une grande impression à la chambre des députés et dans le côté droit. Il contraria beaucoup le ministère qui, le 28 janvier 1817, lui faisait dans le *Moniteur* une réponse peu concluante.

Nous blâmons aussi, nous, ces opérations onéreuses, mais par d'autres raisons plus nationales que celles de M. Casimir Périer. Négocier des emprunts à des capitalistes étrangers n'est jamais un mal; ce qui en sera toujours un, c'est de les négocier à un taux fort inférieur au cours des effets publics. Il eût beaucoup mieux valu écouler lentement et jour par jour cette masse de rentes comme on l'avait fait l'année précédente pour les six millions. Peut-être le cours ne se serait pas élevé avec la rapidité que lui imprimaient les spéculations des banquiers; mais il se fût soutenu à un taux supérieur à celui des négociations.

Il était assez naturel que pour ce genre d'affaires on jugeât les banquiers de Londres plus avantageusement placés que ceux de Paris. C'était le moyen d'attirer plus vite et plus abondamment les capitaux du dehors. La banque de Paris se ressentait encore de l'existence étroite où elle s'était vue réduite sous l'empire. En ce temps-là les guerres continuelles apportaient un obstacle invincible au développement des spéculations financières.

Mais sans exposer les rentes à toutes les commotions de l'agiotage, il était pourtant bien facile de les placer entre des régnicoles. Ce qui se passa l'année suivante pour l'emprunt des

22

quatorze millions six cent mille francs de rente
en fournit un frappant exemple. On eut
recours à une sorte d'adjudication publique, et
les souscriptions furent si multipliées qu'il devint impossible de donner la somme demandée
par chaque soumissionnaire ; on en fit la répartition de telle manière que ce fut plutôt une récompense pour les amis du ministère qu'une
souscription dont tout le monde pouvait courir
les chances. Les plus fortes soumissions ne durent pas dépasser cinquante mille livres de rente ;
les plus faibles s'élevèrent à cinq mille.

La liste des adjudicataires offrit une réunion de noms très bizarre. La fièvre du gain
commençait à monter à la tête ; tous les rangs,
toutes les professions voulurent se l'inoculer.
Des pairs, des députés figurent sur cette liste à
côté de certaines célébrités qui n'ont rien de
politique. Le comte Roy précède madame Ha-
melin ; le marquis d'Aligre est sur la même ligne
que mademoiselle Georges ; Talma marche de
pair avec le marquis de Boissy, et le vieux comte
Siméon prend place non loin de mademoiselle
Mars.

Le taux de l'emprunt fut fixé à soixante-six
francs cinquante centimes, payables en huit
mois ; mais l'adjudication avait été si promptement couverte que le ministre des finances crut

DES TRAITÉS DE 1815.

devoir s'excuser par le *Moniteur* du 31 mai 1818
de n'avoir pu admettre les souscripteurs étrangers au partage de l'opération. Elle ne fut
pas trop mauvaise en effet, car tandis que l'on
vendait à soixante-six francs cinquante centimes
cette rente payable à si long terme, les valeurs au
comptant se négociaient à la Bourse au taux de
soixante-dix francs cinquante centimes. Ainsi
chaque souscripteur recevait une prime égale à
une année de la rente pour laquelle le ministère
le comprenait dans cet acte de largesse, qui allait servir à payer les dépenses journalières et
celles contractées envers les alliés.

Cependant la nouvelle commission de liquidation, mal à l'aise en présence du lourd fardeau que la retraite de M. Dudon laissait sur ses
épaules, ne s'était pas rendu un compte bien
exact des longs travaux auxquels son prédécesseur s'était livré; elle ne songea pas à
mettre à jour ou à combattre les prétentions des
étrangers. Ceux-ci de leur côté s'aperçurent
qu'ils obtiendraient facilement une transaction
sur la masse des créances; leurs efforts ne tendi-
rent plus qu'à amener ce résultat, que M. Dudon
n'avait jamais consenti à leur faire espérer.

Dès la fin de 1816 le président du conseil
avait chargé le duc d'Alberg de faire des ouvertures en ce sens aux ministres des quatre cours.

Du premier mot il offrait seize millions de rente ;
les alliés en demandèrent vingt. M. Dudon,
consulté par M. de Richelieu, avait répondu que,
dans son intime conviction, il était impossible
d'établir aucun calcul, même approximatif, et
que pour rendre un compte satisfaisant aux deux
chambres d'une transaction aussi onéreuse, il
faudrait la faire envisager comme une des conditions absolues mises par les puissances à la retraite des cent cinquante mille hommes qui occupaient le territoire. M. de Richelieu en avait
pris son parti, et ce fut sous ce point de vue politique qu'il présenta la marche adoptée par son
ministère lorsqu'il vint communiquer aux assemblées législatives le traité d'Aix-la-Chapelle.

Selon le vœu des coalisés, M. Dudon était enfin en dehors des affaires. On allait donc suivre
une nouvelle route, s'attacher à de plus patriotiques errements : il n'en fut rien. Mais ce qu'il
faut dire ici, c'est la marche adoptée par les
étrangers dans la répartition même de l'argent
perçu en France.

M. Dudon avait élevé bien des objections ;
toutes ces contestations auxquelles, pour l'honneur ou pour la bourse du pays, il donnait naissance, étaient représentées aux ministres des
quatres cours comme des chicanes de mots
ayant seulement pour objet d'éluder l'exécution

de la convention du 30 mai 1814 et celle du 20 novembre 1815. Nous avons sommairement examiné la plupart de ces difficultés ; on a pu juger de quelle importance législative, financière et historique elles sont toutes. Les alliés étaient intéressés à les voir sous cet aspect ; d'ailleurs pour les bien apprécier il fallait avoir une connaissance étendue des lois françaises régissant l'administration intérieure et les finances. Les ministres des quatre cours connaissaient beaucoup mieux nos usages que nos lois. Ils se trouvaient à peu près dans l'impossibilité de se former une opinion personnelle; à chaque objection mise en avant par M. Dudon ils accouraient consulter le duc de Richelieu. Au dire moqueur du prince de Talleyrand, le duc de Richelieu était l'homme de France qui connaissait le mieux la Crimée. Emigré bien jeune encore, il n'avait revu sa patrie qu'en 1814; peu instruit lui-même de l'ensemble ou des détails de toutes les lois rendues pendant son séjour en Russie, il s'impatientait d'être pris pour conseil ou pour juge dans des conflits législatifs dont il ne comprenait pas la portée.

Cet état d'irritation, et pour ainsi dire d'annihilation personnelle, avait longtemps été à charge au duc de Richelieu ; il venait d'en finir au profit de son amour-propre et au préjudice de son pays. Ce fut un repos de quelques semaines qu'il acheta ; il ne voulait plus qu'on suivît la route tracée par M. Dudon : l'examen sévère des affaires cessa aussitôt. Mais les alliés, qui s'étaient montrés si hostiles à l'implacable logique de M. Dudon, ne perdirent pas de vue les discussions qu'il avait soulevées. Elles avaient été condamnées à ne pas profiter à la France ; les monarques étrangers ne consentirent pas à être si malhabiles. Lorsque, après le congrès d'Aix-la-Chapelle, ils se chargèrent de solder directement leurs sujets créanciers de l'état avec les sommes reçues par eux à titre de forfait, ils ressuscitèrent toutes les objections que M. Dudon avait produites ; ils repoussèrent comme inadmissibles toutes les réclamations sur lesquelles il avait apposé son veto ; ils se prévalurent des mêmes arguments dont le commissaire français s'était armé. Après avoir combattu ses doctrines législatives ou financières, qui devenaient pour eux un sujet d'embarras, ils les firent triompher dans leur empire, en les appliquant avec une rigueur dont la France pouvait et devait tirer d'incalculables avantages.

Il y a mieux. On vit plus d'une fois les créanciers des états indemnisés, — états qui s'étaient chargés de faire face avec ces indemnités aux réclamations individuelles contre le trésor, —

venir solliciter M. Dudon pour qu'il leur communiquât les objections que le commissaire de
leur gouvernement avait faites à ses notes. La
marche adoptée par la première commission française était si rationnelle que les puissances la suivirent, et que M. Jordan, conseiller d'état de
Prusse, disait dans son *opinion* sur cet ensemble
prodigieux de chiffres et de détails : '

« Les obligations contractées par les puissances par la convention du 20 novembre envers
les réclamations de leurs sujets resteront en vigueur. On stipulera le paiement que doit faire
la France ; mais on déterminera en même temps
que chaque réclamation sera sujette à un examen particulier. Sous ce rapport, il sera possible
de demeurer dans le cercle de la convention
de 1815 quand la France en sera éliminée. La
convention sera maintenue tant que faire se
pourra, et restera d'accord avec les promesses
données par les puissances alliées à leurs sujets. »

Au contact de ces ambitions calculées, qui ne
prenaient plus la peine de se déguiser, la nouvelle commission composée par M. de Richelieu
se savait destinée à un rôle purement passif.
Elle avait cependant parmi ses membres des administrateurs, des comptables instruits et rompus aux affaires. Le baron Mounier, son prési

dent, était surtout un esprit net, mais timide, un homme d'une rare intelligence et d'une probité incontestable. Formé à la même école que M. Dudon, du même âge que lui, mais ne s'étant pas trouvé, par sa position dans le cabinet de l'empereur, en mesure d'étudier au conseil d'état les grandes questions qui s'y agitaient, il n'avait pas pu les appliquer. M. Mounier avait dans le caractère plus d'irrésolution et de théorie, moins de positif et de spontanéité que son prédécesseur. Ami du duc de Richelieu, dont il espérait sa fortune politique, il se montrait plus disposé que le baron Dudon à des concessions dont il n'entrevoyait que le beau côté. A peine si assez de temps lui avait été laissé pour acquérir une idée sommaire, imparfaite par conséquent, de toutes les études préliminaires auxquelles une semblable mission l'assujettissait. Il devait prendre les choses au point où M. Dudon les laissait, c'est à dire en voie de discussion ; et afin de complaire au président du conseil il fallait renoncer à discuter.

Ce n'était plus un comité de liquidation, c'était un bureau d'enregistrement. Aussi dans les dossiers de la nouvelle commission ne rencontre-t-on aucune affaire qui ait donné lieu à la plus légère opposition de la part du gouvernement français. Avec sa pensée fixe de tout ter-

miner par une transaction générale , M. de Richelieu ne désirait pas voir renouveller sous ses
auspices une lutte aussi animée. La résistance,
selon le président du conseil , ne pouvait
qu'aigrir les esprits. La commission eut pour
mot d'ordre de n'en faire qu'à son corps défendant.

Elle obéit. Au mois d'août 1817 elle fut obligée de suspendre ses travaux : les fonds votés
pour la liquidation étaient épuisés.

Dès que les faiseurs d'affaires, juifs ou français, s'aperçurent que les nouveaux commissaires ne suivaient pas les traces de leur prédécesseur, ils se mirent en quête, assurés d'a-
vance que les principes soutenus par ce dernier ne seraient plus strictement appliqués. On
a vu que dans la correspondance de M. Dudon,
que dans celle même de M. de Richelieu , il
était posé comme règle invariable que les traités
de 1815 avaient pour objet unique d'assurer aux
étrangers le remboursement des créances qui,
dans les mains des Français , auraient été des
titres valables contre le trésor royal ; mais,
aux yeux de MM. de Richelieu et Dudon,
ces traités n'accordaient aucune validité aux réclamations qui n'étaient pas susceptibles d'être
accueillies, même présentées par des régnicoles.

Ainsi le baron Dudon avait constamment op-

posé les lois de prescription ou les actes de gouvernement prononçant des déchéances. Il s'ap-
puyait notamment sur les deux décrets par lesquels l'empereur annulait presque toutes les
créances antérieures à 1809.

Nous avons dit l'arbitraire excessif de ces décrets, mais ils sont encore aujourd'hui opposés
comme un obstacle insurmontable aux créances les plus légitimes ; ils ont, prétend-on, fermé
le gouffre de l'arriéré. Ils existaient contre
les Français : M. Dudon pensa qu'il fallait
les regarder comme impératifs à l'égard des
créanciers étrangers.

Ces principes sur les déchéances étaient rigoureusement appliqués aux nationaux ; pourquoi n'en aurait-il pas été de même à l'égard
des autres ? Le ministère des finances avait,
comme la commission, eu soin jusqu'alors de
ne point faire d'exceptions à ces règles générales, et dans les archives de la chancellerie nous
en trouvons un exemple pénible à raconter.

Le ministère de la marine demandait, par
une lettre du 21 décembre 1815, au comte Corvetto, les moyens de liquider une somme de
dix-huit cent mille francs à la compagnie Vo-
chez, Nadau et Coopman, pour fournitures de
vivres et d'habillements faites aux prisonniers
français en Angleterre. Nulle contestation ne

s'élevait ni sur la réalité ni sur le montant de la
dette ; mais ces fournitures avaient été faites du
1ᵉʳ janvier 1798 au 19 mai 1799. Le ministre
des finances fit savoir, à son grand regret, que la
loi du 15 janvier 1810 s'opposait au paiement
de toute créance antérieure à 1801. Le ministre
des finances examina ensuite si la convention
du 20 novembre 1815 ne dérogeait point en faveur des étrangers aux lois qui prononçaient des
prescriptions et des déchéances ; il établit en
termes formels que bien loin d'y avoir dérogé,
cette convention, par les articles 7 et 9, en
maintenait l'application contre les créanciers
étrangers aussi bien que contre les sujets français.

La réclamation de la compagnie qui avait
fourni du pain à nos soldats prisonniers fut rejetée.

Celle des deux maisons juives Busnach et Bacri d'Alger fut plus heureuse. M. Dudon ne s'en
était jamais officiellement occupé, parcequ'il la
croyait vicieuse au fond et irrégulière dans la
forme. Voici sur quoi elle était fondée :

Pendant les années 1793, 1794 et suivantes, ces
maisons de commerce avaient livré à la France
des fournitures considérables de grains. Elles
se portaient créancières pour une somme de
vingt-quatre millions. Le comité de salut public,

le directoire et le consulat leur avaient tour à
tour donné de forts à compte; mais à partir de
1809 l'empereur s'était décidé à ne plus rien
faire payer. Busnach, Bacri et leurs co-intéressés
firent en 1815 présenter leur demande par un
fondé de pouvoirs particulier, M. Nicolas Pléville.

Aux termes des traités, les commissaires français ne devaient entrer en relations qu'avec les
agents ou ministres des gouvernements étrangers. M. Dudon refusa d'admettre une réclama·
tion appuyée par un agent d'affaires; cette
créance n'appartenait plus aux Algériens qui
l'avaient escomptée à des chrétiens aussi juifs
qu'eux. Il voulut que la communication fût
faite par un plénipotentiaire du dey. Quant au
fond, il niait la validité de la prétention annulée par les décrets de déchéance, et il disait
ne pouvoir traiter plus favorablement un Algé-
rien qu'un Français.

Des observations de tout genre persuadèrent
à M. de Richelieu que ces actes du gouvernement impérial, dont lui, président du conseil,
avait recommandé le maintien, ne pouvaient pas
être opposés aux exigences des sujets d'Alger,
parceque le traité de paix conclu le 26 frimaire
an x (17 décembre 1801) entre Mustapha-
Pacha, dey au nom de la régence, et le citoyen

Dubois-Tinville, chargé d'affaires du premier consul, portait :

« Article XIII. Son excellence le dey d'Alger s'engage à faire rembourser toutes les sommes qui pourraient être dues à des Français par ses sujets, comme le citoyen Dubois-Tinville prend l'engagement, au nom de son gouvernement, de faire acquitter toutes celles qui seraient légitimement réclamées par des sujets algériens. »

Le baron Dudon soutenait que ce traité n'était que le renouvellement des stipulations ordinaires avec les princes d'Orient, stipulations par lesquelles on laisse aux sujets respectifs des parties contractantes la liberté de s'adresser aux tribunaux pour obtenir justice ; mais cela ne modifiait point les droits de souveraineté des gouvernements dans les affaires générales. Les deux négociants algériens avaient pu pendant dix ans faire valoir leurs droits. Le consulat et l'empire ne les avaient point exceptés des décrets de déchéance : ces décrets devaient donc être rigoureusement appliqués, ainsi qu'ils l'étaient à l'égard des banquiers français.

Depuis 1815 jusqu'au mois de janvier 1817 la discussion n'avait pas fait un pas, et le dey d'Alger n'avait accrédité personne pour faire valoir les prétendus droits de ses sujets, lorsque M. de Richelieu autorisa MM. Mounier et Hély d'Oissel à traiter avec M. Pléville. Sous le ministère Dessoles, le 28 octobre 1819, le baron Mounier et M. Hély d'Oissel signèrent une transaction par laquelle sept millions étaient accordés à Busnach et à Bacri.

Cependant une semblable convention était de nature tellement particulière que le baron Pasquier, devenu ministre des affaires étrangères, crut devoir la faire régulariser par une loi spéciale. Le 20 juin 1820 elle fut portée aux chambres ; elle y causa une vive surprise. La commission nommée par les députés conclut à l'adoption du projet de loi ; mais elle décida qu'on ne délivrerait les fonds aux Algériens que lorsque le dey aurait de son côté fait droit aux réclamations des Français, et principalement des habitants de la Corse pour les pertes et déprédations dont ces derniers se plaignaient d'avoir été les victimes sur divers points du littoral de la régence.

La session tirait à sa fin : les pairs et les députés étaient pressés de clore leurs débats, la loi fut votée telle que le ministère l'avait conçue. Au Luxembourg elle éprouva une opposition plus vive encore qu'au palais Bourbon. Pour réduire au silence cette opposition on invoqua souvent

le nom du roi. Le baron Pasquier établit même
sur l'étendue de la prérogative royale des principes ultrà-monarchiques, et il osa assimiler cette
convention faite avec le procureur fondé de deux
juifs algériens aux actes diplomatiques les
plus graves. Sur cent dix-neuf votants il se
trouva quarante-huit pairs qui opinèrent pour
le rejet de la loi ; mais le coup était porté, et
alors chacun put voir avec quelle déplorable facilité les hommes parlementaires et la plupart
des fonctionnaires publics avaient accueilli les
prétentions même les plus extravagantes.

# CHAPITRE VIII.

Congrès d'Aix-la-Chapelle.—Position de la cour et des partis.
—Note secrète. — Conspiration libérale en faveur du prince
d'Orange. — Évacuation du territoire. — Emprunts pour acquitter le solde dû aux alliés. — Réflexions sur l'état financier du pays. — Compensations abandonnées par M. de Richelieu. — La France reprend son rang parmi les puissances. — Projet des coalisés d'établir sur le sol des dotations
en faveur de leurs généraux et de leurs ministres. — Ce
projet n'a pas de suite. — Conclusion.

Dans la convention du 20 novembre 1815 il
était stipulé, article 5 :

« Le maximum de la durée de cette occupation militaire (il s'agit de l'occupation d'une
partie des places fortes et frontières de France)
est fixé à cinq ans. Elle peut finir avant ce
terme si au bout de trois ans les souverains
alliés, après avoir de concert et mûrement exa-

23

miné la situation et les intérêts réciproques et
les progrès que le rétablissement de l'ordre et
de la tranquillité aura faits en France, s'accordent à reconnaître que les motifs qui les portaient à cette mesure ont cessé d'exister. »

Les hautes puissances signataires du traité
de Chaumont avaient le même jour, 20 novembre 1815, conclu une autre convention à
laquelle le gouvernement de Louis XVIII ne fut
pas appelé à participer. Cette convention était
basée sur le traité même de Chaumont dont elle
ressuscitait les clauses principales ; elle n'était
que la confirmation de la sainte-alliance, et elle
porte :

« Article 6. Pour assurer l'exécution du présent traité et consolider les rapports intimes qui
unissent aujourd'hui les quatre souverains pour
le bonheur du monde, les hautes parties contractantes sont convenues de renouveler à des
époques déterminées, soit sous les auspices im-
médiats des souverains, soit par leurs ministres
respectifs, des réunions consacrées aux grands
intérêts communs et à l'examen des mesures
qui, dans chacune de ces époques, seront ju-
gées les plus salutaires pour le repos et la pro-

spérité des peuples et pour le maintien de la paix
de l'Europe. »

Ces deux articles, rapprochés l'un de l'autre et
comparés dans leur teneur, suffisent pour faire
apprécier le but que les quatre cours se proposaient : c'était l'examen de la situation politique
et morale de la France, et, dans l'hypothèse
d'une sécurité désirée par tous, le retrait des
troupes étrangères que lord Wellington commandait en chef depuis trois ans.

Louis XVIII et son ministère souhaitaient ardemment la libération du territoire. Le duc de
Richelieu avait attaché son nom au fatal traité
de 1815. Sa préoccupation de tous les instants
était de pouvoir annoncer au pays que l'heure
de la délivrance allait enfin sonner. Dans le
courant du mois de mai 1818 les ministres
de Russie, d'Autriche, de la Grande-Bretagne et
de Prusse adressèrent aux plénipotentiaires des
autres puissances une circulaire où ils tracent
les questions qui seront soumises à la future
assemblée diplomatique.

« Les souverains alliés, dit-on dans cette pièce
officielle, qui ont signé avec la France le traité
du 20 novembre 1815, étant convenus de se
réunir l'automne prochain pour, conformément

à l'art. 5 dudit traité, prendre en considération, de concert avec Sa Majesté Très Chrétienne, l'état intérieur de la France, et d'après cet anté- cédent décider si l'occupation militaire des pro- vinces frontières de ce royaume peut cesser ou bien si elle doit être continuée, mes collègues et moi nous avons reçu les ordres de nos cabi- nets respectifs de vous mettre à portée de faire connaître les motifs de cette réunion ; il n'existe aucun doute que l'article susmentionné ne ré- serve aux souverains alliés le droit exclusif de décider seuls l'importante question qui en est l'objet. Cependant Leurs Majestés Impériales et Royales, voulant éviter toute interprétation non fondée qui pourrait tendre à donner à leur réu- nion le caractère d'un congrès, et écarter en même temps l'intervention d'autres princes et cabinets dans les discussions dont la décision leur est expressément réservée, ont ordonné à la conférence de Paris de faire connaître, par l'organe des ministres et envoyés accrédités au- près des autres cours et états, la résolution qu'ils ont prise de décliner toute ouverture contraire qui pourrait leur être adressée à cet égard, et de n'admettre aucun plénipotentiaire qui serait en- voyé au lieu destiné pour leur réunion.

« En usant d'un droit qui leur est exclusive- ment réservé par le traité de 1815, les souve-

rains alliés ne veulent nullement attirer à eux les
négociations entamées à Paris, Londres et Francfort, lesquelles doivent être terminées dans les
lieux où ces conférences sont établies et sous
l'intervention de toutes les parties qui, vu la
nature des affaires, sont appelées à y prendre
part. »

Cette circulaire était destinée à rassurer l'opinion publique dont les alarmes n'étaient pas
sans fondement, et surtout à paralyser l'essor
des demandes intempestives que les états secondaires se proposaient déjà de porter contre la
France à la réunion des quatre cours. Il ne s'a-
gissait que de l'évacuation. Les souverains ne
voulaient pas pour le moment s'occuper d'une
autre affaire : celle-là était assez épineuse pour
concentrer sur elle toutes leurs méditations.

Sous le poids de malheurs récents, le roi, les
chambres législatives, le ministère et les partis
avaient tous pris une position singulière. La dis-
corde régnait au sein de la famille royale, dans
les pouvoirs délibérants comme au milieu de
toutes les subdivisions de parti qui, après avoir
essayé de se classer, n'étaient encore parvenus
qu'à produire une confusion déplorable. La politique de Louis XVIII, celle que le duc d'Angoulême croyait devoir afficher, l'attitude pleine

de réserve libérale et d'obséquieuse reconnaissance de Louis-Philippe, duc d'Orléans, travaillant à refaire sa fortune et à ne mécontenter aucune opinion étaient en profond désaccord avec
les principes et les hommes soutenus par le
comte d'Artois et par le duc de Berri.

La cour se divisait, à l'exemple de la famille
royale, suivant les intérêts, les passions, les espérances ou les calculs de chacun.

Ici, sous l'inspiration de M. Decazes, déjà le ministre favori, qui, avec sa caisse secrète, escomp-
tait le dévouement rapace de certains grands
seigneurs, on établissait une espèce de bascule
politique. M. Decazes achetait des amis, payait
le silence de ses adversaires, et, en prodiguant
les faveurs, se créait dans la haute domesticité
du château, dans les vieux souvenirs de l'exil
ou dans des services d'antichambre, un appui
qu'il désignait sous la menteuse épithète de
constitutionnel.

Là, dans les chevaleresques élans du Pavillon
Marsan, on affectait un royalisme moins cor-
rompu et moins corrupteur. Il y avait dans la
petite cour réunie autour du comte d'Artois des
hommes énergiques, des cœurs qui se laissaient
entraîner sans réflexion, qui parlaient haut
et qui ne savaient pas assez déguiser leurs
pensées profondément contre-révolutionnaires.

Louis XVIII était en méfiance, et il accusait son frère de l'opposition que les ultra-monarchiques manifestaient contre ses tendances. Louis XVIII s'était épris d'un amour platonique pour la charte de 1814, dont il aimait à s'entendre appeler l'auguste auteur, et afin de maintenir ce régime, impossible avec les passions contraires qui le battaient en brèche, il se cramponnait à tous les noms sans valeur réelle, à toutes les circonstances les plus indifférentes.

A côté de cette division de la famille royale, il en naissait mille autres dans les camps rivaux. La chambre de 1815, cette assemblée que le roi avait surnommée l'introuvable, et qui pourtant était la seule possible, la seule que les colléges électoraux pouvaient trouver au moment où ils l'élurent ; cette chambre, qui n'eut que l'ambition de bien faire sans rien stipuler pour elle-même, avait été brisée par l'ordonnance conspiratrice du 5 septembre 1816. M. Decazes ne pouvait régner avec une pareille assemblée, M. Decazes la frappa de dissolution ; mais cette Convention blanche qui fit éclater un si vif amour de la patrie, sans partager aucune des sanglantes ou ridicules utopies de sa devancière, avait réveillé dans les cœurs le sentiment monarchique. Avec elle les royalistes s'étaient rendu compte de leurs forces ; ils s'étaient passés en revue; ils ne se disposaient plus à céder le terrain sans combat.

Les opinions étaient en présence, s'attaquant à la tribune, dans les élections et surtout dans la presse. La presse des deux camps était véhémente, acharnée; sa polémique éveillait les passions. D'un côté *la Minerve*, de l'autre *le Conservateur* soutenaient avec des talents inégaux une lutte horrible. *La Minerve*, en face des alliés bivouaquant sur notre territoire, appelait les peuples à la liberté en passant d'abord par l'anarchie. Oubliant l'asservissement de la France, elle portait en Allemagne et en Angleterre le germe de ses idées révolutionnaires. Tout en protestant de son violent désir de voir le royaume débarrassé de ses vainqueurs, elle semblait, par l'acrimonie de ses menaces ou par la franchise de ses vœux démagogiques, s'appliquer à maintenir une occupation ruineuse. Il y avait de l'égarement ou du fanatisme dans ces têtes d'écrivains. Le jour de la délivrance allait briller, et ils célébraient l'insensé qui, dans la nuit du 10 au 11 février 1818, tirait un coup de pistolet sur la voiture de lord Wellington.

Général des coalisés, c'était lui qui aux conférences d'Aix-la-Chapelle devait rendre témoignage de la situation des choses. Un sous-officier de l'ancienne armée nommé Cantillon s'at-

taquait à sa personne. Cet attentat fut-il un acte
de délire isolé, un complot ou un rêve de police ?
Ce n'est pas encore éclairci ; mais ce que nous
devons flétrir au nom de la société, c'est la joie
cruelle qui s'échappa de toutes les plumes et de
tous les cœurs révolutionnaires à la nouvelle d'un
crime inutile. Le parti libéral eut l'audace d'en
accepter la responsabilité, et Napoléon sur son
lit de mort ne craignit pas d'offrir dans son tes-
tament une prime de dix mille francs à celui
qui en était accusé. On lit en effet dans un des
codiciles de Bonaparte :

« 5° *Idem*, (10,000) dix mille francs au sous-
officier Cantillon qui a essuyé un procès comme
prévenu d'avoir voulu assassiner lord Wellington, ce dont il a été déclaré innocent. »

De la part d'un prince comme l'empereur,
qui a porté à un si haut degré les instincts de
monarchie et de moralité, ce legs est une
aberration que peuvent seules atténuer les
souffrances de l'exil et les douleurs de l'agonie ; mais dans la bouche d'écrivains de sang-
froid, d'écrivains qui par leurs discours engagent les partis, l'éloge de l'assassinat politique
est toujours sans excuse. Lorsque, comme à
cette époque, il peut entraîner la ruine de la

patrie, il est coupable au premier chef. On eut cependant des louanges publiques à décerner à ce Cantillon, et au milieu de tous les désordres de l'intelligence, dont alors l'esprit public ne fut pas plus exempt qu'aujourd'hui, ce fait est sans aucun doute le plus significatif.

L'opinion révolutionnaire était bien active dans ses haines, l'opinion royaliste à son tour ne montrait pas beaucoup plus de modération ou de justice dans sa polémique. La mollesse du ministère allant de l'un à l'autre sans pouvoir prendre un point d'appui, l'inertie des gens de bien, les coupables ardeurs des méchants, tout concourait à donner à leurs alarmes, toujours expansives, une importance qu'il ne fallait jamais leur accorder.

*La Minerve* provoquait sciemment au mal. Elle soufflait l'agitation dans les masses, dont la crédulité eut quelque chose de proverbialement stupide; mais *le Conservateur* avec ses écrivains d'élite, avec ses Châteaubriand, ses Bonald, ses Lamennais, ses de Lalot, ses Fievée et tous les hommes politiques associés à sa rédaction, ne sut pas assez contenir ses justes colères. Il n'osa pas mettre froidement à nu les misérables prédicants de la liberté indéfinie, qui, la veille encore, dans le cabinet de police

de Savary ou dans la censure de Fouché, frappaient la pensée d'interdit.

Comme si pour donner aux étrangers un triste
aperçu de l'effervescence intérieure ces luttes
sans fin et sans terme ne suffisaient pas encore,
on vit dans les derniers mois qui précédèrent les
conférences d'Aix-la-Chapelle surgir des notes
plus ou moins secrètes, des documents individuels que chaque fraction de parti adressait aux
cours alliées.

Le pavillon Marsan, dans une pièce attribuée
au baron de Vitrolles, exprimait vivement des
craintes fondées. Il montrait la France plus
que jamais en proie à l'esprit d'anarchie, et il
indiquait les remèdes qu'il fallait employer contre ce désordre.

Ces remèdes étaient-ils efficaces? n'avaient-
ils rien dans leur application qui froissât l'orgueil du pays? Nous ne le pensons pas.

En effrayant les puissances étrangères sur les
dangers dont la société française était menacée
on rendait ces mêmes puissances plus exigean-
tes ; en tâchant de leur persuader qu'elles ne
devaient céder ni au vœu du roi ni à celui du
ministère qui, interprète de l'opinion générale,
demandait l'évacuation du territoire, on se présentait à l'Europe comme sans appui dans le
royaume, comme sans courage même et sans

espérance dans les luttes prochaines que l'on prévoyait : c'était fournir à son ennemi intérieur une arme formidable. Une fraction royaliste ne craignit pas les conséquences d'une pareille démarche. Cette fraction se rendit impopulaire par le fait même. De ce jour-là elle se condamna à l'isolement.

Demander à l'étranger qui occupe vos frontières d'y séjourner plus longtemps qu'il ne l'a résolu, et le demander au nom du principe monarchique, sera toujours une faute, car c'est gratuitement humilier sa patrie et se déclarer soi-même impuissant ; mais cet aveu de l'irréflexion n'est qu'une faute ; peu de royalistes la commirent : le parti entier en porta la peine.

Pendant ce temps l'esprit révolutionnaire se livrait à des actes mille fois plus condamnables; il préparait un crime. Ce crime a été longtemps étouffé sous de banales déclamations. Après avoir reproché aux uns leurs erreurs, ne faut-il pas redire aux autres leurs rêves anti-français.

On a vu qu'après la bataille de Waterloo six plénipotentiaires choisis par les chambres législatives et par les pouvoirs publics de 1815 s'étaient rendus auprès des généraux de l'armée coalisée, et qu'à Hagueneau MM. de Lafayette, Sébastiani, Pontécoulant, Delaforêt, d'Argenson et Benjamin-Constant abandonnaient aux alliés le droit de choisir le prince étranger qu'ils sollicitaient pour régner sur la France. En 1816 le parti libéral reprit ces déplorables errements ; il les suivit avec persévérance par ses chefs ou par ses émissaires.

Il fatigua de ses cruelles dénonciations les rois et les ministres de l'Europe, ne cessant de demander un monarque qui n'eût rien de français dans les veines ou dans le cœur. L'Europe résista à cette prière ; mais bientôt les exilés qui n'étaient pas compris dans l'amnistie de 1816 se désignèrent un nouveau souverain en dehors même de la famille de Napoléon pour laquelle ils avaient si longtemps conspiré et qui en tenait plusieurs à ses gages. On vit les réfugiés de Bruxelles organiser pour le prince d'O-range, maintenant roi de Hollande, la sourde conjuration que l'empereur Alexandre fit avorter en 1821.

Au moment où les conférences d'Aix-la-Chapelle allaient s'ouvrir, M. Teste, l'un des bannis de MM. Pasquier et Decazes, rédigea, sous les inspirations de Carnot et de Sièyes, un mémoire par lequel on proposait aux quatre cours de changer la forme du gouvernement, et de substituer à la dynastie des Bourbons et à la branche d'Orléans une tige protestante de Nassau. Le roi Guillaume des Pays-Bas, le prince d'Orange, son fils, se prêtaient à ce vœu coupable, et que la reconnaissance d'un accueil plus ou moins généreux ne devait jamais inspirer à des Français même exilés.

Pour entretenir les bonnes intentions de ces patriotes la maison de Nassau se montra pleine d'égards en faveur des régicides et des exilés, dont Bruxelles devint le véritable champ d'asile. Les Nassau s'improvisèrent révolutionnaires ; ils eurent des flatteries et une bienveillance toute particulière à prodiguer aux hommes qui conspiraient pour eux.

Ils se firent en Belgique les ennemis de la religion catholique et les adversaires de la monarchie française, bien assurés de capter ainsi la confiance et les suffrages des patriotes français. Mais en 1830, quand le tocsin de juillet retentit, les proscrits de 1815 ne songèrent à la famille des Pays-Bas que pour lui faire expier son hospitalité, ils applaudirent à la révolution de septembre.

La Belgique s'insurgea contre son roi, qui, par ambition, s'était à son détriment improvisé libéral et fait anti-catholique. Ce roi n'obtint pas la couronne des Bourbons, qu'on lui avait si longtemps présentée comme un appât décevant, et il perdit la plus belle partie de ses états. Ce fut le seul fruit que retira la mai-

son de Nassau des conspirations tramées sous
son égide et des louanges constitutionnelles dont
elle se laissa enivrer.

Quand les conférences d'Aix-la-Chapelle furent indiquées telle était la position des partis
en France. A l'étranger, en Allemagne surtout,
les esprits étaient fortement agités par les récentes commotions : les peuples réclamaient les
garanties qui leur avaient été promises pour les
lancer sur Napoléon. La Sainte-Alliance était
ébranlée ; des intérêts rivaux divisaient la Russie et l'Autriche ; la Prusse disputait à cette dernière puissance le protectorat de l'Allemagne,
et en Angleterre le cabinet de lord Castlereagh
invoquait contre les principes anarchiques l'*alien
bill,* il suspendait l'*habeas corpus.*

Du 20 au 25 septembre 1818 les comtes de
Nesselrode et de Capo-d'Istria pour la Russie,
lord Castlereagh et le duc de Wellington pour la
Grande-Bretagne, le prince de Metternich assisté
du baron de Gentz pour l'Autriche, le prince
de Hardenberg et le comte de Bernstorff pour la
Prusse, le duc de Richelieu assisté du comte de
Rayneval et du baron Mounier pour la France,
arrivèrent à Aix-la-Chapelle. Les empereurs de
Russie et d'Autriche et le roi de Prusse suivirent
de très près leurs plénipotentiaires. Les conférences s'ouvrirent le 30 septembre, sans céré-

monial, sans étiquette, sans toutes les banalités
de préséance qui d'ordinaire tiennent une si
large place dans les réunions diplomatiques.
Chacun semblait pressé d'en finir pour se livrer
en sécurité de conscience aux fêtes et aux plaisirs qui attendaient les souverains et leurs ministres.

A Aix-la-Chapelle, dans cette antique ville
de Charlemagne déjà célèbre par les deux traités
de 1668 et de 1748, on voyait affluer tout ce
qui en Europe avait un renom de naissance, de
talent, de beauté ou de fortune. Les princes
d'Allemagne, les ambassadeurs des puissances,
la noblesse anglaise et celle de Russie y avaient
de nombreux représentants.

Dès le 2 octobre il fut décidé en principe que
l'évacuation du territoire français serait complète, entière, sans réserve. Mais ce ne fut que
le 9 du même mois que le protocole d'évacuation
se signa en un seul et même instrument comme
au congrès de Vienne. Les trois premiers articles
sont ainsi conçus :

« Art. 1er. Les troupes composant l'armée
d'occupation seront retirées du territoire français le 30 novembre prochain, ou plus tôt, si
faire se peut.

« Art. 2. Les places et forts que les susdites

troupes occupent seront remis aux commissaires nommés à cet effet par sa Majesté Très Chrétienne dans l'état où ils se trouvaient au moment de l'occupation.

« Art. 3. La somme destinée à pourvoir à la solde, l'équipement et l'habillement des troupes de l'armée d'occupation sera payée dans tous les cas jusqu'au 30 novembre sur le même pied qu'elle l'a été depuis le 1ᵉʳ décembre 1817. »

Ainsi les souverains alliés ne tenaient compte ni des *notes secrètes* arrachées à un petit nombre de royalistes par une connaissance peut-être trop précise des machinations démocratiques, ni du plan dynastique que les réfugiés de Bruxelles soumettaient à l'Europe, au nom du libéralisme français; ils se prêtaient de bonne grâce au vœu le plus cher de Louis XVIII, et, proclamons-le avec vérité, ce vœu tout national était aussi l'expression de leur pensée.

Nous avons dit avec quelle ténacité la révolution s'était efforcé de gangréner les troupes d'occupation; les rapports du généralissime anglais étaient alarmants. L'esprit patriotique des soldats en garnison sur les départements frontières s'était affaibli au contact des passions libérales qui s'acharnaient à le corrompre. Pour ceux qui ont étudié la situation européenne à cette épo-

24

que, il est démontré jusqu'à l'évidence que les
étrangers étaient aussi pressés de rappeler leur
armée que la France de s'en voir débarrassée.

La contagion avait fait de rapides progrès dans
ses rangs ; tout révélait une tendance vers des
idées de changem nt, tendance que, par des
moyens violents, on pousse vite au désordre et à
l'anarchie ; mais les soldats russes avaient le plus
souffert de l'invasion démagogique. C'était même
par des officiers de cette armée que les pamphlets imprimés en Belgique contre la société ou
contre le roi se distribuaient dans les populations. Aussi à leur retour le czar laissa peu séjourner dans sa capitale ou dans les grandes
villes de son empire les officiers qui arrivaient de
France. Les régiments reçurent tous des desti-
nations plus ou moins éloignées du centre ; les
chefs eux-mêmes se ressentirent de cette espèce
de suspicion. Le général Orloff entre autres su-
bit une disgrâce assez éclatante ; l'empereur ne
lui retira pas son grade, mais il lui donna ordre
de se rendre immédiatement à l'armée du Cau-
case.

Ces précautions, dont une politique habile
aurait eu le pressentiment et qu'elle aurait pu
mettre à profit, révélaient de longues terreurs.
M. de Richelieu ne s'en préoccupa point. Lord
Wellington, entrant dans les vues politiques de

Louis XVIII et dans les intentions secrètes des puissances, rendit au congrès d'Aix-la-Chapelle un témoignage satisfaisant des dispositions pacifiques du royaume. Sur sa parole les monarques alliés firent acte de générosité officielle envers le roi, et ils accordèrent ce qui ne pouvait plus être refusé par eux, sans compromettre gravement la discipline de leurs troupes.

A cette nouvelle, qui enfin le rétablissait dans son indépendance souveraine, Louis XVIII, la figure rayonnante de bonheur et d'orgueil, adressa à M. de Richelieu une de ces lettres qu'il savait faire avec tant de laborieuse effusion :

« J'ai assez vécu, disait-il à son plénipotentiaire, puisque j'ai vu la France libre et le drapeau français flotter sur toutes les villes françaises. »

C'était beaucoup sans doute pour le pays; mais ce n'était pas assez pour les monarques alliés. Il restait à régler les contributions de guerre. Ils s'étaient montrés faciles pour concéder la délivrance du territoire ; ils espéraient, et leur espoir ne fut pas déçu, que M. de Richelieu serait au moins aussi accommodant sur les chiffres qu'ils l'étaient, eux, sur le principe d'évacuation.

L'armée de lord Wellington semblait être pour les coalisés une espèce de garnison mise dans un royaume afin d'accélérer le paiement de ses dettes ; cette armée de percepteurs se retirant, il devenait indispensable de prendre de nouveaux arrangements : les ministres des quatre cours n'y manquèrent pas.

Sur les sept cents millions d'impôts de guerre que le traité du 20 novembre 1815 avait laissés à la charge de la France il restait dû deux cent soixante-cinq millions, parcequ'on passa en décompte une somme de quinze millions pour diverses compensations, les seules que le trésor royal put obtenir.

Les maisons Hoppe et Baring, qui, comme celle des Rothschild, avaient au congrès leurs représentants accrédités, reçurent des rentes, et elles s'engagèrent en échange à payer la somme due aux diverses puissances. La répartition de ce dernier impôt de guerre se fit ainsi :

| | |
|---|---|
| Russie | 48 millions |
| Angleterre | 48 |
| Autriche | 40 |
| Prusse | 40 |
| Pays-Bas | 22 |
| Bavière | 10 |
| Puissances du second ordre | 57 |

MM. Hoppe et Baring devaient effectuer ce

solde en dix mois à partir du 6 janvier 1819 jusqu'au 8 juin 1820. A peine la convention était-
elle signée que ces banquiers déclarèrent qu'ils
se voyaient hors d'état de négocier au prix convenu la totalité des rentes à eux cédées. Cette
convention était du 9 octobre 1818, et, dès le
19 du même mois, le duc de Richelieu était forcé
d'avouer à la conférence d'Aix-la-Chapelle que
les nouvelles circonstances dans lesquelles se
plaçait le royaume l'obligeaient à consentir à
la résiliation d'une partie des engagements con
tractés par les maisons Hoppe et Baring.

Dans sa note officielle il attribuait la baisse
des effets publics au projet formé par plusieurs
états de retirer leur papier-monnaie et d'y substituer du numéraire, « ce qui, disait-il, avait
diminué la circulation en France. »

On admit les motifs assignés par M. de Richelieu ; cependant les ministres des quatre cours
et l'empereur de Russie ne lui cachèrent pas que
la véritable cause de cette perturbation était
plutôt politique que financière. Elle tenait évidemment au mauvais résultat des élections partielles dont chaque courrier apportait les nouvelles les plus alarmantes.

M. de Richelieu, qui avait fait quelque chose
pour la révolution, et qui, à son insu, laissait
M. Decazes en faire beaucoup plus, s'était, dans

les conférences préliminaires avec les ministres étrangers et dans les audiences que les souverains lui accordaient, prononcé d'une manière très positive sur ces mêmes élections. Il en garantissait l'esprit monarchique. Il prétendait que, malgré d'apparentes divisions intérieures, la France serait unanime pour protester de son amour en faveur de la légitimité et pour montrer à l'Europe qu'elle revenait à des idées plus saines.

Jamais jusqu'à ce jour mission plus importante n'avait été confiée à des électeurs amis de leur patrie, de son indépendance et de l'ordre par la liberté. L'opposition de gauche, que les perfidies constitutionnelles de certains collègues de M. de Richelieu poussaient dans les voies extrêmes, déclina hautement cette mission de paix : on la vit aller chercher les noms les plus hostiles à la monarchie. Le 20 octobre 1818 le département de la Vendée, représenté par des acquéreurs de biens nationaux que la loi investissait du droit électoral, faisait sortir Manuel de l'urne de ses scrutins. Le 26 octobre le Finistère lui conférait le même honneur, et ce jour là encore le général Lafayette était nommé député par le département de la Sarthe.

Ainsi trois colléges de l'Ouest, dont les populations sont toutes sincèrement royalistes, arboraient le drapeau de la révolution en face des alliés. Ces colléges donnaient un démenti cruel aux prévisions de M. de Richelieu : il en fut partout à peu près de même. A Paris, MM. Benjamin-Constant et Ternaux étaient avec des nuances différentes les candidats de la révolution. Le premier obtint trois mille sept cent quarante-neuf voix, et le second trois mille huit cent vingt-neuf. Les royalistes s'étaient effacés dans leur impuissance.

C'était là le seul motif qui avait amené les maisons Hoppe et Baring à la résiliation dont nous avons parlé : les raisons alléguées par M. de Richelieu ne sont qu'un palliatif diplomatique. Aucune puissance européenne, aucun état dans les autres parties du monde n'avait entrepris d'opération qui nécessitât une accumulation de numéraire, car partout se créaient de ces établissements qui remplacent l'argent monnayé. Si telles eussent été les véritables causes de la détérioration des effets publics, les maisons de banque avec lesquelles le baron Mounier traitait sous le couvert du duc de Richelieu les auraient appréciés plus vite que les gouvernements, puisque c'est par l'intermédiaire des banquiers que s'opèrent toujours de semblables mutations dans les signes de circulation.

Alors la prospérité matérielle de la France

était telle que du mois de janvier 1818 où les 5 pour cent ne valaient que 64 fr. 50 c., leur cours était monté au mois de septembre de la même année à 79 fr. 50 c. Tout donc, excepté le résultat si fatalement révolutionnaire des élections, devait faire croire à une continuation de prospérité et à l'accroissement de la rente. MM. Hoppe et Baring n'avaient donc pas conclu une mauvaise affaire en se chargeant au taux moyen de 75 fr. 57 c. des rentes destinées à exécuter la convention d'Aix-la-Chapelle ; mais la dépréciation des valeurs de l'Etat fut encore plus rapide que leur élévation. Six semaines après le marché conclu par ces banquiers le cours était graduellement tombé à 62 fr. 50 c. : c'était une des premières calamités que les exagérations libérales, toujours à côté de la raison, de la dignité et du bonheur de la France, firent peser sur le royaume.

Devant des faits aussi patents que ceux-là on ne conçoit pas qu'un écrivain se qualifiant d'*homme d'état* ait pu, dans une *Histoire de la Restauration*, dénaturer tous les événements, confondre à plaisir toutes les dates et bouleverser l'histoire contemporaine pour la glorification d'une coterie. M. Capefigue, qui réclame enfin contre le transparent incognito d'un *homme d'état* que jusqu'à présent personne n'a-

vait eu le courage de lui disputer, M. Capefigue,
dans son pamphlet doctrinaire en dix volumes,
a dit en parlant de cette résiliation que, par une
confusion inexplicable, il fait remonter aux conventions financières des 10 février 1817 et 11
mars de la même année :

« Avec sa probité scrupuleuse il (le duc de
Richelieu) avait hautement déclaré à MM. Corvetto et Decazes que les ministres devaient se
réunir pour payer la différence sur leurs biens
personnels. Ce fut dans cette circonstance que
M. Decazes prit le parti d'écrire à M. Baring
pour lui exposer la situation embarrassante du
ministère vis-à-vis des chambres ; il lui déclara
avec franchise que l'état n'avait pas besoin de
négocier toutes les rentes comprises dans les
traités ; que l'opération pour toute la partie ex-
cédante étant fort onéreuse à l'état, le ministère
se trouvait exposé à une dangereuse responsabilité. M. Baring, auprès duquel M. Decazes
avait envoyé son neveu, répondit qu'il allait en
écrire à ses associés; et quelques jours après,
avec un désintéressement bien rare, M. Baring
consentit à annuler l'opération pour la partie de
rentes excédantes. »

Dans ce chapitre et dans les précédents nous

venons d'expliquer les faits tels qu'ils se passèrent. C'est, nous le savons, de l'histoire un
peu moins partiale et plus véridique que celle
commandée à M. Capefigue, et que cet écrivain
exécute sans réflexion, sans travail préparatoire;
mais ce que nous avançons est appuyé sur des
documents irréfragables. Comme on peut s'en
convaincre par le récit des négociations, ce ne
fut point à la sollicitation de M. Decazes que
MM. Hoppe et Baring consentirent à remettre
au trésor six millions six cent quinze mille
francs de rente représentant les capitaux que
ces maisons devaient payer aux étrangers à la
décharge de la France. En général les banquiers
n'ont pas le cœur facile à attendrir sur les malheurs publics ; ils sont à peine patriotes lorsque
leur intérêt est en jeu. Qu'on juge de ce qu'ils
doivent éprouver en faveur des autres royaumes,
dont ils ne s'occupent que pour les pressurer.

L'*homme d'état* qui a cru écrire l'*Histoire de la
Restauration* a donc tout ignoré ou n'a rien voulu
comprendre.

En échange de la rétrocession de MM. Hoppe
et Baring, rétrocession qu'ils firent pour l'emprunt d'Aix-la-Chapelle, et non pas pour ceux
de 1817, qui furent négociés sans obstacles, et
par bonheur sans concessions de leur part, la
France remit aux alliés des bons portant intérêt

à 5 pour cent. Ces bons étaient payables jour par jour à dater du 1ᵉʳ juin 1820 jusqu'au 1ᵉʳ mars 1821 ; mais si MM. Hoppe et Baring eussent été habitués autant qu'on l'est de nos jours à ces vastes négociations, ils ne se seraient pas défait si facilement de leurs rentes. La raison en est évidente par les chiffres. Bientôt en effet les rentes atteignirent, elles dépassèrent même le taux auquel ils les avaient soumissionnées, et la banque de France s'estima trop heureuse d'avoir pu se substituer à leur lieu et place.

La banque de France se chargea du paiement des cent millions de bons du trésor contre le dépôt de titres à soixante-quinze francs. Elle continua cette opération jusqu'en 1823. L'opération s'éleva d'abord à cent millions à l'escompte de 5 pour cent ; plus tard on la réduisit à soixante millions sous l'escompte de 4 pour cent. Chaque année les ressources du pays augmentèrent. L'impôt rentrait sans difficultés ; la contribution foncière et les trois autres contributions directes avaient pourtant été notablement dégrévées ; car en 1818 le soulagement fut de treize millions, en 1819 de vingt millions six cent mille francs, en 1821, de vingt-sept millions trois cent cinquante mille francs. Les années suivantes des dégrévements non moins considérables furent accordés; en définitive ils étaient de quatre-vingt-douze millions à la fin de 1827.

Ces réductions sur les contributions directes étaient largement compensées par l'augmentation des impôts sur les consommations. Les négociants se plaignaient sans doute de ne pas voir leurs bénéfices progresser. Leurs doléances, fondées par rapport aux individus, étaient démenties par les faits, lorsqu'on généralise la question et qu'on l'envisage d'un point de vue moins étroit. Le nombre des négociants et patentables s'accroissait chaque jour; leurs profits, qui autrefois se répartissaient entre un plus petit nombre, ne devaient plus, comme jadis, procurer de rapides fortunes; mais cet état de choses répandait le bien-être dans la société; il donnait au commerce et à la petite propriété un avantage incalculable.

Et puisqu'un incident nous a entraîné à résumer en quelques lignes l'état financier du royaume, ne nous arrêtons pas dans la démonstration poursuivie, et prenons pour exemple le mouvement commercial de la Banque de France.

En 1820 il n'était que de huit cent treize millions cinq cent trente-quatre mille francs. En 1827 il s'éleva à près d'un milliard cinq cent millions. Dans ce chiffre authentique nous comprenons les escomptes des effets de commerce et les revirements des comptes courants.

La prospérité de la France influe toujours sur celle des étrangers. En 1818, lorsqu'on la vit décroître, les grandes opérations financières furent partout suspendues. Quand l'ordre et la régularité se rétablirent les puissances songèrent à contracter des emprunts. Elles mirent ce projet à exécution, non pas ainsi que le supposait M. de Richelieu au moment où la baisse de nos rentes intimidait les capitalistes; mais en 1822, lorsque les fonds français atteignirent le cours de 90. L'Autriche, la Russie et Naples saisirent ce mouvement de hausse pour faire leurs emprunts les plus considérables; la Hesse et le pays de Bade en contractèrent également. Cette année-là la Russie empruntait quarante-trois millions de roubles d'argent (cent soixante-douze millions de francs), et l'Autriche cinquante-cinq millions de florins (cent soixante millions de francs).

En dehors de ses ressources ordinaires, la France possédait dans son amortissement capitalisé une réserve de près d'un milliard. Nous nous gardons bien cependant de donner cette dernière circonstance comme une preuve de l'habileté de notre système financier.

L'amortissement fut dans l'origine beaucoup trop largement doté. Il semblait qu'on n'était

préoccupé que du désir d'élever le cours des
rentes. Dans les discours de tribune les banquiers orateurs, tels que MM. Casimir Périer et
Laffitte, n'hésitaient point à considérer l'amortissement comme la propriété des porteurs de
titres, et ils ne mettaient qu'en seconde ligne
l'obligation du trésor de payer exactement les
intérêts. C'est pourtant la seule chose que l'état
doive à ses créanciers. L'amortissement de la
dette publique est une sage mesure, une pré-
voyance pour l'avenir; mais elle ne doit pas
peser trop fort sur le présent. Ainsi que tous les
actes d'administration, il faut la restreindre en
de justes limites. Il n'y a de véritable fonds d'a-
mortissement que l'excédant de la recette sur
a dépense. Tout autre mode d'opération est
une illusion dont profitent des capitalistes
adroits, et dont le peuple supporte l'erreur ou
le fardeau.

Nous nous sommes volontairement éloignés
des conférences d'Aix-la-Chapelle; mais en
analysant comme nous venons de le faire les
éléments de notre crédit, et en démontrant son
influence sur celui des autres nations, nous
avons fait toucher au doigt la vérité. Nous ren-
trons maintenant dans le cadre des négociations,
qui sont le dénouement des traités de 1815.

La position de M. de Richelieu était plus dif-

ficile que jamais. Il s'accusait d'avoir trompé à
son insu les puissances alliées, et, pour faire
amende honorable, ce ministre, digne sans aucun doute d'un meilleur temps, accordait aux
étrangers tout ce qu'ils n'osaient qu'à peine demander. Ainsi dans la transaction il s'empressa d'abandonner toutes les compensations
que la France avait droit d'opposer. Elles étaient
considérables.

Dans sa note aux quatre cours le duc de Wellington en portait, il est vrai, l'évaluation beaucoup plus bas que le baron Dudon ne la présentait dans ses comptes. Cependant, selon le duc
de Wellington lui-même, ces compensations
étaient seulement pour les Pays-Bas de vingt-
huit millions, et de treize pour la Sardaigne.
D'un trait de plume M. de Richelieu les anéan-
tit, et lorsque tous les arrangements financiers
furent ainsi réglés à la grande satisfaction des
puissances, qui se sentaient prêtes à bénir les
élections libérales, dont elles seules profitaient,
on passa aux dernières stipulations politiques.

La France désirait et devait reprendre son
rang en Europe. Jusqu'alors tout avait été fait
sans elle et contre elle. Le malheur des vaincus
lui avait été réservé. Mise en dehors des importantes délibérations qui changeaient la face de
l'Europe, voyant tous les états étendre ou ar-

rondir leurs frontières à ses dépens, sans influence diplomatique ou militaire sur les événements, elle avait traversé les trois pénibles années qui venaient de s'écouler dans une silencieuse dignité extérieure.

Cette dignité, dont plusieurs fois les coalisés s'étonnèrent, n'était pas de l'orgueil froissé; c'était l'expression d'une force contenue. A Aix-la-Chapelle, la France, écrasée sous le poids des armées combinées dont elle avait si souvent triomphé en détail, relevait enfin la tête. Son territoire allait être libre; ses dettes, imposées par l'équité ou par la violence et acceptées par la faiblesse ministérielle, ses dettes étaient acquittées : il ne lui restait plus qu'à remonter au rang de puissance de premier ordre, qu'à sortir de tutelle et qu'à compter avec l'Europe sur le pied de l'égalité.

Les souverains alliés sentirent combien cette ambition était fondée. Le 1er novembre 1818 les ministres des quatre cours adressèrent au duc de Richelieu la communication suivante :

« Appelés par l'article 5 du traité du 20 novembre 1815 à examiner, de concert avec S. M. le roi de France, si l'occupation militaire d'une partie du territoire français, arrêtée par ledit traité, pouvait cesser à la fin de la troisième an-

née ou devait se prolonger jusqu'à la fin de la
cinquième, LL. MM. l'empereur d'Autriche, le
roi de Prusse et l'empereur de toutes les Russies se sont rendues à Aix-la-Chapelle, et ont
chargé leurs ministres de s'y réunir en conférence avec les plénipotentiaires de LL. MM. le
roi de France et le roi de la Grande-Bretagne,
afin de procéder à l'examen de cette question
importante.

« L'attention des ministres et plénipotentiaires a dû se fixer avant tout dans cet examen
sur l'état intérieur de la France; elle a dû se
porter également sur l'exécution des engagements contractés par le gouvernement français
envers les puissances cosignataires du traité du
20 novembre 1815.

« L'état intérieur de la France ayant été depuis longtemps le sujet des méditations suivies
des cabinets, et les plénipotentiaires réunis à
Aix-la-Chapelle s'étant mutuellement communiqué les opinions qu'ils s'étaient formées à cet
égard, les augustes souverains, après les avoir
pesées dans leur sagesse, ont reconnu avec satisfaction que l'ordre des choses heureusement
établi en France par la restauration de la monarchie légitime et constitutionnelle, et le succès qui a couronné jusqu'ici les soins paternels

25

de S. M. T. C., justifient pleinement l'espoir d'un affermissement progressif de cet ordre de choses, si essentiel pour le repos et la prospérité de la France, et si étroitement lié à tous les grands intérêts de l'Europe.

« Quant à l'exécution des engagements, les communications que, dès l'ouverture des conférences, M. le plénipotentiaire de Sa Majesté très chrétienne a adressées à ceux des autres puissances, n'ont laissé aucun doute sur cette question en prouvant que le gouvernement français a rempli avec l'exactitude la plus scrupuleuse et la plus honorable toutes les clauses des traités et conventions du 20 novembre, et en proposant pour celles de ces clauses dont l'accomplissement était réservé à des époques plus éloignées des arrangements satisfaisants pour toutes les parties contractantes.

« Tels étaient les résultats de l'examen de ces graves questions; Leurs Majestés impériales et royales se sont félicitées de n'avoir plus qu'à écouter ces sentiments et ces vœux personnels qui les portaient à mettre un terme à une mesure que des circonstances funestes, et la nécessité de pourvoir à leur sûreté et à celle de l'Europe, avaient seules pu leur dicter.

« Dès lors les augustes souverains se sont décidés à faire cesser l'occupation militaire du

territoire français, et la convention du 9 octobre a sanctionné cette résolution. Ils regardent
cet acte solennel comme le complément de la
paix générale.

« Considérant maintenant comme le premier
de leurs devoirs celui de conserver à leurs peuples les bienfaits que cette paix leur assure, et
de maintenir dans leur intégrité les transactions
qui l'ont fondée, Leurs Majestés impériales et
royales se flattent que Sa Majesté très chrétienne, animée des mêmes sentiments, ac-
cueillera, avec l'intérêt qu'elle attache à tout
ce qui tend au bien de l'humanité et à la prospérité de son pays, la proposition que Leurs Majestés impériales et royales lui adressent d'unir
dorénavant ses conseils et ses efforts à ceux
qu'elles ne cesseront de vouer à l'accomplissement d'une œuvre aussi salutaire.

« Les soussignés, chargés de prier M. le duc de
Richelieu de porter ce vœu de leurs augustes
souverains à la connaissance du roi son maître,
invitent en même temps son excellence à prendre part à leurs délibérations présentes et futures, consacrées au maintien de la paix, des traités sur lesquels elle repose, des droits et des
rapports mutuels, établis ou confirmés par ces
traités, reconnus par toutes les puissances eu-
ropéennes.

« En transmettant à M. le duc de Richelieu
cette preuve solennelle de la confiance que leurs
augustes souverains ont placée dans la sagesse
du roi de France et dans la loyauté de la nation
française, les soussignés ont l'ordre d'y ajouter
l'expression de l'attachement înaltérable que
Leurs Majestés impériales et royales professent
envers la personne de Sa Majesté très chrétienne et sa famille, et de la part sincère qu'elles
ne cessent de prendre au repos et au bonheur
de son royaume.

« Ils ont l'honneur d'offrir en même temps à
M. le duc de Richelieu l'assurance de leur considération toute particulière.

« Aix-la-Chapelle, le 1ᵉʳ novembre 1818.

« *Signé* METTERNICH, CASTLEREAGH, WEL-
LINGTON, HARDENBERG, BERNSTORFF,
NESSELRODE, CAPO D'ISTRIA. »

Le 12 novembre M. de Richelieu remit aux
ministres des quatre cours sa réponse à la note
du 1ᵉʳ de ce même mois ; elle est ainsi conçue :

« Le soussigné, ministre et secrétaire d'état
de Sa Majesté très chrétienne, a reçu les communications que leurs excellences MM. les mi-

nistres des cabinets d'Autriche, de la Grande-
Bretagne, de Prusse et de Russie, lui ont fait
l'honneur de lui adresser, le 1ᵉʳ de ce mois, par
ordre de leurs augustes souverains : il s'est empressé d'en donner connaissance au roi son maître. S. M. a reçu avec une véritable satisfaction
cette nouvelle preuve de la confiance et de l'a-
mitié des souverains qui ont pris part aux délibérations d'Aix-la-Chapelle. La justice qu'ils
rendent à ses soins constants pour le bonheur
de la France, et surtout à la loyauté de son peuple, a vivement touché son cœur.

« En portant ses regards sur le passé, et en
reconnaissant qu'à aucune autre époque aucune
autre nation n'aurait pu exécuter avec une plus
scrupuleuse fidélité des engagements tels que
ceux que la France avait contractés, il a senti
qu'elle était redevable de ce nouveau genre de
gloire à la force des institutions qui la régissent,
et il voit avec joie que l'affermissement de ces
institutions est regardé par ses augustes alliés
comme aussi avantageux au repos de l'Europe
qu'essentiel à la prospérité de la France. Considérant que le premier de ses devoirs est de
chercher à perpétuer et à accroître, par tous les
moyens qui sont en son pouvoir, les bienfaits
que l'entier rétablissement de la paix générale
promet à toutes les nations; persuadée que l'u-

nion intime des gouvernements est le gage le plus certain de sa durée, et que la France, qui ne pouvait rester étrangère à un système dont toute la force naîtra d'une parfaite unanimité de principes et d'action, s'y associera avec cette franchise qui la caractérise, et que son concours ne peut qu'augmenter l'espoir bien fondé des heureux résultats qu'une telle alliance aura pour le bien de l'humanité, Sa Majesté très chrétienne accueille avec empressement la proposition qui lui est faite d'unir ses conseils et ses efforts à ceux de Leurs Majestés pour accomplir l'œuvre salutaire qu'elles se proposent. En conséquence, elle a autorisé le soussigné à prendre part à toutes les délibérations de leurs ministres et plénipotentiaires, dans le but de consolider la paix, d'assurer le maintien des traités sur lesquels elle repose, et de garantir les droits et les rapports mutuels établis par les mêmes traités et reconnus par tous les états de l'Europe.

« Le soussigné, en priant leurs excellences de vouloir bien transmettre à leurs augustes souverains l'expression des intentions et des sentiments du roi son maître, à l'honneur de leur offrir l'assurance de sa plus haute considération.

« Aix-la-Chapelle, le 12 novembre 1818.

« *Signé* RICHELIEU. »

Le 15 novembre, après avoir signé un dernier protocole auquel le plénipotentiaire français fut admis comme partie contractante, protocole qui, sous un autre nom, renouvelait la Sainte-Alliance, les représentants de la France, de la Russie, de l'Autriche, de l Angleterre et de la Prusse firent la déclaration suivante :

« A l'époque où la pacification de l'Europe est achevée, par la résolution de retirer les troupes étrangères du territoire français, et où cessent les mesures de précautions que ces événements déplorables avaient rendues nécessaires, les ministres et plénipotentiaires de LL. MM. l'empereur d'Autriche, le roi de France, le roi de la Grande-Bretagne, le roi de Prusse et l'empereur de toutes les Russies, ont reçu de leurs souverains l'ordre de porter à la connaissance de toutes les cours de l'Europe les résultats de leur réunion à Aix-la-Chapelle, et de faire à cet effet la déclaration suivante :

« La convention du 9 octobre, qui a définitivement réglé l'exécution des engagements consignés dans le traité de paix du 20 novembre 1815, est considérée par les souverains qui y ont concouru comme l'accomplissement de l'œuvre de la paix et comme le complément du système politique destiné à en assurer la solidité.

« L'union intime établie entre les monarques associés à ce système par leurs principes non moins que par l'intérêt de leurs peuples offre à l'Europe le gage le plus sacré de sa tranquillité future.

« L'objet de cette union est aussi simple que grand et salutaire ; elle ne tend à aucune nouvelle combinaison politique, à aucun changement dans les rapports sanctionnés par les traités existants : calme et constante dans son action, elle n'a pour but que le maintien de la paix et la garantie des transactions qui l'ont fondée et consolidée.

« Les souverains, en formant cette union auguste, ont regardé comme sa base fondamentale leur invariable résolution de ne jamais s'écarter ni entre eux, ni dans leurs relations avec d'autres états, de l'observation la plus stricte des principes du droit des gens, principes qui, dans leur application à un état de paix permanent, peuvent seuls garantir efficacement l'indépendance de chaque gouvernement et la stabilité de l'association générale.

« Fidèles à ces principes, les souverains les maintiendront également dans les réunions auxquelles ils assisteraient en personne., ou qui auraient lieu entre leurs ministres, soit qu'elles aient pour objet de discuter en commun leurs propres intérêts, soit qu'elles se rapportent à des questions dans lesquelles d'autres gouvernements auraient formellement réclamé leur intervention. Le même esprit qui dirigea leurs conseils et qui régna dans leurs communications diplomatiques présidera aussi à ces réunions, et le repos du monde en sera constamment le motif et le but.

« C'est dans ces sentiments que les souverains ont consommé l'ouvrage auquel ils étaient appelés; ils ne cesseront de travailler à l'affermir et à le perfectionner. Ils reconnaissent formellement que leurs devoirs envers Dieu et envers les peuples qu'ils gouvernent leur prescrivent de donner au monde, autant qu'il est en eux, l'exemple de la justice, de la concorde, de la modération; heureux de pouvoir consacrer désormais leurs efforts à protéger tous les arts de la paix, à accroître la prospérité intérieure de leurs états, et à réveiller ces sentiments de religion et de morale dont le malheur des temps n'a que trop affaibli l'empire. »

*Signé* METTERNICH, RICHELIEU, CASTLEREAGH, WELLINGTON, HARDENBERG, BERNSTORFF, NESSELRODE, CAPO-D'ISTRIA.

Par un ordre du jour, daté d'Aix-la-Chapelle le 15 novembre 1818, le duc de Wellington adressa ses adieux à l'armée d'occupation dont la discipline avait partout été exemplaire. Le départ de ces troupes s'effectua de suite et sans embarras. Le duc d'Angoulême, qui avait fait une courte apparition au congrès d'Aix-la-Chapelle, était alors en tournée dans l'est et dans le nord. Aux applaudissements de tout un peuple, il eut l'honneur de replanter lui-même le drapeau blanc sur les remparts de Thionville, et à la première ouverture des chambres qui suivit cet événement, si heureux pour la France et pour les Bourbons, Louis XVIII s'exprima ainsi : « Un de mes fils, accouru pour s'unir aux premiers transports de nos provinces affranchies, a de ses propres mains et aux acclamations de mon peuple arboré le drapeau français sur les remparts de Thionville. Ce drapeau flotte aujourd'hui sur tout le sol de la France ; l'Europe a accueilli avec empressement la France replacée au rang qui lui appartient. »

Ici finit l'*Histoire des Traités de 1815 et de leur exécution*, histoire entreprise au point de vue français, mais avant tout écrite avec une indépendance que même les documents officiels mis à notre disposition n'auraient pu nous faire abdiquer. Nous avons cherché la vérité.: après l'avoir trouvée, nous l'avons dite.

Le tableau de ces grandes transactions est maintenant sous les yeux du public. Chacun, en dehors de ses affections ou de ses inimitiés, peut s'expliquer ce qui jusqu'à ce jour était resté inexplicable, car la plupart des pièces diplomatiques sur lesquelles nous appuyons nos récits sortent pour la première fois des archives de France ou de celles des cabinets étrangers. Ce ne sont pas, on le sent bien, les hontes toujours rachetables de l'invasion que notre plume a voulu tracer, mais ses affreuses conséquences qu'à tout prix il faut éviter pour l'avenir.

De 1793 à 1800 la France a vu treize départements de l'Ouest insurgés contre le principe révolutionnaire; elle a soutenu dans son sein la guerre civile la plus terrible, la plus acharnée et la plus héroïque. Malgré ce fléau intérieur, qui en dévorant ses ressources au dedans affaiblissait ses forces au dehors, elle a pu pendant vingt-trois ans de courage et d'énergie tenir en respect l'Europe liguée contre elle. La France a fait plus : république ou empire, elle a vaincu les peuples et les rois, imposé sa domination et régné de Madrid à Varsovie en plantant ses aigles sur les murs de Rome, de Vienne, de Berlin et de

Moscou. Un jour elle succomba dans ce duel jusqu'alors heureux d'un seul contre tous.

Il n'y eut donc pas de honte dans la défaite, il n'y en aura même jamais; pourtant les calamités qui la suivirent furent immenses, et, avouons-le hautement, sans la bienveillante politique de l'empereur de Russie, ces calamités auraient encore pu prendre un caractère plus effrayant.

*L'Histoire des Traités de* 1815 *et de leur exécution* ne pouvait, ne devait être écrite que sur des documents originaux, que sur les pièces officielles qui servirent de base et d'instruction à ce terrible procès de l'Europe contre la France. Ces documents originaux, ces pièces officielles ont été par nous arrachés à l'oubli ou à la poussière des chancelleries. Nous n'avons rien cru devoir taire, rien devoir omettre : tout a été dit. Le courage des uns, l'insouciance ou la peur des autres, la cupidité de certains ministres, les haines de quelques peuples ont été mis au grand jour : chacun peut maintenant juger en connaissance de cause. Nous pourrions terminer ici une tâche malheureusement trop instructive pour tous si par un dernier fait nous n'avions pas à révéler le sort que les puissances germaniques réservaient à la France avant la bataille de Waterloo.

En 1815 les alliés, exaspérés contre Bonaparte

et ses adhérents, ne demandaient pas mieux que de faire expier à la Révolution les désastres qu'elle avait portés dans leurs états. Les uns s'entretenaient d'un partage immédiat; les autres, plus timides, n'osaient proposer que le système de dotation appliqué par l'empereur. Ce système, non encore présenté officiellement par les diplomates et par les généraux les plus en crédit auprès des souverains, avait été secrètement accepté par tous les autres, qui en comprenaient très bien les avantages pécuniaires et politiques. Il se réduisait à établir sous le titre de dotation des fiefs qui devaient perpétuer le souvenir de la défaite et consacrer l'investiture que la victoire accordait aux coalisés.

Dans un grand nombre de provinces subjuguées par ses armes l'empereur Napoléon avait confisqué des terres seigneuriales appartenant soit aux monarques, soit aux royaumes, soit même à des particuliers que l'on désirait expulser à tout jamais de leur patrie; et il avait donné ces terres à ses lieutenants ou à ses courtisans. On transplantait ainsi dans les états étrangers une classe de nouveaux propriétaires dont la présence rappelait sans cesse la conquête qui venait en briser l'unité et en morceler les domaines.

Ce n'était point une concession faite par les

souverains du pays, mais bien une prise de possession, suite de l'envahissement militaire. L'empereur Napoléon avait pris cette initiative : les
rois qui en avaient le plus souffert la tournaient
contre la France.

En Westphalie Bonaparte s'était réservé des
fiefs pour six millions cinq cent mille francs de
rentes ; dans le Hanovre pour trois millions sept
cent quatre-vingt-six mille francs ; en Poméra-
mie pour six cent quatorze mille quatre cent dix
francs ; dans la principauté de Fuld et Hanau
pour quatre cent trente-quatre mille francs ;
dans la principauté d'Erfurt pour cent quarante-
sept mille cinq cents francs ; dans la Frise-Orien-
tale pour quatre cent quatre-vingt-quinze mille
francs ; dans le grand-duché de Berg pour deux
cent cinquante mille francs ; dans le comté de
Beyruth pour trois cent cinquante mille cinq
cents francs.

Une rente de cinq cent cinquante-trois mille
francs avait été créée sur le *monte napoleone*
(dette publique de Milan) ; la même destination
était affectée à d'autres biens domaniaux situés
en Toscane, dans les états pontificaux, en Gal-
licie et en Illyrie.

Cette masse de dotations prélevées en pays
ennemis, souvent même sur des alliés, était distribuée par Napoléon entre deux mille cinq cents

privilégiés qui avaient à peu près tous rendu des
services à l'état ou à l'empereur. Certains de
ces donataires occupaient seulement des charges
de cour; mais par l'éclat ou par l'ancienneté de
leurs blasons ils jetaient sur tant de roturiers
anoblis un reflet d'égalité et de confusion qui
entrait dans les plans de Bonaparte.

Pour ne citer que les plus favorisés, nous nous
contenterons de donner quelques chiffres des
dotations dépassant cent mille francs de rente.

Le maréchal Berthier, prince de
Wagram, et ses frères reçurent 1,300,000 fr.
    Le comte et la comtesse Bertrand 132,000
Le maréchal Bessière, duc d'Is-
trie, et son frère, 293,000
    Le prince Cambacérès et son frère 460,000
Caulaincourt, duc de Vicence, 208,000
    Le duc de Feltre 145,000
Le duc d'Alberg (pour témoignage de bienveillance particulière,
ainsi que le porte l'acte de dona-
tion) 200,000
    Le maréchal Davoust, prince
d'Eckmülh, 911,000
    Le général Duroc, duc de Frioul, 270,000
Le cardinal Fesch (pour indem-
nité de sa renonciation à ses droits

de coadjuteur du prince primat) 320,000

    Gaudin, duc de Gaëte, 125,000

    Le maréchal Lannes, duc de Montebello, 327,000

    La duchesse de Montebello 50,000

    Le maréchal Lefebvre, duc de Dantzick, 150,000

    Le prince de la Leyen (pour témoignage de bienveillance particulière) 100,000

    Le maréchal Masséna, prince d'Essling, 500,000

    Son second fils 183,000

    Le comte Mollien 122,000

    Le maréchal Moncey, duc de Conégliano, 100,000

    Le général Mouton, comte de Lobau, 170,000

    Le maréchal Ney, prince de la Moskowa, 728,000

    Le maréchal Oudinot, duc de Reggio, 185,000

    Le général Ornano 100,000

    Le général Horace Sébastiani 120,000

    Le maréchal Soult, duc de Dalmatie, 305,000

    Le maréchal Suchet, duc d'Albuféra, 195,000

Le prince de Talleyrand 120,000

Le comte Tascher (pour facili-
ter son mariage avec la princesse
de la Leyen)  200,000

Le maréchal Victor, duc de Bel-
lune 158,000

Cette liste des dotés impériaux était sans
cesse sous les yeux des puissances étrangères ;
leurs généraux surtout y cherchaient des exemples de spoliation. Ils encourageaient les souverains à prendre modèle sur la munificence de
Napoléon. .Pendant ce temps la presse d'Allemagne et les pamphlets qui s'imprimaient à Berlin, à Leipsick et à Bruxelles jouissaient contre
la France d'une liberté illimitée. En 1815 ils
commentaient, ils approuvaient l'intention encore secrète des rois alliés ; ils les poussaient à
s'emparer des propriétés appartenant aux adhérents de Bonaparte, contre lesquels était dirigée
la déclaration de Vienne ; ils demandaient que
ce régime de confiscation fut établi à l'instant
même pour ne pas donner à la France le temps
de se reconnaître.

Quelques-uns de ces écrits sont sous nos yeux.
Ils témoignent d'une haine presque sauvage,
d'une haine qui éclate à chaque mot. On les
entend invoquer à chaque ligne le droit de
représailles et indiquer les sources où plus

26

d'une fortune de ce temps s'est fo rm ée; il y en a même qui appelent les vengeances des rois sur la tête de ceux qui ont dépouillé les nations , et ils désignent nominativement le comte Daru pour faire subir à ses propriétés la peine du talion. En sa qualité d'intendant général de la Grande Armée, M. Daru devait plus qu'un autre être exposé à ces retours des choses d'ici-bas : c'était lui en effet qui avait apposé le sé-questre sur tous les biens dont l'empereur fai-sait largesse.

De pareilles dotations étaient bien plus hu-miliantes que des impôts de guerre. Elles éta-blissent dans le pays une classe de nouveaux propriétaires. Leurs premiers devoirs sont en-vers un souverain étranger, auquel ces fiefs confisqués doivent faire retour si le possesseur ne laisse pas de descendance masculine.

Les quatre grandes cours n'osèrent pas don-ner à ce plan une sanction que les chefs militaires de l'Allemagne, et principalement de la Prusse, sollicitaient avec ardeur. Elles reculèrent devant une libéralité qui avait toutes les apparences d'une concussion, et qui venait de réussir si mal au captif de Sainte-Hélène. Elles voulurent s'en tenir à la contribution de guerre et à la délimi-tation des frontières d'après la carte de France de 1790.

Les traités de 1815 sont donc plus légers, plus transitoires que cette domination dont Bonaparte victorieux ne faisait grâce à aucun pays et à aucun peuple; mais dans cet allégement qu'inspira la crainte de voir les Français se réunir un jour par le besoin de chasser de leur sol les maîtres que la conquête aurait pu momentanément y installer, il perça un sen-timent d'équité et de terreur qu'il est bon de constater. Pourtant ce sentiment ne fait point contre-poids à l'injustice de l'impôt de guerre.

Il n'est jamais permis à une nation étrangère d'intervenir dans les affaires de ses voisins, à moins qu'elle ne se voie elle-même menacée des conséquences de ce bouleversement; mais dans ce cas la guerre est faite en faveur de celui qui arme, de celui qui marche contre un peuple insurgé.

Il ne sera jamais juste de réclamer l'in-demnité de cette campagne lorsque les mouvements militaires n'ont tendu qu'à délivrer un allié, qu'à calmer des inquiétudes politiques. En 1815 les étrangers eurent tort d'accabler la France sous une contribution de guerre; en 1823 la France, faisant payer à la Péninsule les frais d'une invasion entreprise pour préserver la monarchie des secousses révolutionnaires, fut aussi inconséquente que les souverains alliés.

Une guerre de principes, d'alliance ou d'intervention ne doit jamais entraîner d'impôts, jamais de pertes de territoire ; car c'est en fausser le but, c'est renouveler les irritations, c'est éterniser les mécontentements que, dans l'intérêt de la paix générale et dans celui du monarque secouru, on avait cherché à étouffer.

Les alliés dans leur victoire se montrèrent plus généreux et moins avides que l'empereur Napoléon, qui distribuait à ses lieutenants les po priétés des états ou des particuliers : mais de cette générosité calculée à la justice dont il eût été si politique de faire preuve, il y a loin. Personne dans le camp de l'Europe ne conçut l'idée d'apaiser tous les tumultes intérieurs par un magnifique exemple d'abnégation personnelle. D'une guerre qui devait être une croisade désintéressée les rois alliés firent une spéculation. Ils voulaient tuer le principe démagogique. En maraudant autour du trésor royal, en se montrant âpres et intraitables dans la plupart des questions d'argent, en effrayant toujours les ministres de Louis XVIII et en leur faisant abandonner les hommes d'état qui n'avaient pas peur des menaces et qui tenaient tête à tous leurs commissaires, ils donnèrent une nouvelle vie aux principes de désordre.

Sans doute il y eut dans toutes ces exagéra-

tions d'argent autant de la faute des circonstances que de celle des hommes. Nous avons
essayé de faire les deux parts avec l'impartialité
qui est le premier devoir, le plus beau titre de
l'historien ; mais en présence des événements
qui ont suivi les transactions de 1815 et celles
de 1818, qui en sont la conclusion, nous n'hési-
tons pas à dire toute notre pensée.

Si les plénipotentiaires des cours coalisées,
moins indécis dans leurs projets, n'avaient pas
au congrès de Vienne, et même avant et après
la bataille de Waterloo, presque mis en discussion les droits incontestés et incontestables de
la maison de Bourbon ; s'ils n'avaient pas écouté
les propositions que la révolte osait leur adresser,
et si, vainqueurs enfin de Bonaparte, ils avaient
donné à la France, épuisée même par ses victoires, une salutaire leçon de désintéressement,
jamais peut-être ce royaume, redevenu monarchique sous l'épée de Napoléon, n'aurait cherché à compromettre la paix de l'Europe en tra-
mant de nouvelles conspirations.

Il y a des sacrifices auxquels il faut savoir
se résigner pour le salut commun. En 1815
l'occasion était si belle que l'on ne conçoit
pas comment les souverains n'osèrent point la
saisir.

Le partage du royaume est une impossibilité : son démembrement ne sera jamais qu'une chimère. Dans l'état actuel de l'Europe la France doit rester ce qu'elle est, contre-poids pour les uns, médiateur, ami ou ennemi pour les autres. Les révolutions germent dans son sein. Le mouvement intérieur qu'elle provoque retentit à l'instant même d'un bout de l'Europe à l'autre ; il a des échos qui se prolongent des bords du Tibre jusqu'à la Vistule. La diffusion de ses erreurs ou de ses lumières brûle ou éclaire ; elle jette partout des semences de liberté ou d'insurrection. C'est toujours, selon la belle parole du prince de Metternich, le géant étendu et qui au moindre mouvement de sa tête ou de ses bras agite le monde ; mais cette position exceptionnelle que la France ne se serait pas faite une seconde fois, à qui la doit-elle ?

Aux rois alliés et aux ministres de 1815, à tous ces politiques, médecins sans intelligence qui avaient à traiter de la fièvre politique un malade à moitié guéri, et qui, par des concessions maladroites ou par une rigueur encore plus coupable que toutes les maladresses, ont envenimé le mal et l'ont rendu contagieux en lui offrant un levier patriotique. Les souverains coalisés forcèrent Louis XVIII à accepter les conditions de paix qu'il leur plaisait de dicter.

Louis XVIII savait qu'en les signant il abdiquait
pour lui ou pour les siens une royauté via-
gère, que les partis extrêmes allaient battre en
brèche. Louis XVIII cependant conclut le marché.

La révolution de juillet, amenée par quinze
années de luttes hypocrites, l'a rompu. Elle a
replacé l'Europe dans la situation des Cent-Jours
avec un grand homme de guerre de moins.
La France n'aspire qu'à prendre sa revanche de
tous les désastres qu'elle n'a point appelés en
1815, et qu'une fausse direction imprimée à la
politique de ses rois lui a fait subir.

Les puissances étrangères se sont défiées de
son instinct monarchique; elles l'ont nié en se
faisant un jeu de ses sacrifices et de ses humiliations. Il est venu un jour où tout cela s'est
tourné contre elles. Elles n'avaient pas voulu
accorder à la France royaliste ce que Louis XVIII
était en droit d'exiger, ce qu'un cardinal de
Richelieu aurait obtenu au nom de la justice et de toutes les monarchies en péril aussitôt
que celle de Henri IV est ébranlée. La France
révolutionnaire peut encore être debout demain.
Qui sait où elle entraînera l'Europe?

FIN.

# TABLE

# DES MATIERES.

———◆———

## CHAPITRE PREMIER.

## CHAPITRE VIII.

FIN DE LA TABLE.

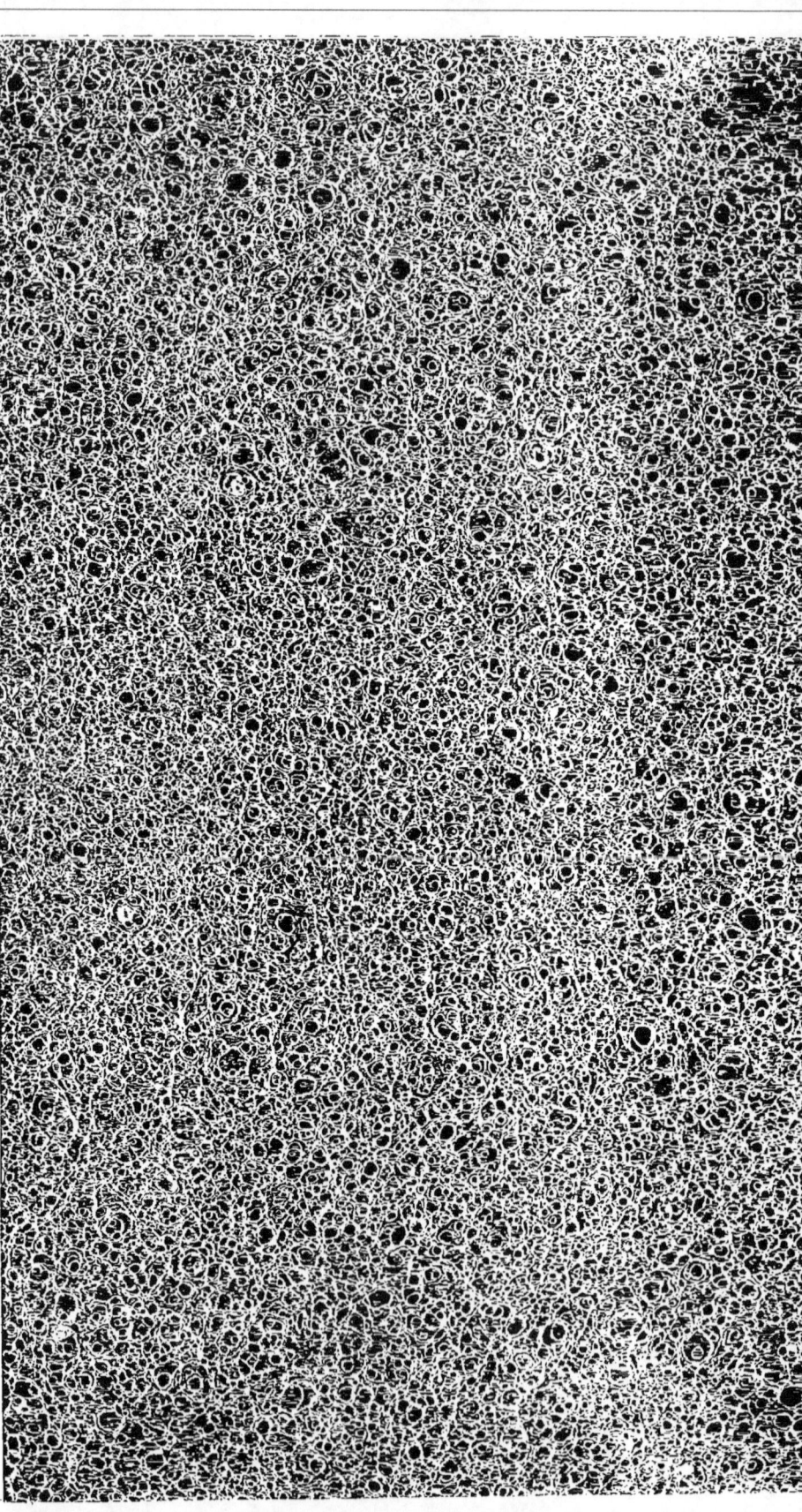

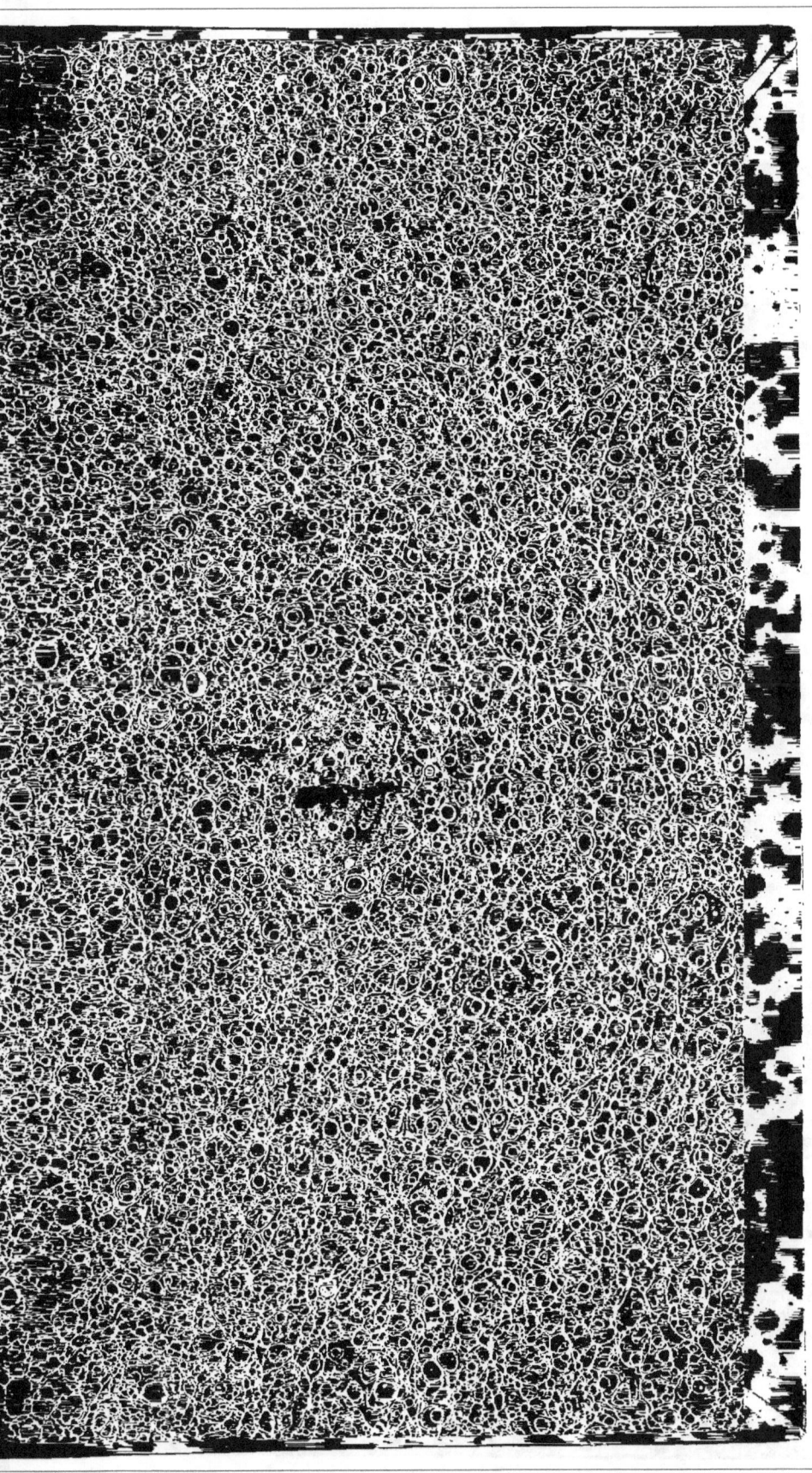

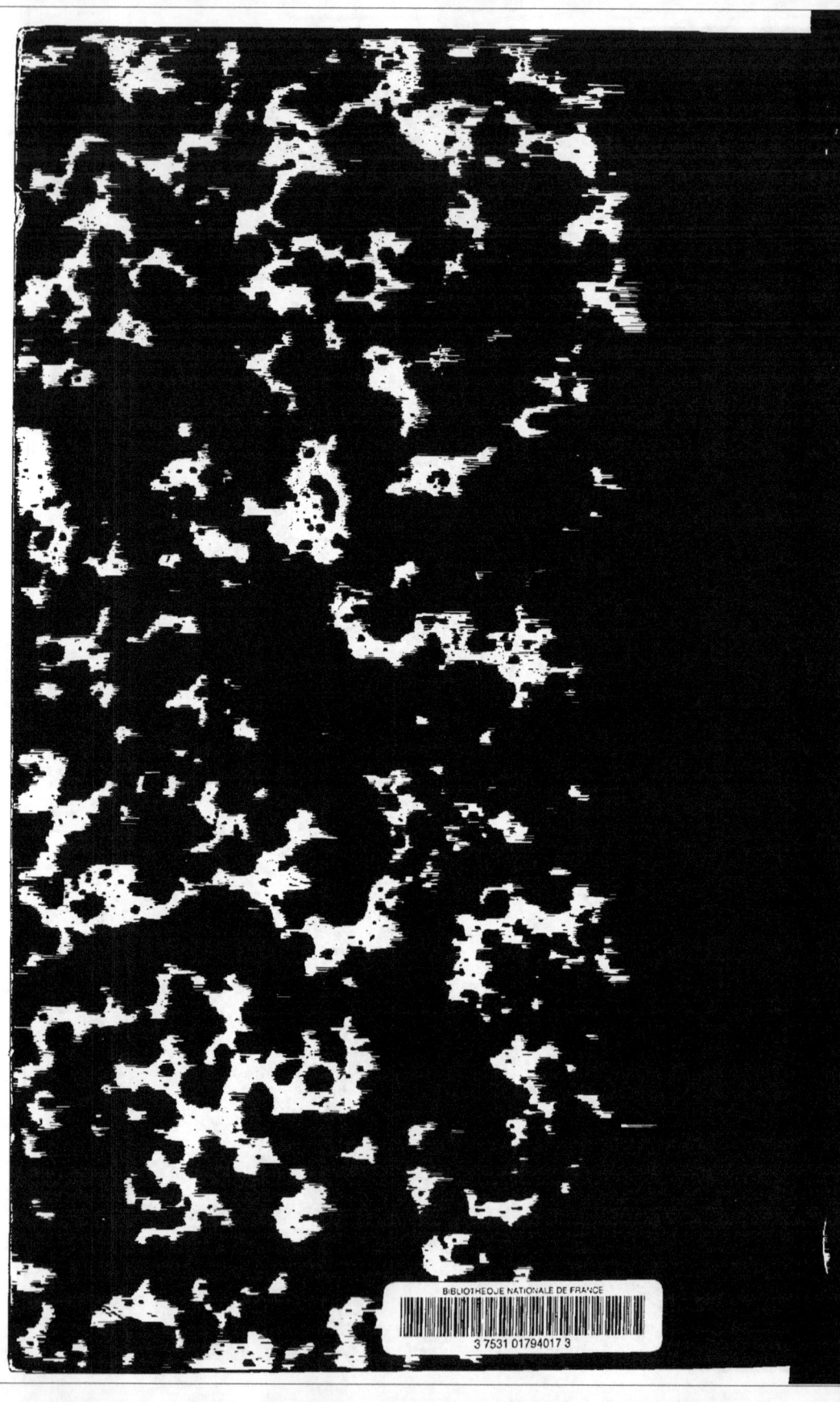

www.ingramcontent.com/pod-product-compliance
Lightning Source LLC
Chambersburg PA
CBHW070549030726
4750SCB00001B/222